생활에 필요한

보험의 이해

생활에 필요한

보험의 이해

서영수 지음

(주)교문사

보험은 미래에 닥칠 위험을 대비하는 현존 최고의 수단이다. 그러므로 현대인이라면 누구든지 보험을 이해하고 활용할 줄 알아야 한다. 학문적으로도 관심분야임에 틀림없다. 보험은 수리통계학, 경영학, 경제학, 법학, 무역학, 그리고 불특정 다수를 상대하는 사회학적 측면이 함께 섞인 융합학문이다. 그러므로 다소 어렵고 복잡하게 구성될 수밖에 없다. 그래서인지 이 분야에 종사하는 대부분의 전문가들은 보험과 같은 종합적인 학문을 일목요연하게 정리하는 것은 무척 힘들 거라고 자평한다.

2010년대 들어 한국의 보험인식이나 시장성숙은 괄목할 만하다. 더불어 시중에는 보험에 관한 다양한 지식을 제공하는 서적이 많이 출시되고 있다. 보험이론서로서 우수한 대학교재도 상당히 많다. 그럼에도 역시 일관성과 체계적인 교과과정으로의 한계를 가진다. 필자의 소견으로 보험이론서의 총론이나 전문적인 각론은 강의교재로서는 다소 무겁다는 느낌이다. 또한 기술하고 있는 용어 역시 전문적이어서 보험전공 학생이라도 한두 번 이상 정독해야 이해할 수 있다. 무엇보다 방대한 내용을 담고 있어 한 학기 강의교재로는 벅차다. 한편, 시중에 보험교양서로서의 출판된 교재 역시 방대하고 다소 진부한 표현이 수록되어 있다. 그렇다고 보험 대중서를 강의교재로 참고하기에는 그리 알맹이가 많은 편이 아니다.

이 책을 집필하게 된 배경은 바로 이런 점이다. 보험전공자뿐만 아니라 일반 대중들도 보험의 필요성을 느끼고 가입하는 입장에서 꼭 알아두어야 할 내용들만 발췌하여 쉽게 이해할 수 있도록 구성하였다. 따라서 이 책은 전공서적이라기보다는 현대인이 꼭 알아두어야 할 생활상식의 수준이라고 보면 된다. 그러므로 본서는 보험이론서와 보험대중서의 경계선상에 있는 보험교양서라고 할 수 있다. 그런 맥락에서 본서는 보험회사 측면의 경영, 즉 언더라이팅, 보험수리와 보험영업, 그리고 보험정책과 보험감독 등은 생략하였다. 많은 사람들이 이 책을 통하여 보험에 관한 교양을 넓히고 생활에 필요한 보험상식을 이해할 수 있는 계기가 되었으면 한다.

본서의 특징은 세 가지이다. 첫째, 보험 교양서로서 학생뿐만 아니라 일반인이 보험가입과 그 이후에도 참고할 수 있는 내용 위주로 구성하였다. 예컨대 보험가입전에 필요한 보험지식을 습득하고 이를 통해 보험청약과 유지, 그리고 종료까지의 내용들을 일관되게 살펴볼 수 있다. 둘째, 전체적으로 복잡하고 전문적인 용어를 지양하고 쉬운 내용으로 기술하였다. 따라서 본문 내용을 읽다 보면 저절로 이해하게 되고 전체를 물 흐르듯 조망할 수 있을 것이다. 셋째, 경상학부 또는 자산관리분야 대학생들이 한 학기 교양과목으로 수강할 수 있는 수준과 분량으로 한정하였다.

본서는 총 6장으로 구성되었다. 1장에서는 생활 속의 위험과 위험관리의 기본적인 개념과 보험관리와의 차이점을 기술하였다. 더불어 보험이 우리 사회에 미치는 긍정적이고 부정적인 역할에 대해서도 기술하였다. 2장에서는 보험가입 전에 알아두어야 할 일상적인 보험지식을 기술하였다. 3장에서는 본서의 가장 중요한 영역으로 일상생활에 필요한 보험상품을 7개 영역으로 나누어 기술하였다. 이 영역은 국민복지를 위한 사회보험, 질병을 담보하는 보험, 장수를 대비하는 보험, 투자를 겸한 보험, 고령자를 위한 보험, 운전자를 위한 보험, 기타 일상에 필요한 손해보험이다. 4장에서는 보험계약 청약과 가입채널에 관하여 기술하였다. 5장에서는 보험계약 유지방안, 보험계약 변경과 해약, 부활 및 세제혜택에 관하여 기술하였다. 그리고 마지막 6장에서는 보험계약의 종료와 보험금청구 및 분쟁 등에 관하여 기술하였다.

본서를 집필하면서 국회도서관과 국립중앙도서관, 금융감독원에 비치된 보험 관련 서적을 주로 참고하였다. 특히 금융감독원의 보도자료 중 '알아두면 유익한 보험상식' 은 거의 모든 분야를 참고하였다. 이 자리를 대신하여 저자들에게 무한한 감사를 드린다. 또한 출판하는 과정에서 조언을 해 주신 교문사의 양계성 전무님에게도 감사를 표한다.

재삼 이 책이 보험을 필요로 하는 모든 분들께 조그마한 도움이 되기를 진심으로 바라며 독자 여러분들의 아낌없는 충고도 기대해 본다. 또한 이 책에서 미처 다루지 못한 부분이나 미흡한 영역은 꾸준히 보완하도록 노력할 것이다. 마지막으로 흔들림 없이 세월을 잇는 아내 박성애, 멋진 아들 승민, 예쁜 딸 유나에게도 아낌없는 사랑을 보낸다.

2014년 8월
서울사이버대 연구실에서
저자 서영수

3장 **생활에 필요한 보험상품**

4장 보험계약 청약

5장 보험계약의 유지

6장 보험계약의 종료

1장

생활 속의 위험

위험은 일단 불확실성에서부터 태동된다. 이러한 불확실성은 다양한 위험뿐만 아니라 예측치 못한 리스크, 그리고 절체절명의 위기도 초래한다. 지금까지 사람들은 갖가지 위험으로부터 벗어나기 위해 부단히 대비해 왔다. 그 중 보험이 가장 과학적이고 합리적인 수단으로 인식되었으며 문명이 발달할수록 위험관리의 필수적인 도구로 활용되었다. 본 장에서는 생활 속의 다양한 위험과 위험관리의 기초적인 의미를 소개하고자 한다. 1절에서는 위험의 정의와 종류를 살펴본 다음, 위험과 리스크, 그리고 위기를 정확히 파악한다. 2절에서는 위험관리와 보험관리의 차이점을 이해하고 보험 가능한 위험요건과 보험 측면의 일상위험을 살펴본다. 3절에서는 보험이 우리 사회에 미치는 긍정적이고 부정적인 역할에 대하여 살펴본다.

1

위험이란 무엇인가?

1. 위험의 정의

우리는 한치 앞을 내다볼 수 없는 불확실성의 세계에 살고 있다. 일상생활에서 느끼는 위험은 일단 불확실성에서부터 태동된다. 더불어 예전에 없던 새로운 위험이 생기거나, 과거에 발생하였던 위험이 소멸되기도 한다. 이러한 위험은 누구에게나 닥친다. 다만 사람마다 위험을 느끼는 정도가 다를 뿐이다. 또한 인간은 언젠가는 사망에 이른다. 단지 언제 사망할지, 즉 얼마만큼 생존할지는 역시 사람마다 다르다. 결국 마지막 순간까지 불확실한 위험을 안고 살아가야 할 숙명이다. 위험은 한마디로 불확실성에의 노출로 나타나는 손해의 가능성이라 할 수 있다.

2. 위험의 분류

일상생활에서 위험은 그 성격이나 발생 과정에 따라 다양하게 분류되는데 일반인이 꼭 알아두어야 할 위험은 투기성 유무에 따라 분류하는 순수위험과 투기

위험이다. 순수위험이란 자연재해, 화재, 교통사고 등 위험이 현실화되면 반드시 손해만 나타나는 위험을 말한다. 이 위험의 특징은 일반인의 손해는 사회 전체의 손해로 귀결되며 이익은 절대로 발생하지 않는다는 점이다. 일반적으로 개인에 노출되어 있는 순수위험은 크게 인적위험, 재산위험, 배상책임위험으로 분류된다. 인적위험은 주로 개인의 신체와 관련된 위험으로 크게 조기사망, 장기생존, 질병 또는 상해, 실업의 4가지로 분류된다. 재산위험은 직접손해와 간접손해로 구분되며 직접손해는 화재나 도난, 풍수해 등으로 소유재산의 가치가 하락하는 것을 말하며, 간접손해는 이로 인한 추가적인 손해를 의미한다. 예를 들어 집이 화재로 소실될 경우 소유자는 집을 잃게 됨으로써 재산가치가 축소되는 직접손해와 집을 지을 동안 다른 곳으로 이사를 해야 하는 추가비용이 발생하는 간접손해를 입게 된다. 배상책임위험은 고의 또는 과실로 인한 불법행위나 채무불이행으로 타인의 재산이나 신체에 손해를 입혀 손해배상을 하는 것을 의미한다. 이 위험은 순수위험 중 가장 추상적이어서 고객이 무의식적으로 보유할 가능성이 높다. 한편 투기위험은 경마, 경륜, 주식투자 등 위험이 현실화되면 이익이나 손해가 나타나는 위험을 말한다. 이 위험은 일반인에게 손실을 일으켜도 사회 전체적으로 이익을 초래하기도 하며, 그 반대의 경우도 발생한다. 투기위험은 이익도 발생할 수 있다는 점에서 순수위험과는 근본적으로 다르다.

표 1-1   순수위험과 투기위험의 비교

구분	순수위험	투기위험
대수의 법칙 적용여부	적용이 쉽다.	적용이 어렵다.
보험가입	가능하다.	거의 불가능하다.
손해의 영향	개인/기업의 손해가 사회적 손해로 귀결된다.	개인/기업의 손해가 사회적 손해와 일치하지 않는다.
범위	한정할 수 없다.	한정이 가능하다.
발생	우발적이다.	사전 조짐이 있다.
제어	어렵다.	가능하다.

자료 : 내남정·신이영 외(2008), p.17

3. 위험과 리스크, 그리고 위기

불확실성은 다양한 위험뿐만 아니라 예측치 못한 리스크, 그리고 절체절명의 위기를 초래한다. 위험은 간단히 미래의 불확실한 시간 속에 존재하는데 항상 그 결과가 누구에게든지 손실을 입히는 상태를 말한다. 그러니 어떻하든 피하고 볼 일이다. 때때로 미래의 일들이 항상 불리하지만은 않으며, 반대로 좋은 일도 생긴다. 사람들은 어떤 일을 시작하면서 한번쯤 전혀 예기치 않는 엄청난 수익, 즉 대박을 기대하곤 한다. 하지만 그 반대로 쪽박이 날 수도 있음을 알아야 한다. 앞으로의 일에 위험도 도사리고 있지만 그 이면에는 좋은 기회도 존재한다. 이처럼 불리한 위험과 유리한 기회가 동시에 존재하는 상황을 리스크에 노출되었다고 한다. 리스크는 '손실이나 불이익을 당할 가능성'과 '이익이나 유리한 상황을 얻을 가능성'을 동시에 지니는데 어느 쪽이 우세한지는 알지 못한다. 그래서 어느 쪽인지에 대한 가능성을 확률이라는 수단으로 해결하고자 한다. 결국 일상적으로 느끼는 위험이 이론상 순수위험이며, 대신 투기위험을 리스크라 칭하여 양자를 구분하여 사용하며, 특히 금융투자세상에서는 확연히 다르게 사용한다.

그러나 금융권뿐만 아니라 일상생활에서도 대부분의 사람들은 위험과 리스크를 혼돈하여 사용한다. 가장 큰 이유는 영어를 잘못 번역하였기 때문이다. 보통 위험을 영어로 옮기면 risk와 danger가 되는데, 두 단어는 분명한 차이가 있다. risk는 예상(기대)보다 달라질 가능성을 표시하므로 결과가 예상보다 더 좋을 가능성과 더 나빠질 가능성 모두를 포함하는 반면, danger는 예상보다 결과가 더 나빠질 가능성만을 의미한다. 또한, risk는 부담하는 대가로 기대수익이라는 보상을 받게 되지만, danger는 부담함으로써 받게 되는 대가가 거의 없다. 결국 risk가 리스크이고 danger가 위험인 것이다.

한편 위기(crisis)는 어떤 현상에서 위험한 고비나 시기를 말하는데 불리한 위험이 실제로 나타난 상태를 의미한다. 위험과 위기는 영어로는 그 개념이 명확하지만 우리말에서는 대부분 혼용되고 있다. 위기가 발생하는 근본원인은 개인과 조직이 한정된 자원을 가지고 서로 경쟁하기 때문이다. 경쟁은 필연적으로 위험한 상황을 초래하고 누구든지 이러한 상황을 피해갈 수는 없다. 그러나 이런 상황을 자기한테 유리하게 바꿀 수는 있다. 위기를 어떻게 대처하느냐에 따라 긍정적인 기회로도 활용할 수 있다는 것이 바로 위험과 다르다. 위험은 우연이든 필연이든 항상 자기한테 불리한 경우만 발생한다. 따라서 가능하면 멀리해야 한다. 그러나 위기는 경우에 따라서는 자기한테 유리하게 작용할 수 있는 상황이 된다. 그래서 리스크와 위기는 한통속인 개념이라고 볼 수 있다. 혹자는 넓은 의미로 리스크와 위기는 동일한 개념이라고 간주한다.

2

위험관리 수단의 하나인 보험

1. 위험관리와 보험관리

위험관리는 일반 개인이나 조직이 직면하는 모든 위험, 즉 예기치 않는 손실이 가져오는 피해를 최소화할 목적으로 행해지는 모든 수단과 방법을 의미한다. 현대 문명이 발달할수록 그에 따른 위험은 더욱 복잡하고 다양해졌다. 따라서 위험관리 기법이나 절차도 더욱 세분화되어 발달되었다. 통상 위험관리는 3가지 기본 원칙하에 수행된다. 첫째, 부담할 수 없는 위험은 반드시 회피해야 한다. 이는 위험으로 인한 손해의 원인보다 그 결과나 영향을 중시하여야 하며, 그 결과가 자기부담능력 이상이라면 위험을 회피, 즉 보험 등의 수단을 이용하여 제3자에게 전가해야 한다는 의미이다. 둘째, 손실의 확률을 고려해야 한다. 이는 위험을 막연히 손해의 기회나 가능성만으로 생각하지 말고 구체적으로 손해의 빈도나 심도를 확률적으로 추정하는 습관을 가져야 한다는 것이다. 셋째, 적은 손실이 아까워 커다란 위험을 부담하지 말아야 한다. 이는 누구나 공감하는 원칙이다. 통상 위험을 관리하는 기법으로 위험통제, 위험회피, 위험경감, 위험보유, 위험전가 등이 있다.

한편 위험관리는 보험관리보다 훨씬 더 넓은 개념이다. 위험관리는 보험가능위험과 보험불능 위험을 포함하는 모든 순수위험을 처리하기 위한 제반 수단과 기법을 통칭하며, 주로 순수위험의 확인, 식별과 분석에 보다 중점을 두고 수행하는 절차를 의미한다. 반면, 보험관리는 순수위험 중에서 보험가능 위험만 대상으로 하며 위험관리의 여러 기법 중 위험전가의 대표적인 수단에 불과하다. 위험전가는 계약을 통하여 위험을 제3자에게 전가시키는 것인데 보험이 가장 대표적이며, 보험이 아닌 다른 방법도 있다. 첫째, 헤징계약이다. 이는 이익과 손실이 발생할 수 있는 불확실성, 즉 투기위험을 제3자에게 전가시킴으로써 손실의 기회나 가능성을 제거하는 방법이다. 둘째, 배상책임 면책계약이다. 이는 배상책임에 따른 손해의 불확실성을 전가하는 방법으로 계약 당사자 간에 어떤 거래를 추진함에 있어서 한쪽의 당사자는 다른 쪽의 당사자가 부담해야 하는 배상책임의 손실을 계약의 의무로써 떠맡는 것으로 부동산 임대차계약 등이 대표적인 예이다. 셋째, 수탁계약이다. 이는 위탁자의 재산을 여러 가지 목적에 의하여 일시적 또는 장기적으로 관리하는 입장에 있는 수탁자가 그 재산에 관한 손해의 책임을 부담하는 계약을 말한다. 넷째, 보증제도이다. 이러한 다양한 방법 중에서 어떤 기법을 선택하느냐의 기준은 그 방식이 현실적으로 사용가능한지와 그 방식의 효과와 비용과의 상관관계에서 결정되어야 한다.

2. 보험가능 위험 요건

누구에게나 손실만 입히는 위험을 사전에 방지하는 장치는 없을까? 인류의 역사가 시작된 태고 적부터 사람들은 갖가지 위험으로부터 벗어나기 위해 끊임없이 노력해 왔다. 오늘도 누군가는 이러한 위험에서 벗어나고자 무진 애를 쓴다. 과학문명이 발달하면서 사람들은 자신이 가진 위험을 타인에게 이전하거나 서로 공유함으로써 위험으로부터 자유로워질 가능성을 모색하였다. 점차 사람들은 어느 정도 예상되는 위험은 미리 대처할 수 있지 않을까 하는 필요성을 느끼고 이의 수단을 적극적으로 찾기 시작하였다. 보험은 기본적으로 위험 발생에 따른 손실규모가 큰 것을 대상으로 한다. 손실이 작은 것은 발생하더라도 개인이나 기업에 미치는 영향은 별로 크지 않다. 물론 사소한 것까지도 보장을 받으면 좋겠지만 그러기 위해서는 보험료가 올라간다. 따라서 혼자 감당하기 어려운 위험들만 보험에 들고 손실이 작은 위험은 예비자금을 확보함으로써 스스로 대처하는 것이 현명한 방법이다. 마치 감기를 보험에 들지 않는 것과 같다.

세상의 모든 위험 중에서 보험으로 해결하기 위한 위험은 일정요건을 갖추어야 한다. 첫 번째, 위험조건은 다수의 동질적인 위험이어야 한다는 점이다. 그 이유는 서로 독립적인 위험이 많이 존재해야 보편적인 손실을 예측할 수 있으며, 그에 상응한 보험료를 계산할 수 있기 때문이다. 두 번째, 손실발생이 우연적이고 고의성이 없어야 한다. 보험자체가 미래의 우발성에 기초한 보험사고를 담보로 하는 것이기 때문에 우연한 사고가 아니면 보험으로서 성립되지가 않는다. 한편 건물의 감가상각처럼 미래에 확실하게 발생하는 손실은 보험에 가입할 필요를 못 느낀다. 세 번째, 손실은 확정적이고 측정 가능해야 한다. 보험대상이 될 수 있는 손실은 그 발생원인 및 시간과 장소, 손실 크기 등을 명확히 식별하고 측정할 수 있어야 한다. 만약 손실이 명확하지 않을 경우에는 보험료 산출이 불투명하고 그런 손실을 담보할 보험상품을 만들 수 없기 때문이다. 네 번째, 예상하는 손실이 너무 거대하거나 작지 않아야 한다. 천재지변으로 인한 손실 등 손실의 규모가 재난적일 만큼 과도하여 보험회사의 능력으로 도저히 보상할 수 없을 정도의 위험과 너무 작은 위험은 보험회사가 인수할 수 없기 때문이다.

3. 보험 측면의 일상위험

대체로 보험가입 측면에서 흔히 염두에 두는 일상위험으로 노후생활의 위험,

유족의 생계위험, 질병과 상해의 위험, 그리고 화재와 도난 등 기타위험이 있다. 먼저, 노후생활의 위험은 본인과 부부의 은퇴 후 생활비와 특정시기에 목돈이 들어가는 자녀결혼자금, 교육자금을 어떻게 마련하느냐에 달려 있다. 노후생활을 위해서는 보험 이외에 저축 또한 필수이다. 따라서 보험가입과 저축수단까지 병행해서 해결해야 한다. 유족의 생계위험은 가장이 조기에 사망하거나 실업 등으로 남은 가족의 생계비를 어떻게 확보하느냐에 달려 있다. 유족의 생계위험은 보험 본연의 존재 가치를 나타나는 가장 확실한 명분이다. 그러므로 현대인이라면 반드시 보험을 통하여 대비해야 한다. 질병과 사고의 위험은 질병이나 사고를 당하였을 때 발생하는 고액의 의료비와 부대비용을 어떻게 감당할 수 있는가에 달려 있다. 질병과 상해의 위험은 태어나면서부터 나타나므로 보험은 빨리 가입하는 것이 좋고, 나이가 적을수록 보험료도 저렴해지는 장점이 있다. 그러나 위험의 발생가능성이 별로 없는데 보험에 들면 보험료만 낭비할 수도 있다. 그렇다고 너무 늦게 가입하려다 보면 나이가 많아 보험료가 올라가고, 자칫 보험에 들지 못하는 문제가 발생할 수 있다. 그리고 화재나 자동차사고, 타인에 대한 보증과 도난으로부터의 손실도 이를 보전할 만큼 여력이 있느냐가 중요하다.

4. 재테크 수단이 아닌 보험

현존하는 대부분의 보험상품은 위험보장을 주기능으로 하며 부수적으로 저축이나 투자기능을 수행하고 있지만 어디까지나 보험을 구입하는 것은 저축이나 투자라기보다는 위험을 보장받기 위한 소비행위에 불과하다. 소비행위는 시간이 경과하면서 잔존물의 가치가 감소하지 결코 증가하지는 않는다. 반면, 저축은 오히려 증가한다. 또한 저축은 현재의 소비생활을 억제하고 미래의 소비생활을 도모하는 것이다. 그래서 저축은 소비를 억제해야 하는 고통이 따른다. 이런 맥락에서 보험은 역시 소비일 뿐 저축은 아니다. 우리는 보험을 소비함으로써 미래 예상되는 경제적 손실을 보상받는 것이지, 보험료를 납부하면서 여기에 저축이나 투자개념을 반영하면 오해가 생긴다. 보험은 보험 본래의 기능이라 할 수 있는 보장적 기능, 즉 사망, 상해, 화재, 도난 등의 우발적 사고가 발생했을 때 손실을 당한 개인이나 기업이 입게 되는 경제적 손실을 보상하여 경제생활의 안정을 도모한다. 따라서 보험은 그 의미가 저축보다는 보장에 훨씬 치우쳐 있으며 돈을 불리기 위한 투자로서의 기능보다는 순수한 보장기능이 당연히 앞선다. 다만, 부수적으로 저축기능이 있을 뿐이다. 결론적으로 보험은 위험에 대비하기 위한 수단이지, 결코 돈을 벌기 위한 도구가 아니다.

3

보험이 우리 사회에 미치는 역할

보험은 사회구성원의 경제적 안정을 제공해 주는 등 긍정적 역할을 하는 반면, 보험이 존재함으로 인하여 불가피하게 사회적 비용이 발생되는 부정적 역할도 수행한다.

1. 긍정적 역할

첫째, 경제적 손실을 보상하는 기능이다. 보험은 미래에 발생할지도 모르는 사고가 일어나지 않도록 하는 것이 아니라 설령 사고가 일어난다 할지라도 그로 인한 경제적 손실을 보상하여 마치 사고가 일어나지 않았던 것과 같은 효과를 제공한다. 기업은 보험을 통하여 경제적 손실을 보상받음으로써 사고를 당하더라도 경영활동을 지속적으로 수행할 수 있으며, 이는 개인이나 가정도 마찬가지이다. 또한 보험은 기업이나 가계에 일어날지 모르는 불확실성을 제거하거나 감소시킴으로써 안정성을 가져온다. 둘째, 보험을 통하여 심리적, 정신적 평안을 얻어 생산적인 활동과 능동적인 경영을 촉진시킨다. 이는 개인이나 사회의 경제적 부가가치를 증대시킨다. 셋째, 보험은 사고발생 후의 경제적 손실을 보전하기 때문에 보험에 가입되어 있다는 그 자체가 신용도를 증가시킨다. 예를 들면 건물을 담보로 은행에서 대출을 받을 때 은행은 반드시 화재보험증권의 제출을 요구한다. 이는 담보건물이 화재로 인하여 손실이 발생할 경우 은행이 보험사로부터 보상을 받기 위해서이다. 즉 건물이 화재보험에 가입되어 있을 경우에는 그렇지 못한 건물보다 신용도가 높다. 넷째, 보험은 사고발생을 방지하는 예방활동을 수행한다. 보험자의 입장에서는 사고가 발생하지 않도록 예방조치를 취하거나 수시로 안전교육을 실시한다. 그리고 보험료의 할인과 할증을 통하여 보험가입자들에게 사고 예방을 장려하며, 보험가입자의 손해방지활동을 의무화하고 그에 대한 비용을 보험자가 부담하고 있다. 뿐만 아니라, 보험자는 손해방지를 위한 각종 계몽, 선전과 홍보활동을 수행하고 있다. 다섯째, 보험은 자본의 효율성을 향상시킨다. 보험이 존재하지 않으면 가계나 기업은 불의의 사고에 대비하여 거액의 자금을 적립해 두어야 한다. 그러나 보험을 이용하면 소액의 자본으로도 사업이 가능해 진다.

2. 부정적 역할

보험은 불가피하게 사회적 비용이 발생되는 부정적 역할도 수행한다. 첫째, 보험사기 유발이다. 보험은 도박처럼 소액의 보험료를 내고 그 보다 많은 보험금을 받는다. 따라서 고액의 보험금을 받기 위해서 고의적으로 보험사기를 일으킬 수 있다. 대표적인 보험사기 유형으로 부실고지나 과다하게 보험을 가입하는 사기계약, 없는 사고를 있는 사고처럼 꾸미는 사고의 위장, 자동차사고의 편승수리 등 사고 확대행위 등이 있다. 보험사기를 유발하는 인간의 고의적 행위는 구조적으로 보험자가 완벽하게 관리할 수 없지만 보험사기로 인한 보험금의 지급은 결국 보험료 인상을 초래하며 이로 인해 선의의 피해자가 생긴다. 둘째, 보험은 보험계약자의 정신 상태를 해이하게 하거나 사고예방에 대한 무관심을 초래하기도 한다. 보험이 없으면 사고를 내지 않기 위해서 적극적으로 주의하고 노력을 기울인다. 그러나 보험으로 인해 오히려 주의를 게을리하고 감소활동을 소홀할 수 있다. 마치 '보험에 들었는데 내가 왜 걱정하는가?' 하는 식이 된다. 셋째, 보험사고로 인하여 보상을 받는 당사자는 대부분 보상금을 과잉 청구한다. 예를 들어, 의사들은 보험사고로 인한 환자는 일반 환자보다 과잉 진료를 하는 경향이 있고 환자들도 보험혜택을 충분히 받기 위해서 입원기간을 고의적으로 연장하는 경우이다. 보험금의 과잉청구는 보험료의 인상을 초래하고 그로 인해 선의의 피해자가 다시 생기는 악순환이 반복된다.

Tip 보험의 역사

인류 역사상 보험의 시초는 해상보험에서부터 출발한다. 이후 화재보험으로 확대 발전하였으며 18세기 산업혁명 이후 현재까지 다양한 형태의 보험이 탄생되었다. 한편 생명보험은 생명의 가치를 돈으로 보상받을 수 있다는 발상에서 시작되었는데, 그 역사는 길지 않다. 사실 생명의 가치를 어떻게 돈으로 환산할 수 있는가 하는 문제는 현재까지도 도덕적으로 매끄럽지 못한 주제이다. 이것은 배에 실린 화물의 가격이나 불에 탄 주택의 건축비를 계산하는 것과는 차원이 다른 문제이기 때문이다.

1. 해상보험의 역사

역사적으로 보험의 시초는 기원전 3,000년경 고대 바빌로니아(Babylonia)시대로 거슬러 올라간다. 그 당시에는 동서 간 교역이 번성하였는데 상인들은 주로 교역을 통해 재산을 축적하였다. 그러나 고용한 사람들이 자주 상품과 자금을 가로채는 일이 발생하다 보니 걱정거리였다. 상인들은 이러한 위험을 해소하고자 고용인을 채용할 때 그들이 갖고 있던 재산이나 가족들을 담보로 잡고 고용하였다. 만약 이들이 상인에게 피해를 입히면 재산을 몰수하거나 식솔들을 노예로 팔아 해결하였다. 이러한 위험회피방법을 육상모험대차(陸上冒險貸借)라고 하는데 이것이 보험의 시초인 셈이다.

모험대차는 이후 고대에서 중세에 걸쳐 항구도시에서 흔히 이루어지는 상관습으로 자리 잡게 되고, 이는 해상모험대차로 발전하게 된다. 이는 무역업자가 돈이 많은 사람으로부터 항해에 필요한 자금을 빌려 항해를 시작한 후 만약 항해가 무사히 성공하면 무역업자는 빌린 원금에다 고리의 이자를 얹어 갚고, 만약 해상사고만 나면 원금뿐만 아니라 이자도 갚지 않아도 되는 방식이었다. 이런 형태가 점차 구체화되면서 지중해를 중심으로 해상교역이 활발해지자 위험에 대비하여 상인들에게 직접 보험만을 판매하는 전문적인 보험업자가 등장하게 되는데 이것이 근대적 보험형태인 해상보험이라 할 수 있다.

17세기 들어서는 영국을 중심으로 해운업이 발달하였는데 당시 전문적인 보험업자들은 영국 런던에 있던 카페에서 영업을 하였다. 이 중 가장 널리 알려진 곳이 에드워드 로이드(Edward Lloyd)가 1687년 런던 템스 강가의 타워 스트리트(Tower Street)에서 자신의 이름을 붙인 로이드 커피하우스(Lloyd Coffee House)였다. 이곳은 24시간 내내 손님이 붐빌 만큼 뱃사람과 상인들에게 인기 있는 장소로 알려지게 되었다. 이 장소에서 손님들은 무역에 관한 여러 정보를 교환하였는데, 특히 해상보험에 관한 정보에 관심을 두었다. 그래서 로이드는 손님들의 편의를 위해 화물선의 출발 및 도착 날짜 외에 관련 보험정보들을 칠판에 적어 놓았다. 그러자 손님들의 반응은 폭발적이었고 나중에는 아예 보험에 대한 소식만을 전해주는 '로이즈 신문'을 발간하였으며, 더 나아가 보험의 수요자와 공급자를 연결시켜 주는 중개역할까지 하였다. 즉 해상보험이 필요한 배 주인인 선주나 운송 물건들의 주인인 화주는 일종의 보험가입 신청서를 작성하여 카페의 탁자에 놓아두면, 보험업자들이 이를 전달받아 검토하여 인수하겠다는 서명과 함께 인수하고자 하는 비율도 신청서에 기입하는 형태였다.

로이드의 커피하우스가 유럽전체 해상보험 거래의 중심지로 우뚝 서게 되자, 영국 왕실도 그 필요성을 인식하고 1720년에 로열익스체인즈(Royal Exchange)보험회사와 런던보험회사의 설립을 인가하였는데, 결국 나중에는 로이드의 커피하우스에 자주 드나들던 보험중개인과 보험업자들이 이것을 인수하여 더 넓은 보험시장이 형성되었다. 이로 인해 현대적 해상보험 시장이 형성되었다.

2. 화재보험의 역사

화재보험은 13세기 중세 서유럽에서 특정 위험에 대비한 동종업계의 종사자들 사이에서 결성된 동맹(길드)에서 시작되었다. 독일의 함부르크에서는 이미 1591년부터 맥주 제조업자 100여 명이 화재가 발생하였을 때 서로 돕기 위한 화재조합을 결성하였다. 그런데 1666년에 런던 시가지 전체의 4분의 3이 불타버린 런던 대화재로 인해 큰 피해가 발생하자 기존의 길드로는 피해자의 손해를 지원하는데 한계가 있음을 인식하게 되었다. 이를 계기로 당시 영국의 치과의사였던 니콜라스 바르본(Nicholas Barbon)이 해상보험에서 사용하고 있던 경영방법을 응용하여 1667년 건물화재보험을 개인적으로 인수하였는데, 이것이 근대적인 화재보험의 시초가 되었다. 런던 대화재와 화재보험의 탄생에서 찾아볼 수 있는 당시 사람들의 중요한 인식의 변화는 바로 재앙에 대한 대비이다. 불가항력적인 재난을 신께서 내린 운명으로 수긍하고 받아들이는 것이 아니라 이것에 대비하고, 혹시 사고가 일어나도 그에 대한 보상을 받는 방법을 강구해내기 시작한 것이다. 보통의 사람들보다 훨씬 더 많은 위험을 감수해야 하고 손익계산이 빠른 상인 집단은 진작부터 이러한 개념을 갖고 있었지만, 모든 사람들이 재앙이라는 위험에 적극적으로 대응하기 시작한 것은 이때부터라고 할 수 있다.

18세기 산업혁명을 겪으면서 보험은 또다시 새로운 국면을 맞이하게 되었다. 기존의 보험은 해상보험과 화재보험이 전부였지만 산업혁명으로 인한 철도제철기술의 혁신으로 기계보험, 상해보험, 책임보험 등 다양한 특종보험이 생겨나게 되었다. 20세기 초 대형선박, 자동차 항공기 등 새로운 교통수단이 등장하며 우리가 가장 쉽게 접하게 되는 자동차 보험이 생겨나게 되었으며 항공보험도 등장하게 되었다.

3. 생명보험의 역사

생명보험의 기원은 고대 로마의 한 매장조합이었던 콜레기아 테누이 오룸이나, 중세의 길드 등에서 볼 수 있었던 상호부조제도에 있다. 역사에 기록된 최초의 생명보험은 1699년에 문을 연 머서즈 컴퍼니(Mercer's Company)였다. 본래 포목상들의 조합이었던 머서즈 유니온(Mercer's union)이 조합원들의 복지를 위해 시작한 보험업이 머서즈 컴퍼니로 확장된 것이다. 이 회사는 가입자가 죽을 때까지 납입한 금액의 이자를 사망 시에 지급하는 회사였는데, 그 이자율이 무려 30%나 되었다. 당연하게도 회사는 영업을 시작한 지 수년 만에 파산에 이르렀고, 설립자의 뜻을 기려 몇몇 상인들이 마련한 구제기금을 받고도 얼마가지 않아 완전히 망하고 말았다. 현대의 우리가 상식적으로 이해하는 '일정한 보험료를 납부한 가입자가 사망할 경우 약정된 보험금을 지불함으로써 유족을 위로하고 예상되는 경제적 손실을 방지'하려는 목적으로 설립되어 정상적인 영업을 지속한 최초의 생명보험회사는 1706년에 설립된 아미카블 소사이어티(Amicable Society for a Perpetual Life Assurance)로 볼 수 있다. 이렇게 보면 생명보험은 해상보험이나 화재보험에 비해 상당히 늦게 시작된 셈이다. 다른 보험에 비해 생명보험이 특히 늦게 만들어진 이유는 당시로서는 인간의 사망률을 예측하고 적정한 보험료를 책정할 만한 보험계리(actuary)가 존재하지 않았기 때문이다. 17세기 후반부터 확률론이 연구되기 시작하고 보험사업의 기초인 생명표가 나왔다.

이로써 18세기 초 비로소 근대적 생명보험이 형태를 갖추게 되었다. 1762년 생명표에 의거하여 가입자의 나이에 따라 보험료를 달리하는 보험을 창안한 에퀴터블(Equitable) 생명보험회사가 영국에 설립된 것이 효시다. 한편 15세기말 이탈리아에서는 구제사업을 목적으로 하는 일종의 자선금융기관으로서 몬테스 피에타티스(Montes Pietatis)가 오늘날 생존보험과 유사한 사업을 시작하였다. 이 기관의 주요 목적은 유태인의 고금리대금업에 대항하여 일반서민에게 저렴한 이자로 자금을 융자하는 것이었다. 몬테스 피에타티스에 따라 생명보험의 발달에 영향을 미친 것은 연금제도의 도입이다. 프랑스에서는 정부에 의해 1689년 톤틴 연금(Tontine Annuity)이 실시되었다. 톤틴 연금은 이탈리아의 톤틴이 개발한 방식으로 가입자를 2천 명 단위로 모집하여 기금을 조성하고 그 이자를 2천 명이 균등하게 나누어 갖는 것이었다. 이는 시간이 지나 가입자가 사망하게 될수록 가입자 1인에게 돌아가는 이자 수익이 늘어나고, 최후의 1인은 2천 명 분의 이자를 혼자서 받게 되는 방식으로 운용되기 때문에 누가 더 오래 살아남느냐로 당첨이 결정되는 복권과도 같았다. 이후 톤틴 연금의 방식이 생명보험으로 전환되면서 보험금의 수령을 살아남은 사람에게 분배하는 것이 아니라 그해 사망한 사람들에게도 나누어 분배하였다. 이는 사망 시에 보험금을 지급한다는 점에서 오늘날의 생명보험과 유사하였으며 이 방식은 급속히 확산되어 제도적으로 정착되었다.

4. 한국의 역사

한국의 경우에는 전통적으로 생명보험과 유사한 형태로서 신라시대의 창(倉), 고려시대의 보(寶), 조선시대의 계(契)라는 일종의 상호부조제도가 있었으며, 근대적 생명보험은 1876년 일본과의 강화조약 체결이후 일본인에 의해 도입되었다. 1921년 친일 재벌인 한상용 등이 중심이 되어 조선생명을 세운 것에서 시작되었다. 이후 일본계 생명보험사들이 하나둘씩 생겨나면서 해방 당시에는 모두 19개의 생명보험사가 영업을 하고 있었다. 이후 부침을 거듭하다가 1946년 국내 최초의 생명보험 회사인 대한생명보험이 정식으로 출범하면서 국내에 생명보험 시장이 본격적으로 열렸다.

한편 손해보험도 강화도조약 이후 영국과 미국 등 서양 손해보험사가 한국에 대거 진출하면서 보험시장이 크게 형성되기 시작하였다. 한국의 최초 손해보험사는 일제강점기에 설립되었던 조선화재해상보험 주식회사로, 현재 메리츠화재 해상보험회사이다. 일제의 수탈을 보다 못한 몇몇 뜻있는 우국지사들이 합세하여 국내에 본점이 있는 보험회사의 설립이 필요하다는 생각에 따라 설립된 것이다.

1. 위험은 불확실성의 노출로 나타나는 손해의 가능성을 말한다. 이러한 위험은 순수위험과 투기위험으로 분류된다. 순수위험은 현실화되면 반드시 손해만 나타나는 위험으로 인적위험, 재산위험, 배상책임위험으로 나뉜다. 반면, 투기위험은 그 결과가 이익 또는 손해가 나타나는 위험으로 달리 리스크라고 표현한다. 한편, 위기는 불리한 위험이 실제로 나타난 상태를 말한다.

2. 위험관리는 보험가능위험과 보험불능 위험을 포함한 모든 위험을 처리하기 위한 제반 수단과 방법을 통칭하며, 다음 3가지 원칙하에 수행된다. 1) 부담할 수 없는 위험은 반드시 회피해야 한다. 2) 손실의 확률을 고려해야 한다. 3) 적은 손실이 아까워 커다란 위험을 부담하지 말아야 한다. 한편, 위험관리 기법으로 위험통제, 위험회피, 위험경감, 위험보유, 위험전가 등이 있다.

3. 위험전가는 계약을 통하여 위험을 제3자에게 전가시키는 것으로 보험이 가장 대표적이다. 보험이 아닌 다른 방법으로 헤징계약, 배상책임 면책계약, 수탁계약, 그리고 보증제도가 있다.

4. 보험대상이 되는 위험은 투기적 위험을 배제하고 순수위험만을 대상으로 하며 다음의 조건들을 갖추어야만 보험대상이 된다. 1) 다수의 동질적인 위험이어야 한다. 2) 손실 발생이 우연적이고 고의성이 없어야 한다. 3) 손실은 확정적이고 측정 가능해야 한다. 4) 예상하는 손실이 너무 거대하거나 작지 않아야 한다.

5. 보험가입 측면의 일상위험으로 노후생활의 위험, 유족의 생계위험, 질병과 상해의 위험, 그리고 화재와 도난 등 기타위험이 있다. 보험은 위험을 보장받기 위한 소비행위에 불과하다. 그러므로 보험료를 납부하면서 저축이나 투자를 고려하면 안된다. 즉, 보험은 재테크 수단이 아니다.

6. 보험이 우리 사회에 미치는 긍정적 역할은 다음과 같다. 1) 경제적 손실을 보상하여 마치 사고가 일어나지 않았던 것과 같은 효과를 제공한다. 2) 보험을 통하여 심리적, 정

신적 평안을 얻어 생산적인 활동과 능동적인 경영을 촉진시킨다. 3) 보험에 가입되어 있다는 그 자체가 신용도를 증가시킨다. 4) 보험은 사고발생을 방지하는 예방활동을 수행한다. 5) 보험은 자본의 효율성을 향상시킨다. 반면, 보험이 존재함으로 인하여 불가피하게 다음과 같은 부정적 면도 나타난다. 1) 보험사기를 일으킨다. 2) 보험은 보험계약자의 정신 상태를 해이하게 하거나 사고예방에 관한 무관심을 초래한다. 3) 보험사고로 인하여 보상을 받는 당사자는 대부분 보상금을 과잉 청구한다.

2장

생활에 필요한
보험지식

보험은 여타 금융상품보다 가장 장기계약인 관계로 보험가입 전에 면밀히 검토한 후 가입 여부를 결정해야 한다. 우선적으로 보험에 관한 주요 지식을 습득해야 한다. 본 장에서는 보험가입 전에 알아두어야 할 보험지식을 소개하고자 한다. 1절에서는 보험의 정의를 알기 쉽게 풀어서 소개한다. 2절에서는 보험이 보험다워지기 위한 다섯 가지의 기본원칙을 소개한다. 3절에서는 일상에 필요한 보험상품의 종류를 파악하고, 보험가입시 체크해야 할 사항을 소개한다. 4절에서는 보험계약만의 독특한 특성과 더불어 보험상품이 가지고 있는 특성도 파악한다. 5절에서는 언론에서 자주 등장하는 보험사기와 보험범죄에 대하여 학습한다. 6절에서는 보험업과 일반 제조업의 차이점을 시장환경 측면, 경영 측면과 마케팅 측면으로 나누어서 살펴본다. 마지막으로 7절에서는 보험회사의 건전성에 대하여 살펴본다.

1

보험이란 무엇인가?

　보험에는 근본적으로 '일인은 만인을 위하여 만인은 일인을 위하여'라는 상부상조의 정신이 내재되어 있다. 즉, 사회적으로 불특정 다수가 모여 예상치 못한 손실을 원상태로 보전하고자 하는 노력에서 탄생되었다. 따라서 보험은 소수에 의하여 성립될 수 없으며, 다수의 힘으로 소수를 돕는 것이 기본원칙이다. 또한 구성원 모두는 공평한 책임하에 소정의 기금, 즉 보험료를 갹출, 적립하고 이를 통해 손실을 분담한다. 이런 이유 때문에 보험은 자선단체사업이나 사회복지기관의 공적 부조와는 엄연히 다르다.

　보험을 이론적으로 정의해 보면 '사고의 발생을 어느 정도 예측할 수 있는 우연한 사고로 인한 경제적 손실을 보전하기 위해 다수의 계약자가 결합하여 공동의 준비재산을 형성하는 경제준비의 사회적 형태'라고 한다. 이것을 각각 나누어서 살펴보면 보험의 의미를 좀 더 쉽게 파악할 수 있다. 첫째 요건으로 사고의 발생을 어느 정도 예측할 수 있어야 하는 것이다. 이는 보험의 가장 기본적인 성립요건으로 미래의 불확실성에 기초한 사고 발생이 객관적으로 측정 가능하고 이를 누구나 인식해야 함을 의미한다. 그러기 위해서는 과거 사고발생에 관한 통계데이터가 어느 정도 있어야 하며, 이는 많을수록 좋다.

둘째 요건은 우연한 사고로 인한 경제적 손실을 보전해야 하는 것이다. 보험 자체가 미래의 우발성에 기초한 보험사고를 담보로 하는 것이기 때문에 우연한 사고가 아니면 보험으로서 성립되지가 않는다. 따라서 보험회사는 담보로 한 위험이 우연인지 혹은 고의인지 구분하고 걸러 낼 수 있는 능력이 필요하며, 이를 언더라이팅(Underwriting)이라 한다. 언더라이팅은 보험계약 체결을 위하여 청약자로부터 제시된 위험을 선택하고 분류하는 과정을 말한다. 한편 보험사고는 인간에게 치명적인 사고, 즉 사망과 관련되어 있기 때문에 누구나 원치 않는다. 이것은 보험가입을 꺼리게 하는 가장 중요한 단서가 된다. 인간은 속성상 사고에 대한 불안감을 갖고 있으며 이로 인한 불편한 마음을 보험을 통해 해소하기보다는 보험가입으로 인해 오히려 보험사고에 더 신경을 쓴다. 또한 보험사고로 인한 혜택을 본인이 직접 받지 않기 때문에도 더더욱 가입을 꺼린다. 결과적으로 이와 같은 사고에 대한 비자발성 때문에 보험의 효용을 꾸준히 전파해야 하는 전문적인 모집조직이 자연스럽게 등장하였다. 모집조직은 전통적인 보험설계사에서부터 전문화된 조직으로 구성되어 있으며 보험의 특성상 보험상품 판매를 적극적으로 권유하는, 즉 푸시(Push)형 판매촉진을 하게 된다.

셋째 요건은 다수의 계약자가 결합하여 공동의 준비재산을 형성하는 사회적 형태여야 하는 것이다. 이는 보험의 탄생 배경인 '일인은 만인을 위하여, 만인은 일인을 위하여'와 일맥상통한다. 그리고 불특정 다수를 상대하기 위해서는 업무 및 보험계약자의 편의를 위해서 누구에게나 적용되는 가입조건을 규격화할 필요가 있는데, 이를 위한 것이 보험약관이다. 보험약관은 계약당사자의 권리와 의무, 계약 이행에 따른 제반 조건과 절차를 규정한 것이다. 한편 계약자 채무를 성실히 이행할 수 있는 공동의 준비재산, 즉 책임준비금이 안정적으로 적립되어야 하며, 이는 보험계약자에게 지급해야 할 각종 보험금으로 사용된다. 또한 보험은 불특정 다수가 모인 사회적 형태이므로 공공성이나 사회성이 강하다.

2

보험의 기본원칙

기본적으로 보험은 보험료라는 적은 돈을 내고 보험사고가 발생하면 목돈인 보험금을 수령하는 것이다. 이는 많은 사람들이 언제 일어날지 모르는 각종 위험에 대비해 각자가 소액의 금액을 예치하여 공동의 재산을 마련하여, 그 구성원 가운데 불의의 사고를 당한 사람에게 미리 정해진 금액을 지급한다는 상부상조의 정신에 근거한다. 그러므로 보험은 오로지 경제적 이익을 도모하거나 투자행위를 통해 이익을 추구하는 수단과는 근본부터가 다르다. 하지만 보험에 가입한 모든 사람이 소액의 보험료를 납입하고 많은 보험금을 받게 된다면 이는 위험을 분담하기보다는 오히려 친목계 형태에 가깝다. 또한 무작위로 일부 사람에게만 많은 보험금을 모아서 지급한다면 구성원 모두가 일확천금을 노리는 행위를 반복적으로 시도할 것이므로 이는 복권과 다를 바 없다. 그러므로 보험이 보험다워지기 위해서는 누구나 인정하는 기본원칙이 있어야 한다.

첫째, 보험료를 산출하는 데 대수의 법칙(law of large number)이 필수적으로 반영되어야 한다. 보험은 보험사고 발생에 대비한 공평한 위험부담을 위해 대수의 법칙을 기초로 작성한 경험생명표에 따라 보험료를 산출한다. 이는 보험자가 예상되는 손해를 정확하게 계산하기 위해서는 개별위험의 숫자인 모집단이 충분히 커야 한다는 것, 즉 대수가 되어야 한다는 것이다. 대수의 법칙이란 독립적으로 발생하는 어떤 사건에 대하여 그 관찰대상과 관찰횟수를 늘리면 늘릴수록 어떤 사건의 발생확률의 실제결과가 예측결과에 점점 가까워지는 현상을 말한다. 예를 들어 주사위를 한번 던졌을 때 어떤 숫자가 나올지를 정확하게 예측하는 것은 어렵다. 그러나 주사위를 던지는 횟수가 많아지면 주사위 각 면이 나오는 횟수가 점점 비슷하게 되어 그 비율이 $\frac{1}{6}$에 가까워진다. 이처럼 일상생활에 존재하는 위험들 중에 어떤 특정한 위험이 누구에게 발생할지는 아무도 모르지만, 일정기간 동안 여러 사람을 대상으로 특정 위험의 발생 여부를 관찰한다면 일정한 발생률을 구할 수 있게 된다. 대수의 법칙은 과거의 경험치를 미래의 발생확률로 간주하게 해주는 가장 기본적인 원리이다.

둘째, 보험회사와 보험가입자 모두 이득을 보지 못하도록 하는 수지상등의 원칙이다. 이는 개별 보험계약자에게 부과 징수한 보험료의 총액과 특정사고 발생 시 지급하는 보험금의 총액이 균등해야 한다는 원칙으로 개별 보험계약자와 보험자 간의 수지는 불균형하더라도 집단 전체를 놓고 보면 전체 수지는 균형을 이루어야 함을 의미한다. 만약 쌍방 중에 어느 하나가 수지상등의 원칙에 반하여 큰 이득을 얻는다면 이는 도박과 같게 된다. 다만 미래 위험을 확률에 의해 추정하기 때문에 보험가입자가 내는 보험료보다 받는 보험금이 많으면 보험회사는 보험료를 올려서 서로 균등하도록 조정할 것이고, 그 반대라면 보험료를 내린다.

셋째, 급부 반대급부 균등의 원칙이다. 이는 둘째 원칙을 개별 가입자에게 적용한 것이다. 즉 본인이 납입한 보험료와 사고 발생시 보험회사가 지급하는 보험금이 같아야 한다는 것이다. 그렇다고 1억 원의 보험금을 타려면 1억 원의 보험료를 내야 하는 의미가 아니다. 보험가입자가 납입하는 보험료는 개별 계약자에게 보험사고 발생 시 지급하는 보험금과 수학적 기대치인 확률, 즉 사고율을 곱하여 산출된다. 예를 들어, 1명의 보험가입자가 보험기간 동안 1억 원의 보험사고가 발생할 확률이 1%라고 한다면 그 보험료는 100만 원(1억 원 ×1%)이 된다. 이는 개별 보험계약자의 보험료를 책정하는 원리이며, 사고 확률이 낮은 계약자가 낮은 보험료를 부담하는 보험료의 공평성을 설명하는 것이다.

넷째, 이득금지의 원칙이다. 보험은 적은 보험료로 많은 보험금을 받을 수 있는 복권과 같은 사행기능이 있기 때문에 보험가입자들은 늘 보험을 악용할 유혹에 빠진다. 따라서 이러한 보험사기나 도덕적 위험을 방지하기 위한 원리가 이득금지의 원칙, 즉 실제손실 보상의 원칙이다. 이는 보험사고의 발생으로 보험회사가 지급하는 보험금은 실제 손해를 초과해서는 안 된다는 의미이다. 만약, 이런 원칙이 없다면 실제 손해보다 더 많은 보험금을 타기 위해 일부러 보험사고를 일으키는 가입자들이 엄청 늘어날 것이다.

마지막으로 신의성실의 원칙이다. 보험은 불특정 다수를 대상으로 판매될 수밖에 없으며, 그들은 보험회사가 미리 만들어 놓은 보험약관을 보고 계약을 하기 때문에 보험회사나 보험가입자 모두 서로 상대방의 신뢰에 어긋나지 않도록 성실히 임해야 한다는 의미이다. 우선 보험회사는 신의성실에 따라 공정하게 보험약관을 해석하고 계약자를 차별하면 안 된다. 그리고 보험가입자는 보험가입 시 기존 질병이나 치료사실 등 중대한 사실을 최대한 성실하게 보험회사에 알려야 하며, 보험계약 이후라도 보험계약에 영향을 미칠 만한 중대한 사건은 곧바로 보험회사에 통지해야 한다.

3

보험상품의 종류와
체크포인트

1. 보험상품의 종류

일상생활에 누구나 필요한 보험상품은 크게 일곱 가지로 나뉜다. 첫째, 국민전체의 복지를 위한 사회보험이 있다. 이는 국가차원에서 사회보장 형태로 운영하며 국민연금과 국민건강보험, 그리고 고용보험과 산업재해보상보험이 해당된다. 둘째, 질병을 담보하는 보험상품이다. 이에는 암보험, 실손의료보험, 태아보험, 치아보험. 그리고 치명적 질병보험이 대표적이다. 이 중 암보험은 두 번째 암 진단비 보험 등 새로운 상품이 꾸준히 개발되고 있다. 셋째, 장수를 대비하는 보험상품이다. 이에는 연금지급방식이 다양한 전통의 연금보험, 세제혜택이 부가된 연금저축보험과 퇴직연금이 있다. 연금저축은 대표적으로 은행의 연금저축신탁, 보험사의 연금저축보험, 금융투자회사의 연금저축펀드가 있으며 각 상품별로 조금씩 다른 특징을 갖고 있다. 넷째, 투자를 겸한 보험상품으로 변액보험과 자산연계형 연금보험이 대표적이다. 변액보험은 보험료의 일부를 주식이나 채권에 투자하는 실적배당형 상품으로 변액종신보험, 변액연금보험, 변액유니버설보험으로 구분된다. 다섯째, 고령자를 위한 보험상품이다. 이에는 최근 언론매체에 자주 등장하는 실버보험과 무심사보험, 그리고 간병보험과 상조보험이 있다. 실버보험은 고령층에 특화된 보장성보험을 통칭하는 용어로, 정식적인 보험용어는 아니다. 여섯째, 운전자를 위한 보험상품으로 자동차보험과 운전자보험이 대표적이다. 마지막으로 일상에 필요한 손해보험 상품으로 일상생활배상책임보험, 화재보험, 통합형보험, 그리고 해외여행자보험 등이 있다.

2. 체크포인트

보험은 어느 상품보다도 장기계약이므로 최초 가입시 철저하게 따져보고 그 가입 여부를 판단해야 한다. 이 중 반드시 체크해야 할 사항은 세 가지로 요약된다. 먼저 본인이나 가족에게 자주 노출되는 위험이 무엇이며, 이를 대비하는 최적의 보험상품에는 어떤 것이 있으며, 납입보험료가 소득대비 적정한지 판단해야 한다.

보험 본연의 기능은 보장이다. 따라서 현재 본인이나 가족에 노출되어 있는 여러 위험 중 가장 치명적인 위험을 파악해야 한다. 일상생활에서 누구나 겪을 수 있는 가장 빈번하고 타격이 큰 위험은 질병과 사고이다. 무엇보다 거액의 치료비 부담이 가장 큰 걱정거리이다. 현재 이를 대비하는 대표적인 보험상품이 실손형 의료보험이다. 만약 결혼하여 자녀를 둔 가장이라면 어린이 보험도 고려해야 한다. 최근 보험회사들은 실손형과 치명적 질병보험, 어린이보험과 상해보험 등 의료비 지급에 초점을 맞춘 보험을 하나로 묶은 뒤, 온 가족이 일시에 가입할 수 있는 통합형 보험을 출시하고 있다. 그 다음에는 본인과 배우자의 노후를 대비해야 한다. 연금보험은 국민연금과 함께 대표적인 노후대비 상품으로 일반인이라면 반드시 가입을 고려해야 하며, 가입한다면 그 시기는 빠를수록 유리하다. 만약 근로자라면 퇴직연금과 함께 조기에 최적의 연금 포트폴리오를 구축해야 한다. 한편 공무원연금이나 군인연금 등 공적연금 수령자라면 노후대비는 일반인보다 훨씬 수월하게 준비할 수 있다. 마지막으로 본인과 배우자의 사망에 대비해야 한다. 이에 적합한 현존 상품으로 종신보험과 정기보험이 대표적이다.

가입하고자 하는 보험상품이 정해졌으면 이어 보험기간과 보험료 납입기간을 확인해야 한다. 이는 본인의 소득과 생존기간을 면밀히 체크해보고 그에 적합한 보험기간과 납입기간을 설정해야 함을 의미한다. 마지막으로 보험료가 얼마인지도 중요하다. 본인 소득보다 무리하게 보험료를 불입하다 보면 중도에 해약할 가능성이 높다. 해약하면 계약자에게 여러모로 손해가 발생한다. 대체로 보험료는 본인 수입의 10%를 넘으면 부담스럽다. 만약 10%를 넘는다면 향후 보험료 부담을 줄이는 방안을 전문설계사와 상의하여 대응책을 미리 대비해 두어야 한다.

그 외 최근에는 보험상품이 갱신형 또는 비갱신형인지 살펴보아야 한다. 갱신형은 보험기간을 3년 등 단기로 설정하고 그 기간이 종료되면 보험계약을 다시 갱신하는 방식이다. 갱신형은 보험기간이 짧다 보니 상대적으로 보험료가 저렴하다. 그러나 이후 연령증가와 건강상태, 그리고 법 제도의 변화 등으로 인해 갱신 시점에 보험료가 급격히 상승할 수 있다. 이밖에 실손형 의료보험이라면 필히 중복 가입 여부를 확인해야 한다. 실손형은 실제 치료비를 보상하므로 아무리 중복가입해도 추가로 보상받을 수 없기 때문이다. 마지막으로 변액보험 가입자라면 최소한 가입시 예상수익률과 최저보증 한도를 체크해 볼 필요가 있다.

4

보험계약 및 보험상품의 특성

1. 보험계약의 특성

보험계약은 보험계약자의 보험료지급에 대하여 보험사고 발생시 보험자가 일정한 급부를 지급할 것을 약속하는 유상계약이며 보험계약자의 보험료 지급의무와 보험자의 보험금 지급의무가 대가관계를 이루는 쌍무계약이다. 또한, 보험계약은 당사자의 의사표시 합치만으로 성립하고, 서면 등의 특별한 형식을 필요로 하지 않는다. 다만, 실제거래에서는 보험계약 체결 시에 정형화된 보험계약 청약서를 이용하는 것이 보통이나 이는 감독상의 편의에 의한 것일 뿐 법률상의 요건은 아니다.

또한 보험계약은 우연한 사고의 발생 시 보험료에 비하여 엄청나게 많은 보험금을 지급받게 되므로 사행 계약성을 갖는다. 그러나 보험은 도박과는 달리 사회생활상 불가피하게 발생한 위험을 합리적으로 관리하여 개인의 경제생활의 안정을 회복시켜주기 때문에 적법성을 띠게 된다. 그리고 보험계약은 부합계약성을 지니고 있다. 이는 당사자 일방(보험자)이 계약의 내용을 작성하고 상대방(계약자)은 그 내용에 자기의 의사가 부합될 경우에만 계약을 체결한다는 의미로 상대방은 계약의 체결 여부만을 결정하는 것이다.

한편 보험계약은 최대 선의에 기초를 둔 계약이다. 이는 보험계약의 사행 계약성으로 인한 보험의 도박화 방지를 위한 데서 시작된다. 당사자의 선의 또는 신의 성실의 원칙은 보험계약뿐만 아니라 모든 법 분야에서 요구되는 대원칙이다.

2. 보험상품의 특성

보험상품은 무엇보다 눈에 보이지 않는 점이 특이하다. 따라서 상품수요 측면에서 일반상품은 구체적 상품으로써 명확한 소비효용과 부차적 효용을 가지고 있지만 보험 상품은 무형의 관념상품으로써 추상적 효용만을 가진다. 또한 욕구면에서도 일반상품은 구입시점에 존재하고 인식되어 감지되나, 보험 상품은 존재하고는 있지만 거의 인식을 못하고 있다. 그리고 일반상품은 고객의 자발적인 의도로 구입절차가 이루어지지만 보험 상품은 고객의 순수한 자발성이 거의 없고 전문조직이 가입을 권유하면서 이루어진다. 한편 일반상품은 판매와 더불어 경제과정이 종료되고 경우에 따라서 판매한 이후에 고객에 대한 서비스가 계속되는 반면에 보험 상품의 판매는 고객과 보험회사 간의 계약체결일로부터 보험계약기간 만료까지 또는 보험급부 지급까지 계속되며, 이의 서비스는 개인적인 대소사에 관한 보살핌, 고객에 대한 재무적인 조언, 보험계약의 변경, 보험사고 처리와 후속적인 조치 등 실로 다양하다.

이 외에도 보험상품은 일반적으로 복잡하고 일반인들이 이해하기 어려워 고객에게 중요 사항을 지속적으로 안내해주어야 하며, 보장성상품은 보험료를 불입하는 사람과 보험금 혜택을 받는 사람이 서로 달라 일반상품과 바로 대비된다.

보험사기와 보험범죄

1. 개요

보험은 그 속성상 보험사기나 도박과 같은 사행성을 내포하고 있다. 따라서 평상시에는 그렇지 않지만 경제생활이 악화되면 보험가입자들은 이러한 사행성을 악용하려는 심리가 발동하게 된다. 보험의 사행성으로 인해 나타나는 전형적인 현상이 역선택과 도덕적 위험이다. 역선택이란 보험계약 전에 보험사고의 발생가능성이 높은 위험을 가진 계약자가 자진하여 가입하는 것을 말한다. 보험회사는 보험가입자의 가입의사에 대한 정보를 충분히 파악하기에는 한계가 있다. 이는 가입자가 고의든지 고의가 아니든지 간에 보험가입에 대한 정보를 자세히 알려주지 않기 때문이다. 따라서 보험회사는 보험가입자의 위험정도를 합리적으로 구분할 수 없게 되고, 결국에는 평균보험료를 부과할 수밖에 없다. 평균보험료는 위험이 높은 가입자에게는 유리하나, 위험이 낮은 가입자에게는 불리하게 된다. 즉, 부당하게 보험료가 높아지게 된다. 그 결과 우량가입자는 결국 보험가입을 포기하거나 가입하여도 보험에 대한 수요를 줄인다.

반면, 위험이 높은 가입자는 보험가입을 더욱 선호하게 되고 보험에 대한 수요도 늘어나게 된다. 한편 도덕적 위험(moral hazard)은 보험계약자 또는 피보험자가 고의나 과실로 보험계약 후에 사고발생 확률이 높아지도록 행동하거나 마음을 먹는 것을 말한다. 즉, 보험을 판매한 후에 보험회사가 가입자를 감시하지 못하는 상황에서 보험가입자가 고의로 사고를 내고 보험금을 청구하거나 피해액을 부풀림으로써 보다 많은 보험금을 수취하려고 하는 비양심적인 위험 상태를 의미한다. 역선택과 도덕적 위험 모두 보험사고의 발생확률을 증가시켜 대수의 법칙에 의한 수지상등의 원칙이 무너져 보험회사에게는 손해를, 그 손해는 결국 보험료 인상을 가져와 다수 선의의 계약자에게 피해를 입힌다. 그리고 두 위험 모두 개인의 도덕적, 심리적인 특성에 기인하므로 사회전체적인 문제로 확대될 수 있다.

2. 보험범죄 유형

일반적으로 보험사기는 보험범죄보다 광의의 개념이다. 예를 들어, 보험계약자가 보험가입시 과거 질병을 감추고 보험계약을 성립시킨 경우는 보험사기이지 보험범죄는 아니다. 보험범죄는 보험계약을 악의로 이용해서 보험회사로부터 보험금을 수취하는 것을 말한다. 반면, 보험사기는 보험범죄를 포함하여 보험금 수취가 없는 단순 허위진술 등도 포함한다.

통상 보험범죄 형태는 크게 세 가지로 구분된다. 첫째, 보험사고를 고의적으로 일으키는 경우이다. 이의 전형적인 사례가 화재보험에서 방화행위, 생명보험에서 피보험자 살해행위, 상해보험에서 자신의 신체를 손상시키는 행위 등이다. 둘째, 실재하지 않는 보험사고를 발생한 것처럼 위장하는 경우이다. 예를 들면, 생명보험에서 타인의 시체를 피보험자의 시체로 바꿔치는 행위, 상해나 질병보험에서 실제로는 건강한 사람이 병에 걸렸다는 행위 등이다. 셋째, 보험사고의 피해를 부풀리는 경우이다. 예를 들면, 도난보험에서 도난당한 물품의 양이나 가격을 과다 신고하는 경우, 생명보험에서 피보험자가 자연사 또는 자살하였음에도 이를 불의의 사고로 위장하여 신고하는 경우, 상해나 질병보험에서 병원 입원기간을 일부로 늘리는 경우, 자동차보험에서 사고를 확대해서 통보하는 경우 등이다.

6

보험업과 제조업의 차이점

보험업은 일반 제조업에 비하여 시장환경이나 경영, 그리고 마케팅 측면에서 여러모로 다른 차이점을 갖고 있다.

1. 시장환경 측면

보험시장은 일반 제조업에 비하여 불완전시장의 성격이 매우 강하며 그 중 생명보험을 비롯한 가계성 보험이 대표적이다. 그 이유는 다음과 같다.

첫째, 보험상품은 기본적으로 복잡한 수리통계적인 방법에 의하여 만들어지기 때문에 보험수요자 입장에서 충분한 사전지식이 없이는 상품제조과정을 이해할 수 없다. 따라서 수요자의 구매욕구가 수시로 변한다. 둘째, 보험 산업은 일반제조업체와 달리 수익과 지출이 발생하는 시기가 크게 차이가 나고 최종적으로 보험계약 종료시점에 수입과 지출이 확정된다. 따라서 보험기간 중에 발생한 수익으로 보험시장의 안정성이나 성장성을 판단할 수가 없다. 셋째, 보험은 그 성격상 여타 산업에 비하여 간섭과 규제가 많다. 따라서 일반 제조업에서 통용되는 시장

자율 요구를 무조건 수용할 수는 없다.

2. 경영 측면

보험은 대수의 법칙을 기초로 하기 때문에 보험가입자와 보유계약이 크면 클수록 보험료산출의 정확성과 안정성을 기할 수 있어 다른 산업에 비해 경영규모를 확대하려는 경향이 강하다. 그리고 보험사업은 제조업과는 달리 생산설비가 필요 없다. 제조업에서는 생산을 위하여 특수한 기계나 해당시설을 필요로 하고 제조과정이 기술적, 화학적 및 물리적 조건에 의하여 항상 제약을 받지만, 보험사업은 사람과 종이 자체만으로도 상품개발 및 판매, 계약인수와 유지관리에 이르기까지 전체 관리가 가능하므로 인적구성이 다른 산업에 비해 아주 치밀하다. 그러나 자기자본이 많을 필요는 없다. 왜냐하면 보험은 무형상품을 판매하므로 우선적으로 이를 조립하는 제조공장이 필요없으며, 운영경비는 보험료의 일부에서 집행하며 보험금 지급은 적립된 준비금으로 해결할 수 있기 때문이다. 그 외 보험은 불특정 다수를 상대하기 때문에 여타 산업에 비해 공공성과 사회성이 많이 요구된다. 궁극적으로 보험경영은 영리성을 목적으로 한 주식회사라 하더라도 이윤극대화만을 목적으로 하는 일반기업과는 다른 특성을 가지고 있다.

3. 마케팅 측면

상품제조 측면에서 살펴보면 보험상품은 우선 대량생산과 모방이 쉽게 가능하며, 인적요소로만 생산이 가능하기 때문에 연구개발비가 제조업에 비하여 거의 발생하지 않는다. 또한 보험 상품은 사전에 주문생산을 하거나 혹은 판매량을 예상하고 미리 생산하여 확보해 두는 것이 아니고 순간적으로 생산되며, 상품 자체가 정보의 결합으로 이루어진 서비스 상품인 동시에 다수의 경제주체를 전제로 하므로 관련 통계의 집적이 필수적이다.

　상품 수요 측면에서도 일반상품은 구체적 상품으로써 명확한 소비효용을 가지고 있지만 보험상품은 무형의 관념상품으로써 추상적인 효용을 가진다. 또한 욕구면에서도 일반상품은 구입시점에 존재하고 인식되어 감지되나, 보험상품은 존재하고는 있지만 거의 인식을 못하고 있다. 그리고 일반상품은 고객의 자발적인 의도로 구입절차가 이루어지지만 보험상품은 고객의 순수한 자발성이 거의 없다.

　상품 판매측면도 확연히 다르다. 우선 매출에 대한 의미가 다르다. 보험회사의 매출은 수입보험료로 대변할 수 있다. 수입보험료는 보험설계사 규모와 판매 활동량, 그리고 유지율과 정착률 등 효율에 의해 좌우된다. 반면, 제조회사의 매출은 판매량에 매출원가를 곱하여 산출되며, 이 중 판매량에 직접적으로 영향을 미치는 생산량은 생산설비와 가동률인데, 생산설비는 물리적으로 제약이 따르며 가동률도 최대 100%까지 발휘될 수밖에 없다. 그러나 보험회사는 다르다. 보험회사의 생산설비를 굳이 표현하자면 보험설계사라고 할 수 있는데, 이의 활동량은 보험설계사의 능력에 따라 무한대로 확대된다. 그 외 보험회사는 보험상품을 전문적으로 판매하는 고도의 훈련된 영업조직을 체계적으로 운영하고 있다.

7

보험회사의 건전성

보험은 장기간 이용하는 상품이므로 본인이 가입한 보험회사가 오랜 기간 생존할지 또는 도태되는지를 판단해야 한다. 이를 확인할 수 있는 첫 번째 지표가 재무건전성을 나타내는 지급여력비율이다. 다음으로 대외 신용등급이나 회사 인지도, 보험처리 서비스 등이 뒤따른다.

일반적으로 보험회사의 재무건전성은 보험회사가 보험계약자에게 지급해야 될 보험금 및 해약환급금 등의 지급채무를 이행할 수 있는 자산을 보유했는지의 여부로 판단한다. 이를 지급능력(solvency)이라 하며 자산, 책임준비금 및 잉여금 수준으로 측정한다. 통상 책임준비금과 기타 부채액의 합계액보다 건전성 자산을 더 많이 보유하고 있으면 지급능력이 있다고 한다. 예를 들어, 사망률, 예정이율 등 예정기초율이 예정대로 진행되어지는 것을 가정하면 정해진 책임준비금만 적립하면 보험금 지급에는 아무런 지장이 없다. 따라서 사망률, 예정이율이 보수적으로 설정되어 있으면 책임준비금도 보수적으로 적립이 되므로 보험회사의 지급능력은 확보되는 것이다.

한편 IMF 이전까지만 해도 예정기초율 등 기본적인 가정들이 안정적이고 예측이 가능하였기 때문에 책임준비금을 충실히 적립하는 것만으로도 지급능력의 문제가 없다고 판단하였다. 그러나 IMF 이후 최근까지 예상 밖의 대형 보험사고가 발생하여 통상의 가정 하에서 산정한 책임준비금만으로는 보험금지급 의무를 이행할 수 없는 상황이 발생하였다. 이런 경우를 대비하여 책임준비금을 초과한 잉여금이 필요한데, 이를 지급여력(solvency margin)이라고 한다. 지급여력은 책임준비금 등의 채무를 초과하여 보유하는 지급능력의 의미로 보험회사가 예측할 수 없는 리스크에 대비할 수 있는 일종의 완충장치인 셈이다. 따라서 최저 지급여력을 밑돈다 해도 바로 지불불능에 빠지는 것은 아니다. 그러나 감독당국은 최저지불능력을 확보치 못한 경우에는 경영위기로 간주하고 다양한 조치를 취하고 있다.

현재 보험회사 재무건전성을 최종적으로 판단하는 기준은 지급여력비율이며, 이는 지급여력을 지급여력기준으로 나누어 산출한다. 지급여력은 재무제표상 자기자본으로 산출하며, 지급여력기준은 해당 보험회사에 노출되어 있는 리스크 총량으로 계산하는데, 이를 요구자기자본이라 한다. 이 비율이 높으면 높을수록 우량보험회사라 할 수 있으며, 100% 이하로 떨어지면 감독당국으로부터 적기 시정조치 규제를 받는다.

$$지급여력비율 = \frac{지급여력(보유자기자본)}{지급여력기준(요구자기자본)} \times 100$$

보험은 도박과 일부 유사한 점이 있으나 근본적인 차이점으로 인해 양자는 철저히 구별되고 있다. 보험이 도박과 유사한 점은 다음과 같다.

첫째, 보험과 도박은 우연한 사고를 전제로 한다. 보험은 우연히 발생하는 사고에 대해서만 보상하고 사전에 예측할 수 있는 사고는 보험사고로 처리되지 않는다. 역시 도박도 우연성을 전제로 한다. 도박을 할 때마다 반드시 이기거나 또는 진다는 예측이 가능하다면 그것은 도박이 아니다. 둘째, 보험과 도박 모두가 요행계약의 특성을 갖고 있다는 것이다. 보험의 경우 보험계약 이후 보험료 대비 많게는 수백 배의 보험금을 받을 수 있다는 점에서 도박과 유사하다. 셋째, 손실을 분담한다는 의미에서 서로가 유사하다. 즉, 소수를 위하여 다수가 희생하는 제도이다. 넷째, 확률원리와 대수의 법칙을 근간으로 한다. 보험과 도박 모두 통계적인 확률계산에 근거하고 있으며, 보험자와 도박업자는 대수의 법칙을 적용하여 경영상의 손실을 감소시킨다.

한편 보험과 도박의 차이점을 살펴보면, 보험은 사회경제적인 면에서 절대적으로 필요한 제도이지만, 도박은 사회악으로 치부되고 있다. 우선 보험은 그 가입동기가 본인에게 노출된 일방적인 미래손실의 위험을 사전에 제거하거나 감소시키겠다는 것으로, 이것은 보험을 통하여 회복가능하다. 그러나 도박은 투기적 의도로 위험에 노출시키는 것이라 한번 실수하게 되면 회복이 불가능해진다. 그리고 무엇보다 보험은 생산적이지만, 도박은 비생산적이다. 도박의 경우 돈을 얻는 자

표 2-1 보험과 도박의 비교

	보험	도박
사고발생	우연성과 확률 원리	
교환	적은 금액과 큰 금액의 교환, 손실분담	
사회적 인식	생산적	비생산적
동기	위험의 제거 또는 감소	부의 획득, 쾌락, 경제적 불안
대상위험	순수위험	투기위험
손실의 정도	회복 가능	회복 불가능

자료 : 구종순·여희정(2011), p.37

가 있으면 돈을 잃는 자가 반드시 있게 된다. 반면, 보험은 도박처럼 부를 얻는 것이 아니라 위험을 차단하는 데 있다. 만약 손해가 발생하지 않으면 당사자 모두에게 이익이 돌아간다.

참고로 보험은 저축과도 확연히 다르다. 보험은 기본적으로 우연한 사고에 기반을 두나, 저축은 확정된 사고에 근거를 두고 있어 보험과 저축은 가입목적상 근본적인 차이가 있다. 또한, 보험은 상부상조 정신에 근거하여 가입자 공동으로 준비재산을 형성한 반면, 저축은 개개인의 개별적인 목적을 위해 각자가 스스로 준비재산을 형성한다.

1. 보험은 근본적으로 '일인은 만인을 위하여 만인은 일인을 위하여'라는 상부상조의 정신하에 다수의 힘으로 소수를 돕는 가장 과학적이고 합리적인 수단이다. 이의 정의는 '사고의 발생을 어느 정도 예측할 수 있는 우연한 사고로 인한 경제적 손실을 보전하기 위해 다수의 계약자가 결합하여 공동의 준비재산을 형성하는 경제준비의 사회적 형태'이다.

2. 보험이 보험다워지기 위한 다섯 가지 기본원칙은 대수의 법칙, 수지상등의 원칙, 급부 반대급부 균등의 원칙, 이득금지의 원칙, 신의 성실의 원칙이다.

3. 보험 가입 전에 반드시 체크해야 할 사항은 다음 세 가지로 요약된다. 1) 본인이나 가족에게 자주 노출되는 위험이 무엇인지 파악한다. 2) 본인과 가족의 위험을 담보하는 보험상품을 선택한다. 3) 보험료가 소득대비 적정한지 판단한다.

4. 보험계약은 유상계약이자 쌍무계약이다. 또한 사행 계약성을 갖으며 보험자가 계약의 내용을 작성하고 계약자는 자기의 의사가 부합될 경우에만 계약을 체결하는 부합계약성을 지닌다.

5. 보험상품은 무형의 관념상품으로써 실체가 없다. 또한 욕구 면에서도 거의 인식을 못한다. 더불어 보험상품은 고객 스스로 가입하고자 하는 자발성이 없으므로 전문조직이 가입을 권유하게 된다. 그리고 장기계약이다. 한편, 보험상품은 대량생산과 모방이 쉬우며, 인적요소로만 생산이 가능하기 때문에 연구개발비가 거의 발생하지 않는다. 그 외에 순간 생산이 가능하다.

6. 보험의 사행성으로 인해 나타나는 전형적인 현상이 역선택과 도덕적 위험이다. 역선택은 보험계약 전에 보험사고의 발생가능성이 높은 위험보유자가 자진하여 가입하는 것을 말한다. 도덕적 위험은 보험계약자 또는 피보험자가 고의나 과실로 보험계약 후에 사고발생 확률이 높아지도록 행동하거나 마음먹는 것을 말한다.

7. 보험범죄 형태는 다음과 같이 크게 1) 보험사고를 고의적으로 일으키는 경우, 2) 실재

하지 않는 보험사고를 발생한 것처럼 위장하는 경우, 3) 보험사고의 피해를 부풀리는 경우로 나뉜다.

8. 보험시장은 일반 제조업에 비하여 불완전시장의 성격이 강하며, 그 이유는 다음과 같다. 1) 보험상품은 복잡하기 때문에 보험수요자 입장에서 충분한 사전지식이 없이는 상품제조과정을 이해할 수 없다. 2) 보험산업은 최종적으로 보험계약 종료시점에 수입과 지출이 확정되므로 보험기간 중에 발생한 수익으로 보험시장의 안정성이나 성장성을 판단할 수 없다. 3) 보험은 그 성격상 여타 산업에 비하여 간섭과 규제가 많다.

9. 보험은 대수의 법칙을 기초로 하기 때문에 보험가입자와 보유계약이 크면 클수록 보험료산출의 정확성과 안정성을 기할 수 있어 다른 산업에 비해 경영규모를 확대하려는 경향이 강하다. 또한 보험사업은 사람과 종이만으로도 상품개발과 판매, 계약인수와 유지관리까지 관리가 가능하므로 인적구성이 다른 산업에 비해 아주 치밀하다.

10. 보험회사의 매출은 수입보험료로 대변되며, 수입보험료는 보험설계사 규모와 판매 활동량, 그리고 유지율과 정착률 등 제반 효율에 의해 결정된다.

11. 보험회사의 재무건전성을 최종적으로 판단하는 기준은 지급여력비율이며, 이는 지급여력을 지급여력기준으로 나누어 산출한다. 지급여력은 재무제표상 자기자본으로 산출하며, 지급여력기준은 해당 보험회사에 노출되어 있는 리스크 총량으로 계산하는데, 이를 요구자기자본이라 한다. 이 비율이 높을수록 우량보험회사라 할 수 있으며, 100% 이하로 하락하면 감독당국으로부터 적기 시정조치 규제를 받는다.

3장

생활에 필요한 보험상품

현재 시중에는 다양한 보험상품이 판매되고 있으며 저마다 보장하는 형태가 천차만별이다. 그러므로 본인과 가족에 최적화된 상품포트폴리오를 구축하는 것은 쉽지 않다. 본 장에서는 일상생활에 필요한 보험상품을 각 영역별로 소개하고자 한다. 1절에서는 국민 전체의 복지를 위한 사회보험으로 국민연금과 국민건강보험, 고용보험과 산업재해보상보험을 살펴본다. 2절에서는 질병을 담보하는 상품으로 암보험, 실손의료보험, 태아보험, 치아보험. 치명적 질병보험에 대하여 살펴본다. 3절에서는 장수를 대비하는 상품으로 연금보험, 연금저축보험과 퇴직연금을 살펴본다. 4절에서는 투자를 겸한 상품으로 변액보험과 자산연계형 연금보험을 살펴본다. 5절에서는 고령자를 위한 상품으로 실버보험과 무심사보험, 간병보험과 상조보험을 살펴본다. 6절에서는 자동차보험과 운전자보험에 대하여 살펴본다. 마지막 7절에서는 일상에 필요한 일상생활배상책임보험, 화재보험, 통합형보험, 그리고 해외여행자보험을 살펴본다.

1

국민복지를 위한
4대 사회보험 상품

사회보험이란 국민의 경제적 불안을 일으키는 여러 위험에 대한 국가차원의 대비책으로 최저보장을 제공하는 사회보장의 형태로 고용보험, 산재보험, 건강보험, 국민연금이 대표적이다. 그러므로 사회보험은 일반 민영보험과는 여러 면에서 다를 수밖에 없다. 첫 번째, 민영보험은 주로 영리를 목적으로 하는 사기업이 운영하고 있으나, 사회보험은 정부가 독점적, 비영리적으로 운영하기 때문에 판매비용이나 이윤을 고려하지 않는다. 두 번째, 민영보험은 가입 여부가 가입자의 의사에 따르는 임의보험인 데 반해, 사회보험은 법에 의하여 가입이 강제되어 있기 때문에 보험대상이 되는 사람은 누구나 가입하게 함으로써 위험의 역선택을 방지할 수 있다. 세 번째, 사회보험은 최저생활을 보장하는 수준에서 급여가 제공되나 민영보험은 최저생활 이상의 경제생활을 누리기 위해 개인이 임의로 선택하여 가입하기 때문에 고액보장이 가능하다. 네 번째, 사회보험의 갹출금은 고용주의 단독부담 또는 고용주와 수혜대상자 양자가 공동 부담한다. 반면, 민영보험은 가입자가 전액 부담한다. 다섯 번째, 민영보험에서는 가입자가 지불하는 보험료의 정도에 따라 보험계약의 급부가 정해지는 수지상등의 원칙이 적용된다. 반면, 사회보험은 모든 가입자에게 최저생활을 보장하기 위한 것으로 사회적 배려가 강조

되어 급여의 정도가 갹출금에 비례하지 않고 저소득자나 부양가족이 많은 사람일수록 많이 지급되는 소득의 재분배 기능이 있다. 여섯 번째, 인플레이션 시 급여방법의 차이다. 사회보험의 급여방법은 법에 의해 경제상황이 변하면 납부자의 추가적 부담 없이 갹출금을 증액할 수 있으나, 민영보험은 보험료의 추가납입인 경우에만 급여액이 증가된다. 따라서 인플레이션이 심하게 진행되면 민영보험의 경우 보험금의 실질가치가 떨어지게 되지만, 사회보험은 급여액과 연결되어 있어 인플레이션에 대비할 수 있다. 국민연금이 대표적이다. 일곱 번째, 소득재분배 기능의 차이다. 사회보험의 경우 저소득층 가입자들이 그들의 갹출료에 비해 고소득층 가입자들보다 상대적으로 많은 급부를 받게 되어 최저생활이 보장되도록 함으로써 소득재분배 효과가 있다. 반면, 민영보험은 위험의 정도에 따라 지급한 보험료에 상응한 급부를 받게 된다. 따라서 소득재분배 효과가 당연히 없다.

1. 국민연금

1) 의의

국민연금은 가입자, 사업자 및 국가로부터 일정액의 보험료를 받고 이를 재원으로 노령으로 인한 근로소득 상실, 질병 또는 사고로 인한 장기근로능력 상실, 그리고 가입자의 사망에 따른 소득상실을 보전함으로써 국민의 생활안정과 복지증진을 도모하는 사회보장제도이다. 최근 평균수명의 증가와 출산율 저하로 노인층의 생활 불안이 가중되고, 부모부양 의식이 점차적으로 저하되면서 전 국민의 관심이 집중되고 있는 상황이다. 본 제도는 1988년 1월부터 시행되었으며, 시행초기에는 국내에 거주하는 18세 이상 60세 미만의 5인 이상 사업체의 근로자와 고용주를 대상으로 하는 강제가입과 가입희망자를 대상으로 하는 임의적용제도를 실시하였다. 이후 1999년 4월부터 전 국민을 대상으로 의무가입제도를 확대실시하였다. 단, 공무원연금법, 군인연금법, 사학연금법의 적용을 받는 가입대상은 제외된다.

본 제도의 주된 특징은 고소득층으로부터 저소득층으로 소득재분배에 있다. 특수직연금은 최종보수를 기준으로 가입기간에 따른 일정률을 곱하는 소득비례 제도인 반면, 국민연금은 모든 가입자들의 평균보수를 기준으로 하는 균등부분 과 가입자 개인의 가입기간중의 소득수준을 평균하여 계산한 보수 비례부분을 합산한다. 대체로 최종보수 대비 연금수급액의 비율이 저소득층일수록 높아 저 소득계층이 상대적으로 유리하며, 또 가입기간에 따라 연금액이 증액되므로 장 기가입자가 유리하다. 또한 연금수급권자는 연금을 주요 소득으로 생계를 꾸려 가야 되므로, 실질가치가 보전되도록 임금 및 소비자물가와 연동시켜 연금액이 결정된다. 그리고 기업 측이 부담하는 부담금에 대해서는 법인세 또는 소득세법 에 의해 손비 또는 필요경비로 인정된다. 노령연금, 장해연금 등과 반환일시금에 대해서는 소득세, 주민세가 면제되며, 유족연금과 사망으로 인하여 지급되는 반 환일시금에 대해서는 상속세가 면제된다. 한편 정부는 출산 및 군복무에 대해 연금가입기간을 추가로 인정해 주는 크레딧(Credit)제도를 통하여 노령연금 수급 기회를 확대하고 있다. 출산의 경우 2008년 1월 이후 2자녀 이상 출산시 추가로 12개월, 3자녀는 30개월, 4자녀는 48개월, 5자녀 이상은 50개월을 인정한다. 군복 무도 2008년 1월 이후 입대하여 병역의무를 이행한 사람에게는 6개월을 추가로 인정해 주고 해당기간의 소득은 평균소득월액의 50%로 책정하고 있다.

본 제도의 주요 문제점으로는 첫째, 시행초기부터 제도 자체가 저부담, 고급여 의 구조로 설계됨에 따라 갹출금액에 비하여 급부 수준이 지나치게 높아 국가가 연금지급을 위해 적립하고 있어야 하는 준비금이 급속도로 줄어들고 있다는 점 이다. 둘째, 저출산 현상이 심화되고 평균수명이 계속적으로 연장되어 연금급여 를 받아야 하는 노인인구의 비중은 늘어나는 반면, 보험료를 부담하는 노동인구 의 비중은 계속 줄어들고 있는 인구사회적인 변화가 상당히 빠르다는 것이다.

2) 주요내용

국민연금의 가입자는 사업장가입자와 지역가입자, 임의계속가입자와 임의가입자로 크게 구분된다. 사업장가입자는 사업의 종류와 근로자의 수 등을 고려하여 시행령으로 정하도록 법에서 위임하고 있는데, 현재 상시 1인 이상의 근로자를 사용하는 사업장의 근로자 및 사용자는 강제가입대상이 된다. 그리고 지역가입자는 사업장가입자 외의 자로서 18~60세 미만의 농어민이나 도시자영업자 등이 해당된다. 임의가입자는 사업장 및 지역가입 대상에서 제외된 자로서 본인의 희망에 의해 가입하는 자이다. 그 외 임의계속가입자는 사업장 및 지역가입자로서 60세에 달해도 국민연금가입기간이 20년에 미달하는 자로서 본인의 희망에 의해 65세까지 보험료를 납입하는 자이다.

연금보험료는 기준소득월액에 연금보험료율을 곱하여 산출한다. 월 소득은 식비, 자가운전보조금 등 비과세소득을 제외한다. 사업소득 또는 자산소득은 필요경비를 제외하고 부동산 임대소득이 있는 경우 합산하여 계산한다. 그리고 보험료율은 시간경과에 따라 변할 수 있으며 해당 보험료는 다음 달 10일까지 납부하고, 기한 경과 시 체납된 연체보험료의 3%에 해당하는 연체금을 징수하고 일반보험처럼 선납도 가능하다. 다만, 실직, 군인 등 보험료납부 예외에 해당되는 경우 그 입증서류를 구비하여 신청하면 된다. 반면 납부예외 중인 자가 납부를 재개하는 경우 예외기간 만큼의 보험료를 납부하면 가입기간이 인정된다. 이를 추납보험료제도라 하며 강제사항은 아니다. 추납보험료는 납부 신청한 날이 속하는 달의 연금보험료에 납부하고자 하는 월수를 곱하여 계산한다. 한편 반환일시금을 수령한 후 가입자 자격을 재취득한 자가 종전에 수령한 반환일시금에 소정의 이자를 가산하여 반납하는 경우 가입기간이 복원된다. 이도 강제사항은 아니다.

연금액은 기본연금액에 연금종류별 지급률 및 제한율을 곱하고 여기에 부양가족연금액을 더하여 계산한다. 이에는 노령연금, 장애연금, 유족연금, 반환일시금, 사망일시금(유족이 없을 경우 지급) 등이 있으며, 연금액은 기본연금액과 부양가족연금액을 기초로 산정하되 연금수급권은 양도, 압류, 담보로 제공할 수 없다.

2. 국민건강보험

이는 국민들의 의료복지를 위한 공적보험으로 강제보험이기도 하다. 본 제도는 1963년에 도입된 이후 일반직장인, 공무원 및 교직원, 농어촌, 자영업자 등으로 분산되어 발전해오던 중 2000년에 직장가입자와 지역가입자를 근간으로 통합되어 운영되고 있다. 보험료는 직장인과 지역가입자들이 소득 및 재산 등 경제적 능력에 따라 차등적으로 부담한다. 직장가입자는 보수월액에 보험료율을 곱하여 결정하고, 지역가입자는 가입자의 경제적 능력을 감안하여 정한 부과요소별 점수를 합산한 보험료부과점수에 점수당 금액을 곱하여 산정한 후 경감율 등을 적용하여 세대 단위로 부과한다. 이러한 가입자와 사용자로부터 징수하는 각 출금과 건강증진기금지원금 등을 재원으로 하여 가입자들에게 요양급여, 건강검진 및 요양비, 장제비 등의 급여를 제공한다. 그러나 건강보험만으로는 충분한 혜택을 받을 수 없기 때문에 민영건강보험과 적절한 조화를 이루어야 한다. 특히 치료가 어렵고 비용이 많이 드는 중대한 질병, 노년의 간병치료비 등에 대해서는 이를 중점적으로 보장하는 민영보험과 연계해야 한다.

건강보험 관련 주요 당사자로는 국가를 대신하여 건강보험사업을 수행하는 국민건강보험공단, 심사평가원, 요양기관과 보험가입자가 있다. 국민건강보험공단은 가입자와 피부양자의 자격관리, 보험료 부과 및 징수 등 보험재정 관리와 포괄적 업무를 수행하고, 심사평가원은 요양기관이 제공한 의료서비스와 서비스비용의 적정성을 객관적으로 공정하게 심사·평가하여 공단이 지급할 비용을 확정한다. 요양기관은 가입자에 대한 의료서비스를 제공하고, 서비스 비용은 공단과 계약으로 정하며 보험자가 일방적으로 요양기관을 지정하는 방식에서 요양기관의 범위 및 종류를 구체적으로 법에 규정하는 요양기관 제도로 전환되었다.

3. 고용보험

고용보험은 실업예방, 고용촉진, 근로자의 직업능력 개발 및 향상은 물론 생활에 필요한 급여를 지급하여 실직근로자의 생활안정 및 재취업을 지원하는 사회보장제도이다. 본 제도는 1995년 7월부터 운영되었으며 크게 세 가지 사업, 즉 고용안정 사업, 직업능력개발사업, 실업급여로 구분된다. 도입 당시에는 근로자 30인 이상 사업장에만 적용되었다. 이후 1998년 1월에 10인 이상, 같은 해 3월부터 5인 이상, 2002년 12월부터는 근로자 1인 이상 고용하는 법인까지 확대되었다. 한편 고용안정 및 직업능력 개발사업 보험료는 사업주가 전액 부담해야 하나, 실업급여 보험료는 노사가 각각 절반씩 부담하여야 한다. 해당 보험료는 근로자의 임금총액에서 각 사업별 보험요율을 곱하여 산정한다. 임금총액이라 함은 사용자가 근로의 대상으로 근로자에게 임금, 봉급, 기타 여하한 명칭으로든지 지급하는 일체의 금품을 말하며 임금 이외의 현물(급식, 정기승차권 등)로 지급되는 임금도 포함된다. 그러나 결혼축의금, 재해위문금 등과 작업상 필수적으로 지급되는 현물급여(작업복 등)와 퇴직금은 산입되지 않는다.

보험료 산정기간은 통상 매 보험년도 1월 1일부터 12월 31일까지이다. 이러한 고용보험을 통하여 사업주는 기존인력의 유지 및 신규인력의 채용과 관련하여 고용유지지원금, 재고용장려금, 장기실업자장려금 등을 활용한다. 또한, 여성근로자가 많은 사업 분야는 직장보육시설과 관련한 지원융자금을 활용할 수 있다. 한편, 종업원은 퇴직 시 최단 90일, 최장 240일간 근로 당시의 급여 대비 50%를 지급받을 수 있다.

4. 산업재해보상보험

이는 산업재해를 당한 근로자에게는 신속한 보상을 하고, 사업주에게는 근로자의 재해에 따른 일시적인 경제적 부담을 덜어 주기 위해 국가에서 관장하는 최초의 사회보험으로 1964년 도입, 500인 이상 사업장에만 적용되었다. 이후 확대, 적용되어 오다가 2000년 7월부터는 근로자 1인 이상 사업장까지 확대되었다. 이의 급여는 크게 산재 발생 이후의 장해보상 및 요양급여, 근로자가 사망한 경우 장례비 및 유족에 대한 생계비 등의 급여, 산재가 발생한 후 근로자의 휴업 및 취업까지의 생계에 대한 급여로 나뉘며, 재해 발생에 따른 손해 전체를 보상하는 것이 아니라 평균임금을 기초로 하는 정률보상 방식으로 지급한다. 한편 이 보험은 사용자의 무과실책임을 전제로 근로자의 업무상 재해를 보상하는 것으로 과실 책임을 전제로 하는 민법상의 손해배상과는 다르다. 또한 보험료는 원칙적으로 사업주가 전액 부담한다. 그 외 자진신고 및 자진납부를 원칙으로 하고 재해보상과 관련되는 이의신청을 신속히 하기 위하여 심사 및 재심사청구제도를 운영하고 있다.

산재보험의 재원은 기본적으로 보험가입자인 사업주가 납부하는 보험료로 충당한다. 보험료는 전년도 근로자를 기준으로 개산보험료를 납입한 후 다음 해에 확정보험료로 정산한다. 보험료 전액을 사업주가 부담하는 것은 고용근로자가 업무상 재해를 입은 경우 사업주의 무과실책임을 인정하여 보상함으로써 재해근로자를 보호하고 사업주의 재해보상 및 손해배상책임의 전부 또는 일부를 면제함으로써 사업주의 위험부담을 분산시키기 위함이다.

2

질병을 담보하는 보험상품

1. 암보험

1) 의의

현재 암보험은 국내 보험상품 중 일반인의 관심이 가장 높은 상품 중의 하나이다. 과거처럼 암이 특정 가족력에 의해 발병되는 것이 아니라 모든 사람들에게 노출되어 결국에는 사망에 이르게 되는 대표적인 질병으로 인식됨에 따라 암보험 선호도는 지속적으로 늘어날 전망이다. 아래 〈표 3-1〉에 의하면 2012년 기준 국내 사망원인 1순위는 암이며 인구 10만 명당 암 사망자 수는 143명으로 가장 많다. 또한 평균수명까지 암 발생 확률은 36.4%로 전체 인구 3명중 1명꼴로 암이 발생하는 현실이다. 따라서 대부분의 현대인은 최소 1개 이상 암보험에 가입하고 있는 실정이다. 이 상품은 1981년 국내에 최초로 도입된 이후 주로 암 사망을 보장하다 1993년 암 진단 급부를 설정하면서 본격적인 생존 급부형 암보험이 개발되었다. 이후 암 진단부터 입원, 수술 및 사망 등에 대하여 종합적으로 보장하는 상품이 집중적으로 개발되었으며, 순수보장형과 만기환급형으로 구분되어 판매되었다. 순수보장형은 보험 만기시 그 동안 납입하였던 보험료가 자동적으로 소

표 3-1 질병으로 인한 국내 사망원인 순위

구분	1위	2위	3위	4위	5위
질병	암	뇌혈관질환	심장질환	고의적 자해	당뇨병
인구 10만 명당 사망자 수(명)	142.8	50.7	49.8	31.7	21.5

자료 : 통계청(2012년)

표 3-2 평균수명까지 생존시 암 발생 확률

	전체	남자	여자
평균수명	81세	77세	84세
평균수명 생존시까지 암 발생 확률	36.4% (3명중 1명)	37.6% (5명중 2명)	33.3% (3명중 1명)

자료: 보건복지부 중앙 암등록본부(2012년)

멸되는 형태이며, 만기환급형은 보험 만기시점에 암에 걸리지 않고 생존하였을 경우에는 이미 납입한 보험료를 수익자에게 환급하는 형태이다. 따라서 만기환급형은 순수보장형보다 보험료가 비싸다. 1990년대 후반에는 점차 암뿐만 아니라 재해사망, 재해장해 등도 고액 보장하여 암과 재해를 동시에 보장하는 보장성보험이 집중 개발되었다. IMF 이후 2000년대 중반에는 저렴한 보험료 층이 많아짐에 따라 생존시 치료급부를 고액으로 보장하고 사망시 급부를 줄이는 TM(Tele Marketing) 전용상품이 많이 개발되었다. 최근 보험회사들은 암 발병률 증가에 따른 위험률 관리와 추가손실을 방지하기 위하여 기존 암보험을 판매중지하거나 보장하는 암의 종류별이나 진단시점 별로 보험금을 차등하여 지급하는 상품을 판매하고 있다. 특히, 일부 보험회사들은 유방암이나 갑상선암 등 상대적으로 조기진단이 용이한 일부 암에 대하여는 보상한도를 10~20% 축소한 상품을 선보이고 있다.

2) 종류

(1) 전통적 암보험

전통적 암보험은 암 진단확정시 진단비를 중심으로 입원비, 수술비 등 암에 대한 치료비를 집중 보장하는 상품으로 2000년대 중반까지 꾸준히 판매되었다. 암 진단비는 최초 1회에 한해서 암보장 개시일 이후 암으로 진단이 확정되었을 때 지급한다. 암 입원비는 암보장 개시일 이후 암으로 진단이 확정되고, 그 암의 치료를 직접적인 목적으로 입원하였을 때 지급하는데 보통 3일 초과 입원일수를 기준으로 하여 총 120일 한도까지 지급한다. 암 수술비는 암보장 개시일 이후 암으로 진단이 확정되고, 그 암의 치료를 직접적인 목적으로 수술을 받았을 때 수술 1회당 약정금액을 지급한다. 통상 보험회사별 암보험 상품에 따라 위의 세 가지 보험금 중 일부만 보장하거나 방사선치료비 등 다른 보장 내용이 추가되기도 한다. 한편 암 이외에 경계성종양, 제자리 암(상피내암) 등에 대해서도 진단비, 입원비 및 수술비 등을 보장하는데 보장수준은 암보험금의 10~30% 수준이다. 참고로 경계성 종양은 양성종양(물혹)과 악성종양의 중간 경계에 해당하는 종양이고, 제자리 암은 암세포가 상피에는 존재하나 기저막까지는 침범이 안 된 상태를 말한다.

(2) 새로운 암보험

새로운 암보험은 2000년대 후반부터 집중적으로 개발되었으며 이는 기존 암보험상품의 보장금액, 보장횟수, 가입대상 및 보험기간 등을 다양화하여 소비자의 선택권을 대폭 확대하였다. 전통적 암보험과의 주요 차이점은 다음과 같다. 첫째, 기존 암보험은 치료비 수준 및 진행정도와 무관하게 암으로 진단되면 일정한 금액을 지급하였으나 새로운 암보험은 암 진행 정도나 치료비 수준에 따라 보험금을 차등화하거나 일부 특정암만을 보장하여 보험료를 저렴하게 설계하였다. 예를 들어, 1~3기 암은 5천만 원, 말기인 4기암은 1억 원을 지급하고, 치료비 수준

표 3-3　기존 암보험과 새로운 암보험 비교

구분	기존 암보험	새로운 암보험
보장금액	동일금액 지급	암 진행정도 및 치료비 등에 따라 차등 지급
진단보험금 보장횟수	통상 1회 (최대 2회)	보험기간 중 반복지급 (횟수 제한 없음)
가입대상	60세 이하 건강한 사람	80세 이하 및 암과 만성질환자까지 확대
보험기간	통상 80세 이하	100세 혹은 사망시(종신)까지

자료 : 금융감독원(2013년)

도 고액 암은 1억 원, 일반 암은 5천만 원, 소액 암은 1천만 원으로 구분하였다. 둘째, 기존 암보험은 암 진단시 통상 1회에서 최대 2회까지만 보험금을 지급하고 계약이 소멸되었으나 새로운 암보험은 보험기간 중 암이 진단되더라도 계약은 소멸되지 않고 직전 암 진단 후 2년이 경과한 후 암으로 재차 진단되면 암 진단금을 반복하여 지급한다. 셋째, 기존 암보험은 주로 60세 이하의 건강한 사람을 가입대상으로 하여 통상 80세까지만 보장하였으나 새로운 암보험은 가입연령을 70~80세로 확대하였고 가입대상도 암 경험자와 고혈압과 당뇨 등 만성질환자까지 확대하였을 뿐 아니라 보장기간도 종신까지 연장하였다.

(3) 두 번째 암 진단비 보험

두 번째 암 진단비 보험이란 보험가입 이후 두 번째로 발생된 일반암을 보장하는 보험으로 대부분 특약으로 가입되며 세 종류 상품으로 나뉜다. 첫째, 첫 번째 암이 진단 확정되고 1년 이후에 첫 번째 암이 진단된 기관(organ)[1]과 다른 기관에서 발생한 원발암과 전이암을 보장하는 상품이다. 두 번째, 첫 번째 암이 진단 확정되고 2년 이후에 모든 기관에서 발생한 원발암, 전이암, 재발암 및 잔류암을

1　보험약관의 "기관 분류표"에서는 신체를 위, 간, 후두, 유방, 신장, 뇌, 갑상선 등 49개의 개별기관으로 구분하고 있다.

표 3-4 보험약관상 암 분류

구분	내용
원발암	기존 암세포와 조직 해부학적 형태가 다른 암세포가 동일 부위 또는 다른 부위에 발생한 암
전이암	기존 암세포가 혈관을 타고 전이되어 다른 부위에 발생한 암
재발암	기존 암세포와 조직 해부학적 형태가 같은 암세포가 기존 암세포 완치 후 동일 부위에 다시 발생한 암
잔류암	처음 진단된 암세포가 동일 부위에 계속 남아 있는 암

자료 : 금융감독원(2012년)

보장하는 상품이다. 세 번째, 첫 번째 암이 진단 확정되고 1년 이후에 모든 기관에 발생한 원발암, 전이암 및 재발암을 보장하는 상품이다.

3) 주요 유의 사항

(1) 암 보장은 가입 후 90일이 경과한 시점부터 개시된다

일반적인 보험은 계약일, 즉 제1회 보험료 납입일부터 보장이 개시되지만 암보험은 계약일로부터 그 날을 포함하여 90일이 경과한 날의 다음 날부터 암에 대한 보장이 개시되므로 암 보장 개시일 이전에 암 진단확정을 받으면 무효 처리되어 이미 납입한 보험료는 반환되고 계약이 종료된다. 이는 암보험을 고의적으로 가입하여 보험금을 받으려고 하는 도덕적 해이를 막고자 한 것이다. 그러나 갱신형 암보험은 갱신일부터 보장하고 있으며, 갑상선암 및 기타 피부암은 제1회 보험료 납입일부터, 어린이 암보험은 90일의 면책기간 없이 제1회 보험료 납입일부터 보장을 개시한다.

(2) 암 진단확정 시점에 따라 보험금이 다르다

통상 보험계약일 이후 1~2년 이내에 암 진단확정시 암보험금의 50%를 지급한다. 특히, 자가진단이 용이한 유방암의 경우 암 보장 개시일부터 90일 이내에 진

표 3-5 암 종류별 지급보험금

구분	지급 사유	지급 보험금
일반 암	위암, 대장암, 폐암 등	암보험금의 100%
소액 암	갑상선암, 기타 피부암 진단확정시	암보험금의 10%~30%
암 이외 질병	경계성종양, 제자리암 진단확정시	암보험금의 10%~30%

자료 : 금융감독원(2013년)

단확정시 암보험금의 10%만 보장한다. 다만 일부 손해보험사는 유방암의 경우 가입 후 1~2년간은 해당 보험금의 50%만 지급한다.

(3) 암의 종류에 따라 보험금이 다르다

다른 암에 비해 치료비용이 저렴한 갑상선암과 피부암은 진단확정시 암보험금의 10~30%를 보장하며, 이 경우 면책기간 90일은 적용되지 않는다. 기타 경계성 종양 및 제자리 암은 의학적으로 암은 아니지만 갑상선암과 동일하게 암보험금의 10~30%를 보장하는데, 역시 면책기간 90일이 적용되지 않으며 진단시점에 따른 보험금의 감액만 적용된다.

(4) 갱신형 암보험은 갱신시점에 보험료가 상승할 수 있다

최근 보험사들은 보험기간 종료 후 계약을 갱신하는 갱신형 암보험을 주로 판매하고 있다. 갱신형 암보험은 보험기간을 3~5년으로 설정한 후 보험기간이 종료되면 연령 및 위험률을 다시 적용하여 계약을 갱신한다. 이 경우 연령 및 위험률 증가에 따라 보험료가 상승하게 된다. 아래 〈표 3-6〉에 의하면 남자 40세 기준으로 최초 1회 갱신시에는 보험료가 83% 상승하며, 이후 점차 줄어들어 4회차에는 41% 상승한다. 통상 첫 번째 갱신시 보험료 상승폭이 높게 나타나는데 이는 갱신계약에는 암보장 면책일(90일)이나 가입 후 1~2년의 소액보장이 적용되지 않기 때문이다. 그리고 연령 증가와 더불어 위험률이 10% 증가한다면 보험료는 더욱 상승하게 되는데 최초 1회 때는 두 배로 늘어나며, 이후 감소하다가 4회차에는 56% 상승하게 된다.

한편 갱신형 암보험은 갱신시 보험료가 상승하는 반면, 동일 조건의 비갱신형 암보험에 비하여 가입 초기에는 보험료가 저렴한 측면도 있다. 아래 〈표 3-7〉에 의하면 남자 40세 기준 가입시 갱신형 보험료는 1,800원인 데 반해, 비갱신형은 7,900원으로 갱신형보다 4.3배 많으며, 이후 그 폭이 줄어들다가 3회차 부터는 비슷하다가 4회차 부터는 갱신형보험료가 오히려 비갱신형보험료보다 높다. 현재 일부 보험사는 갱신형이 아닌 비갱신형으로 15년 만기 또는 100세 만기의 상품을 판매하고 있다.

일반인이 갱신형 보험에 가입하고자 한다면 보험가입시 향후 예상되는 갱신보험료를 상품안내장에 구체적으로 명시토록 하고 있으므로 이를 반드시 확인해야 한다. 그리고 암보험 갱신시 계약자가 별도의 갱신거절 의사를 보험기간 만료 15일 전까지 밝히지 않는 한 자동적으로 계약이 갱신된다. 이 경우 최초 가입한 계

표 3-6 회차별 갱신형 암보험의 월납보험료 추이

(단위 : 원)

구분	가입시	1회 갱신	2회 갱신	3회 갱신	4회 갱신
연령 증가	1,800	3,300	5,300	8,000	11,300
증가율		83%	61%	51%	41%
연령 증가 + 위험률 10% 증가	1,800	3,600	6,400	10,600	16,500
증가율		100%	78%	66%	56%

주) 남자 40세, 5년마다 갱신, 암진단비 1천만 원 기준
자료 : 금융감독원(2013년)

표 3-7 갱신 여부에 따른 월납보험료 비교

(단위 : 원)

구분	가입시	1회 갱신	2회 갱신	3회 갱신	4회 갱신	…
갱신형	1,800	3,300	5,300	8,000	11,300	…
비갱신형			7,900			…

주) 갱신형 : 남자 40세, 암진단비 1천만 원, 5년마다 갱신, 비갱신형 : 남자 40세, 암진단비 1천만 원, 80세 만기
자료 : 금융감독원(2013년)

약조건으로 갱신되는 것이 원칙이며 상품에 따라 계약자 희망시 갱신시점에 판매중인 유사한 암보험으로 변경 갱신도 가능하다. 다만, 갱신 전 보험기간 중 암진단 확정을 받은 경우에는 갱신이 불가능하다. 그러나 갑상선암, 기타 피부암은 가능하다.

(5) 회사별로 갱신주기나 보장 내용 등이 서로 다르다

첫째, 갱신주기를 체크해야 한다. 갱신주기는 통상 3년부터 15년까지 다양하며 갱신주기가 길수록 해당 기간에 보험료 인상은 없지만, 갱신시점에서 보험료가 더 큰 폭으로 상승할 수 있음을 유의해야 한다. 둘째, 고액 암의 경우 회사별로 보장 내용이 다소 상이하므로 가입 전에 확인할 필요가 있다. 보험회사는 저렴한 보험료로 상품경쟁력을 확보하기 위하여 발병률이 높은 유방암, 전립선, 대장암 등은 일반 암보다 적은 보험금을 책정하는 경우가 많고 보험금 수준도 다르게 책정한다. 예를 들어, A사는 일반 암 5천만 원, 유방암과 대장암은 2천만 원, 전립선암은 1천만 원으로 책정한 대신, B사는 일반 암 5천만 원, 유방암과 대장암 및 전

표 3-8 암 종류별 보장금액(예시)

지급사유		경과기간	지급액 (가입금액 1,000만원 기준)	비고
암	유방암, 갑상선암 이외의 암	2년 미만	500만	최초 1회에 한하여 지급
		2년 이상	1,000만	
	유방암, 갑상선암	180일 미만	100만	
		180일~2년 미만	500만	
		2년 이상	1,000만	
경계성종양		2년 미만	150만	최초 1회에 한하여 지급
		2년 이상	300만	
기타 피부암, 상피내암		2년 미만	50만	각 1회에 한하여 지급
		2년 이상	100만	

자료 : 금융감독원(2013년)

립선암 2천만 원으로 책정하는 경우이다.[2] 그외 중대한 보험사고 발생으로 인해 보험계약자가 보험료를 납입하지 않아도 되는 납입면제 조건이 회사별로 다르다. 예를 들어, 대부분의 회사들은 암 진단시 납입면제를 해주는 대신 일부 보험사는 80% 장애 발생시만 납입면제를 해주는 경우가 있다.

(6) 새로운 암보험은 모든 암을 진행정도에 따라 보험금을 차등 지급하거나 반복 지급하는 것은 아니며, 암 유경험자 모두가 가입 가능한 것도 아니다

암의 병기는 종양의 크기 및 전이 정도 등을 감안하여 결정되는데 종양의 크기를 결정할 수 없는 혈액암 등 일부 암은 병기분류가 불가능하며 이런 암은 치료 후 생존율 등을 감안하여 보험금을 사전에 정한다. 예를 들어, 백혈병은 5년 후 생존율이 5.6%이면 이를 고액 암(4기)으로 판단하고 그에 상응한 보험금을 지급한다. 만약 복부 말초 신경암의 5년 후 생존율이 71.3%이면 이를 일반 암(1~3기)으로 구분하고 그에 맞는 보험금을 지급한다. 그러나 일반 암에 비해 치료비가 비교적 소액인 소액 암, 즉 갑상선암, 기타 피부암, 제자리 암 및 경계성종양은 병기와 무관하게 일정한 금액을 지급한다.

한편 소액 암과 전립선암은 최초 진단시에만 보험금이 지급되고 두 번째 이상 진단시에는 보험금이 지급되지 않는다. 그리고 재진단암의 진단보험금은 최초 진단 암의 진단보험금보다 적을 수 있다. 현재 최초 진단암은 최대 4천만 원까지 설계하지만, 재진단암은 최대 2천만 원까지 설계 가능하며 가입금액 수준은 계약자가 선택할 수 있다.

또한 모든 암 유경험자가 가입 가능한 것은 아니다. 보상대상인 두 번째 암을 이미 진단받은 사람과 최초 암 진단일로부터 2년(소액암은 1년)이 경과하지 않은 사람은 가입할 수 없으며, 첫 번째 암과 동일한 신체부위[3]에 5년 이내 재발한 암

2　이와 같은 보험료 및 보장 내용은 생보협회 홈페이지(www.klia.or.kr) 및 손보협회 홈페이지(www.knia.or.kr) 상품공시실에서 회사별로 자세히 비교할 수 있다.

3　보험약관("기관 분류표")상 신체부위를 위, 간, 후두, 유방, 신장 등 49개로 구분하고 있다.

에 대해서는 진단보험금을 지급하지 않으며, 5년 이후부터는 지급이 가능하다. 그리고 새로운 암보험은 암발생률이 높은 암 유경험자를 대상으로 하는 만큼 보험료가 일반 암보험에 비해 높다.

(7) 두 번째 암 진단 보험은 보장범위와 보험료 납입기간이 다르다

두 번째 암 진단 보험은 두 번째 암이 발생한 기관(Organ)이 첫 번째 암과 다를 경우에만 보험금을 지급하는 상품과 첫 번째 암과 상관없이 지급하는 상품이 있다. 또한, 상품별로 보장하는 일반 암의 범위와 보장개시일 및 보험료 납입기간도 상이하다. 한편 보장하지 않는 두 번째 암에 대해서는 완치 후 5년 이후에는 보험금 지급이 가능하다. 대부분 보험사는 첫 번째 암이 진단된 기관에서 발생한 두 번째 암에 대해서는 보험금을 지급하지 않으나, 첫 번째 암으로 인하여 추가적인 진단 또는 치료 사실이 없는 경우에는 두 번째 암 보장 개시일로부터 5년이 지난 이후부터 첫 번째 암이 진단된 기관에도 보험금을 지급한다.

2. 민영의료보험

1) 개요

최근 민영의료보험은 암보험과 함께 대다수 국민들이 관심을 갖고 있는 대표적인 보험상품 중의 하나이다. 이는 강제보험인 국민건강보험과는 별도로 민영보험회사에서 판매하고 있는 의료보험 상품을 총칭한다. 판매 초기에는 상해, 질병 및 운전자보험 등에 특약으로 부가되어 판매되었고, 명칭도 의료실비보험 등 다양하게 불렸다. 이 상품은 보험가입자의 질병 및 상해로 인한 의료비, 즉 진료비, 수술비, 입원비 등을 주로 보장하는데, 보장형태에 따라 본인이 실제로 부담한 의료비를 보상하는 실손형보험과 의료비 규모에 상관없이 약정금액을 지급하는 정액형보험으로 구분된다. 한편 국내 의료기관의 진료비는 국민건강보험에서 보장

표 3-9 국내 의료기관 진료비 구성내역

국민건강보험의 급여대상 진료비		급여 비대상 진료비
급여비	법정 본인부담금	비급여 본인부담금
- 법정급여 : 진료비 중 요양급여, 현금급여 - 임의급여 : 장제비 및 본인부담금 보상금	- 입원 : 20%(중증질환 10%, 6세 미만 0%) - 외래 : 진료기관별로 요양급여 총액의 일정비율 등으로 차등화	지정진료비(특진비), 상급병실차액, 한방첩약, 치과보철료, 일부 MRI, 초음파, 미용성형비 등
국민건강보험에서 보장	환자 본인부담 또는 민영의료보험에서 보장	

자료 : 금융감독원(2013년)

하는 급여와 환자 본인이 직접 부담하는 법정부담금과 비급여 부담금으로 나뉜다. 민영의료보험은 국민건강보험 급여 항목 중 법정 본인부담금과 비급여 본인부담금의 합계액에서 자기부담금을 공제한 부분을 보장하고 있다. 법정 본인부담금은 입원비의 20%와 외래진료비이며, 비급여 본인부담금으로는 지정진료비, 상급병실차액, 한방첩약, 치과보철료, 초음파와 미용성형비 등이 해당된다.

2) 종류

(1) 정액형 보험

정액형보험은 본인이 부담해야 하는 의료비 금액에 상관없이 계약 당시 약정된 금액을 지급하는 보험이다. 따라서 한 사람이 여러 보험회사에 가입했더라도 각각의 보험계약에서 정한 약정금액 전액을 보장받는다. 대표적인 사례가 입원의료비이다. 만약 정액형으로 3개 계약을 가입한 경우 3개 계약에서 정한 의료비 약정금액을 각각 수령할 수 있다.

(2) 실손형 보험

실손형보험은 가입자 본인이 실제로 부담한 의료비만 보상하는 형태이다. 따라서 중복 가입했더라도 보험금은 실제 의료비용을 초과해서 지급되지 않는다. 이

표 3-10	보험금 비례분담 사례(입원치료비 2천만 원 소요시)		
구분	가입금액(보상한도)	보상책임액	실제 보상금액
A보험사 상품	1천만 원 한도	1천만 원	667만원(=2천×1/3)
B보험사 상품	3천만 원 한도	2천만 원	1,333만원(=2천×2/3)

자료 : 금융감독원(2013년)

를 실손형 보험의 보험금 비례분담 제도라 한다. 따라서 동일인이 다수의 실손의료보험을 가입한 경우 본인이 부담한 치료비를 상품별로 비례분담하기 때문에 2~3개의 실손보험에 가입했더라도 실제 치료비의 2~3배가 보상되는 것은 아니다. 〈표 3-10〉에서처럼 보상책임액은 총 3천만 원이지만 실제 발생한 입원 치료비가 2천만 원 발생한 경우 보험금 비례분담 원칙에 따라 A보험사에서 667만원, B보험사에서 1,333만원을 수령한다.

위의 〈표 3-10〉에서처럼 다수의 실손의료보험 상품을 중복가입 하더라도 실제 부담한 치료비 이상은 보상되지 않음에도 불구하고 계약자가 중복가입 했는지 그 여부를 확인하지 않거나, 보험사도 계약자 스스로 중복가입 여부를 확인하도록 안내할 뿐, 적극적으로 설명하지 않고 있다. 현실적으로 보험사는 계약자의 동의를 받아 중복가입 여부를 확인할 수 있으나 상품 판매시에는 중복가입 여부를 적극 확인하지 않는 반면, 보험금 지급시에는 비례분담을 위해 중복가입 여부를 적극적으로 확인하고 있다. 이에 따라, 계약자는 가입금액을 모두 보상받는 것으로 오해하여 분쟁이 자주 발생한다. 만약, 가입단계에서 보험사가 비례보상 내용을 설명하지 않은 경우 계약자는 보험사에 치료비 전액 보상을 요구할 수 있다. 이 경우 계약자는 보험청약서, 상품설명서 자필서명, 녹취기록 등을 통해 확인하고 이를 보험사에 제출하여야 한다.

(3) 단독형 실손의료보험

기존에는 실손의료보험이 다른 상품에 특약으로만 부가되어 실손의료보험만 별도로 가입하는 것이 불가능하였으나 2013년 1월부터 단독형 실손의료보험이

출시되어 계약자 스스로 불필요한 보장에 가입하지 않고 실손의료보험만 가입하거나, 기존처럼 주계약에 부가된 특약형태의 가입도 가능해졌다. 따라서 기존의 다른 보장이 포함된 남자 40세 기준 실손보험료는 7~10만원 수준으로 부담스러웠으나, 단독형 보험료는 1만 원대로 훨씬 저렴해졌다. 보험료 갱신주기도 기존에는 3년 갱신으로 보험료 인상폭이 높아 소비자 불만이 많았으나 이를 1년마다 바뀌는 국민건강보험과 연계되도록 보험료를 1년마다 변경하여 의료환경 변화에 적시에 반영토록 하였다. 또한 보험기간도 현실화하였다. 기존에는 특정 연령, 예를 들어 100세까지 보장한다고 광고하고 있으나 보험료 인상폭이 커서 고연령대는 계약유지가 사실상 불가능하였다. 이를 해소하고자 보험기간을 일정기간 이내로 하되 최대 15년까지로 현실화하고 소비자가 상품의 변동성을 이해할 수 있도록 사전에 명확히 안내토록 하였다. 이로 인해 과장광고를 최소화하여 상품 신뢰도 제고와 개선된 상품에 자동으로 재가입 할 수 있어 고객 편의가 향상되었다. 더불어 자기부담금의 선택권도 확대되었다. 기존에는 진료비에 대한 자기부담금이 10%로 일괄 설정되었으나 그 비율이 20%인 상품판매도 허용하였다.

한편 기존에 의료비의 100%를 보장하는 특약형 상품에 가입된 계약자는 갱신 시 보험료 인상 수준이 부담된다면 일부 자기부담금이 있지만 기존계약보다 저렴한 단독형 실손보험 상품으로 변경할 수 있다. 다만, 계약자의 건강상태 등이 악

표 3-11 기존형과 단독형 상품의 주요 특징 비교

구분	기존형 상품	단독형 상품
상품형태	특약	주계약
월보험료(남자 40세 기준)	7~10만 원(주계약,특약 포함)	1만 원대
보험료 갱신주기	3~5년	1년
주요 보장	실손 + 사망 + 휴유장해 등	실손 보상
보장 내용	가입후 변경 불가	일정주기(최대 15년)마다 변경
자기부담금	10%로 일률적	10%와 20% 중 선택

자료 : 금융감독원(2013년)

화된 경우 보험회사가 가입심사를 통해 단독형 상품에 대한 보험가입을 거절할 수 있으므로 계약자는 기존 실손의료보험 특약 해지 전에 새로운 계약으로 가입이 가능한지를 먼저 확인해야 한다.

3) 실손의료 관련 주요 제도

(1) 실손의료보험 의료비 신속지급제도

현행 보험회사의 실손의료보험은 보험계약자가 의료비를 병원에 먼저 납입한 후 납입영수증을 근거로 보험회사에 보험금을 청구하는 체계로 운영되고 있으므로 실손의료보험을 가입한 계약자 중에 돈이 없거나 의료비가 비싼 경우에는 실제로 병원에 의료비를 납입하기 곤란한 경우가 발생하였다. 이에 따라 보험회사로 하여금 보험계약자에게 의료비 청구금액의 일부(예상보험금의 70%)를 미리 지급하여 의료비 납입부담을 덜어주는 의료비 신속지급제도가 2012년 7월에 도입되었다. 대상자는 실손의료보험에 가입한 국민기초생활보장법에 의한 수급자, 재해구호법에 의한 이재민 등을 포함한 의료급여법상 1종과 2종 수급권자, '본인 일부 부담금 산정특례에 관한 기준'에 의거 지정되는 암, 뇌혈관질환, 심장질환, 중증화상 환자 등 중증질환자, 그리고 본인부담금액 기준 의료비 중간정산액 300만 원 이상의 고액의료비를 부담해야 하는 자이다. 1종과 2종 수급권자는 모든 병원에서 가능하며, 중증질환자와 고액의료비 부담자는 종합병원, 상급종합병원 및 전문요양기관으로 제한된다. 보험금 지급은 실손의료보험 가입자가 병원에 입원한 경우 진료비 세부내역서를 중간진료비 고지서와 함께 보험회사에 제출하면 보험회사는 예상보험금의 70%를 미리 지급한다. 다만 손해조사가 필요한 건은 보험금 선지급 대상에서 제외될 수 있으며 필요시 보험회사는 피보험자에게 보험금 환수이행 확약서를 징구한다. 나머지 보험금은 현행과 동일하게 최종 치료비를 납입한 후 영수증을 제출할 때에 지급된다.

(2) 조건부 가입제도

질병보험에 정상적으로 보험가입이 어려운 경우 특별 조건부 특약 및 특정 부위 또는 질병 부담보 특약에 가입하면 제한적으로 위험을 보장받을 수 있다. 특별 조건부 특약 선택시 과거의 병력 등으로 인해 질병사망 보험상품에 가입하기 힘든 보험가입자가 보험료를 더 내거나 질병사망 보험금을 감액하여 설계함으로써 보험상품에 가입할 수 있다. 그리고 특정 부위 또는 질병 부담보 특약 선택시 피보험자의 건강상태가 보험회사가 정한 기준에 적합하지 않은 경우 특정 부위의 질병(특정 질병의 전이 포함) 및 특정 질병으로 인한 보험사고에 대하여는 보장하지 않는 조건으로 질병보험에 가입할 수 있다.

4) 주요 유의 사항

(1) 실손의료보험은 여타 보험에 비하여 면책조항을 꼼꼼히 확인해야 한다

일반적으로 대부분의 보험상품에서 보장하지 아니하는 사항으로는 고의적인 보험사고, 미모를 위한 성형수술, 한약재 등의 보신용 약재 구입비용, 정상 분만 및 제왕절개 수술, 치과질환(단, 상해로 인한 경우는 보상), 비뇨기과 장애 및 항문 관련 질환, 병원진료와 무관한 제 증명료와 TV시청료 및 전화료 등이다. 또한, 상품별로 보장 내용이 다른 경우가 많으므로 가입하고자 하는 상품에 보장받고자 하는 사항이 있는지 확인해야 한다. 예를 들어, 치매질환 보장 여부이다. 다만 치매질환을 보장하는 상품 중에서도 기질성 치매는 보장하지만 외상성 치매는 보장하지 않는 상품이 있으므로 유의해야 한다. 추간판 탈출증(디스크) 보장 여부나, 뇌경색(뇌 관련 질환 중 뇌출혈은 일반적으로 보장) 보장 여부, 실제 사용 병실(2인실 한도)과 기준병실과의 병실료 차액 보장 여부 등도 확인해야 한다.

(2) 질병 또는 상해, 입원 및 통원의료비 보장금액 및 기간 한도가 다양하다

우선 입원의료비 지급형태가 두 가지로 나뉜다. 정액형은 피보험자가 특정 질병 등으로 인해 입원할 경우 일당(예 : 5만 원)을 지급하는 보험이며, 실손형은 가입자가 부담한 실제 입원의료비를 보상하는 상품이다. 이중 정액형은 다수의 보험에 가입한 경우에도 각각의 보험계약에서 사전에 약정한 보험금이 전액 지급되나, 실손형은 다수의 보험에 가입하더라도 가입자가 실제로 부담한 의료비를 초과하여 보상받을 수 없다. 둘째, 입원의료비 산정방식을 알고 있어야 한다. 정액형은 통상 가입자가 4일 이상 입원한 경우 최초 3일을 제외하고 4일째의 입원일부터 약정한 입원일당을 지급한다. 예를 들어, 총 8일을 입원하였다면 최초 3일을 제외한 5일분 입원일당만을 지급한다. 그러나 피보험자가 입원기간 중 의사의 지시를 따르지 않거나, 질병의 직접 치료와 무관하게 입원한 경우는 입원비를 지급받지 못할 수도 있다. 다만, 피보험자가 입원하여 치료를 받던 중에 보험기간이 만료되었을 경우에는 일정기간을 한도로 보상받을 수 있다. 셋째, 통원의료비 산정방식도 알아 두어야 한다. 이는 보험가입자가 실제로 부담한 통원의료비에서 일당 일정액(예 : 5천 원)을 공제한 나머지 금액에 대하여 일정한도(예 : 10만 원)이내에서 보상하고 있으며, 하나의 사고 및 질병으로 인한 보상한도는 사고일로부터 일정기간(예 : 365일)을 한도로 통산 통원일수(예 : 30일)까지만 지급되고 있다. 넷째, 진단보험금의 지급은 질병분류표상 질병에 한한다. 특정 질병으로 진단받았을 경우 약정한 진단보험금을 지급하는 정액형 보험에서는 보험약관에 명시된 질병의 정의에 해당되어야만 지급이 가능하다. 예를 들어, 암보험의 경우 기타피부암은 약관에서 규정하는 분류표에 포함되지 않으므로 암 진단 보험금 지급대상에서 제외된다. 다섯째, 암 등 특정질병의 경우 진단방식을 사전에 확인해야 한다. 암이나, 뇌출혈, 심근경색 등 특정 질병을 보장하는 보험의 경우 해당 질병의 확정 진단 여부나 진단시점 등과 관련한 분쟁이 최근에 빈번하게 발생하고 있는데, 약관상 조직검사, MRI 촬영, 초음파 검사 등 병리학적 진단만을 보험금 지급사유로 인정하고 있음에 유의해야 한다. 다만, 가입자의 사망 등으로 병리학적 진단이 불가능한 경우에는 예외적으로 의사의 임상학적 진단을 인정한다. 병리학적 진단이란 암의 경우 조직(fixed tissue)검사, 미세침흡인검사(fine needle

표 3-12 상품별 보장 내용 및 사고 당 보장일수

구분	보장 내용	사고 당 보장일수
질병입원의료비특약	질병에 대한 입원치료비	발병일로부터 180일 또는 365일
질병통원의료비특약	질병에 대한 통원치료비	발병일로부터 365일
상해입원의료비특약	상해사고로 인한 입원치료비	사고일로부터 180일 또는 365일
상해통원의료비특약	상해사고로 인한 통원치료비	사고일로부터 365일
일반상해의료비특약	상해사고로 인한 입·통원치료비	사고일로부터 180일 또는 365일
입원의료비특약	질병 또는 상해로 인한 입원치료비	사고일 또는 발병일로부터 180일
통원의료비특약	질병 또는 상해로 인한 통원치료비	사고일 또는 발병일로부터 365일

자료 : 금융감독원(2013년)

aspiration biopsy) 또는 혈액(hemic system)검사에 대한 현미경 소견을 기초로 한 진단을 말하며, 임상학적 진단은 병리학적 진단이 가능하지 않을 때 환자를 직접 치료한 의사의 소견에 기초한 진단을 말한다. 현재 판매중인 의료보험상품의 담보내용 및 사고 당 보장일수는 크게 〈표 3-12〉와 같이 구분된다.

(3) 갱신형 상품은 향후 보험료가 인상될 수 있으며, 갱신이 거절될 수도 있다[4]

보험회사는 실손형상품에 대해서는 추가 또는 대량손실 방지차원에서 주로 갱신형 형태로 판매한다. 갱신형 상품은 최초가입 후 계약당사자의 별도 의사표시가 없는 경우 일정기간(1~5년)을 주기로 해당 계약이 자동으로 갱신된다. 갱신형 실손의료비 보험상품은 갱신시점마다 기본적으로 연령 증가로 인해 보험료가 인상된다. 아래 〈표 3-13〉에 의하며 40세 가입기준, 3년마다 갱신시 보험료는 대략 14~20% 상승한다. 또한 3년마다 추가로 위험률이 10% 증가할 경우 4년차부터 6년차까지 적용되는 보험료는 처음 안내되었던 9,403원이 아닌 10,343원으로 상승하게 된다.

---

4 보험계약자는 정기보험과 같이 위험률이 하락하는 상품에 갱신형으로 가입하면 향후 갱신시 위험률이 낮아져 비갱신형 상품보다 보험료가 저렴할 수 있음을 염두에 둘 필요가 있다. 반면, 암보험과 같이 위험률이 증가하는 상품은 가입시점의 낮은 위험률이 적용될 수 있도록 비갱신형으로 가입하는 것이 유리하다.

표 3-13 경과기간별 실손의료비 담보 갱신보험료

(단위 : 원)

경과기간(연)	1	4	7	10	13	16	19
연령 증가 반영	8,194	9,403	10,839	12,955	15,671	18,714	22,451
증가율		14.8%	15.3%	19.5%	21.0%	19.4%	20.0%
연령 증가 + 10% 위험률 증가 반영	8,194	10,343	13,115	17,243	22,944	30,139	39,773
증가율		26.2%	26.8%	31.5%	33.1%	31.4%	32.0%

주) 40세 기준(100세 만기), 종합입원의료비(5,000만 원), 종합통원의료비(50만 원, 외래 25만 원, 약제5만 원) 담보 위험보험료
(3년마다 갱신)
자료 : 금융감독원(2013년)

한편 약관상 거절 사유에 해당하는 경우 보험회사가 갱신을 거절하여 계약이 갱신되지 않을 수도 있다. 대표적인 거절 사유로는 실손의료비 누적보험금이 1억 원을 초과할 경우, 3대 특정질병(암, 뇌졸중, 급성심근경색증) 진단확정시, 연간 2회 이상 또는 누적으로 3회 이상 보험사고가 발생하는 경우이다.

(4) 여느 상품과 달리 민영의료보험 가입시 보험계약 전 중요사항에 대해 반드시 사실대로 고지해야 한다

질병보험 가입시 보험설계사에게 구두로 알린 사항은 회사에 알린 것으로 인정되지 않으므로 보험계약 해지 등 불이익을 받을 수 있음에 유의해야 한다. 특히, 유진단계약이더라도 청약서상 고지의무를 이행하지 않은 경우에는 계약 전 알릴 의무 위반에 해당될 수 있다는 점에 유의해야 한다. 따라서 청약서를 직접 작성하되 불확실한 사항은 본인이 직접 확인 후 작성하여야 하며, 보험설계사 등의 설명내용을 반드시 보험회사의 보험상품 안내자료 등으로 재차 확인한 후 청약서 부본, 약관, 상품안내장 및 보험증권을 일괄 보관하여야 한다.

3. 태아보험

1) 개요

현행 보험법규상 태아보험이라는 별도의 보험상품은 없으나 어린이보험에 태아 가입특약이 부가되어 출생 전 태아상태에서 보험가입이 가능한 상품을 태아보험 이라 한다. 태아는 법적으로 인격을 갖지 못하므로 인보험의 보호대상이 될 수 없다. 따라서 태아의 출생을 조건으로 하는 태아가입특약을 통해서만 보험계약 을 체결할 수 있다. 일반적으로 어린이보험은 자녀의 질병 및 상해, 특정 질병, 수 술, 입원 등을 보장하나, 태아보험의 경우는 태아상태에서만 가입이 가능한 관련 특약을 통해 출생당시의 질병 또는 상해나 선천성 질환으로 인한 수술 등도 보 장하므로 어린이보험보다 보장범위가 넓다. 따라서 임신 후 일정기간이 경과하였 더라도 가입가능기간 이내라면 자녀 출생 후 어린이보험에 가입하기보다는 태아 보험에 가입하는 것이 유리하다. 태아보험의 주요 담보는 선천성질환 수술보장특 약, 출생전후기 질환보장특약과 미숙아 육아비용 보장특약 등이 있다.

2) 주요 유의 사항

(1) 임신초기에 가입하는 것이 유리하다

태아보험은 의료기술발달에 따른 역선택을 방지하고자 임신기간에 따라 보험

표 3-14 태아보험 주요 보장 내용

특약명	보장 내용
출생전후기 질환 보장특약	출생전후기(일반적으로 임신 28주에서 생후 1주까지의 기간) 질병으로 입원한 경우 1일당 약정금액을 지급
선천성질환 수술특약	선천성 기형, 변형 및 염색체 이상(선천 이상)으로 수술시 1회당 약정금액을 지급
미숙아(또는 저체중아) 육아비용보장특약	태아의 출생시 몸무게가 2kg(또는 2.5kg) 미만으로서 인큐베이터를 3일 이상 사용했을 경우 1일당 약정금액을 저체중아 육아비용보험금으로 지급

자료 : 금융감독원(2008년)

가입이 제한된다. 일반적으로 임신이 확인되는 순간부터 최장 임신 24주까지만 가입이 가능하고 회사별 또는 상품별로 가입기간이 다를 수 있다. 따라서 앞으로 태어날 자녀의 선천성 질병 수술보장 등 폭넓은 보장을 준비하고자 하는 부모는 임신 초기에 가입하는 것이 유리하다.

(2) 태아사망에 관한 보장 여부를 사전에 확인한다

태아는 법적으로 인격을 갖지 못하므로 생명보험의 보호대상이 될 수 없고, 그로 인해 태아보험에서는 태아의 사망을 직접적으로 보장하지는 않는다. 만약 태아가 유산 또는 사산 등으로 출생하지 못한 경우에는 보험금이 지급되지 않고 계약이 무효가 되어 이미 납입한 보험료만 지급된다. 다만, 일부 상품에서는 태아보험 가입 후에 태아가 유산된 경우 산모에게 유산으로 인한 수술 및 입원비, 위로금 등을 지급하는 특약이 부가되어 있는 경우는 있다. 한편 자동차사고로 인해 산모가 태아를 유산 또는 사산한 경우 가해 차량이 가입된 자동차보험사에 위자료를 청구할 수 있다.

4. 치아보험

1) 개요

치아보험은 일반적으로 충치와 잇몸질환, 상해로 인한 치아 보철치료 또는 보존치료 등을 받을 경우 보험금을 지급하는 상품으로 진단형과 무진단형으로 나뉜다. 진단형은 보험가입시 치아 검진이 요구되는 상품으로 가입 즉시 보장이 가능하고 보장한도에 대한 제한도 없다. 다만 보험가입자의 치아상태에 대한 검진 결과가 보험회사에서 정한 인수조건에 충족되는 경우에만 가입이 가능하다. 무진단형은 치아상태에 대한 진단 없이 고지사항만 알리고 가입하는 상품으로, 질병으로 인한 치료만 보장되며 면책 또는 감액(50%)기간이 설정되어 있다. 무진단

표 3-15 진단형과 무진단형의 비교

구분	진단형			무진단형		
	면책기간	감액기간	보장한도	면책기간	감액기간	보장한도
보철치료 (임플란트, 브릿지, 틀니)	없음	없음	무제한	가입 후 1년	가입 후 2년	연간 3개 (틀니 1개)
보존치료(크라운, 충전) 및 치아발치				가입 후 180일	가입 후 1~2년	무제한 (발치 3개)
보험료	상대적으로 비싸다.			상대적으로 싸다.		
보장범위	질병 및 상해			질병		

자료 : 금융감독원(2012년)

으로 가입시 보철치료의 경우 면책기간은 가입 후 1년이며, 감액기간은 2년이고, 보존치료의 면책기간은 가입 후 180일, 감액기간은 가입 후 1~2년이다. 한편 무진단형의 보험료가 진단형보다 저렴한 편이며, 보장범위도 진단형은 질병과 상해이지만, 무진단형은 질병만 담보한다.

2) 주요 유의 사항

(1) 전문용어를 사전에 이해하고 있어야 한다

치아보험은 단순발치에서 임플란트까지 보장하는 치아전용상품으로 치과치료에 대한 전문용어를 보험약관에 그대로 사용한다. 따라서 가입자는 보험가입 전에 약관에 기재된 전문용어의 의미를 충분히 이해한 후에 치아보험에 가입해야 향후 보험금 지급시 보험회사와의 분쟁을 최소화할 수 있다. 〈표 3-16〉은 치아보험에 사용되는 주요 용어를 정리한 것이다.

(2) 보상하지 않는 손해를 미리 살펴보고 가입한다.

첫째, 보장개시일 이전에 진단 또는 발치한 치아를 보장개시일 이후에 치료하는 경우는 보험금을 지급하지 않는다. 다만, 보장개시일 이후에 발치한 치아, 즉

표 3-16 치과 관련 전문용어

구분		정의
보철치료	임플란트	구강 조직에 이물 성형재료를 매식한 후 고정성 또는 가철성 보철물을 삽입하는 치료
	브릿지	치아와 치아 사이를 다리처럼 연결하는 보철물을 제작하는 치료
	틀니	치아를 인공적으로 대치하는 보철물(가철성 의치)을 장착하는 치료
보존치료	크라운	치아 전체를 금속 등의 재료로 씌우는 치료
	충전	치아의 손상된 부위에 충전제를 이용하여 수복하는 치료로 충전제의 재질에 따라 구분
영구치		유치(젖니)가 빠진 후 나는 자연치아로 사랑니(제3대 구치), 과잉치 및 선천적 기형치아는 제외
치아우식증		일반적으로 충치라고 함
치주질환		일반적으로 잇몸질환이라고 함

자료 : 금융감독원(2012년)

만기 전 발치는 보험기간 이후라도 해당 치아 발치일로부터 2년까지 보철치료비를 보장한다. 둘째, 동일한 치아에 복합형태의 보철치료를 받은 경우 해당 치료 중 가장 높은 한 가지 항목의 보험금만 지급된다. 또한 과거 5년 동안 치아 우식증 또는 치주질환으로 치료를 받은 경우에는 해당 질병관련 보험금은 지급되지 않는다. 그러나 특정치아 부담보 특별약관에 가입한 경우는 특정치아를 제외한 나머지 치아에 대해 과거 질병과 관계 없이 보험금 지급이 가능하다. 그 외 사랑니 치료, 치열교정준비, 미용상 치료, 이미 보철치료를 받은 부위에 대한 수리, 복구, 대체치료의 경우도 보험금을 지급하지 않는다. 다만, 이미 보존치료를 받은 치아에 대하여 새로이 치아우식증 또는 치주질환을 원인으로 보존치료를 받는 경우는 보험금을 지급한다.

5. 치명적 질병보험

1) 개요

치명적 질병보험(Critical Illness; CI보험)은 종신보험에 CI보장을 결합하여 중대한 질병 발병 및 수술시 치료자금 용도로 사망보험금의 일부(50~80%)를 사망전에 선지급하는 보험상품으로 국내에서 2002년 최초로 개발되었다. 일반적인 보험상품은 질병의 종류만으로 보장 여부를 구분하지만 CI보험은 질병의 종류와 함께 심도에 따라서도 보장 여부를 판단하고 있다. 이는 동일한 질병이라도 사망에 이를 수 있는 중대한 질병에 걸린 보험대상자에게 고액의 보험금을 사전에 제공하여 치료에 전념토록 배려한 것이다. 여기서 '중대한' 의 의미는 회사별 판매약관에 따라 일부 다르나 예를 들어, 중대한 암이라면 통상 악성종양세포의 침윤파괴적 증식이 있고 종양의 크기가 일정기준 이상인 암을 말한다.

2) 주요 유의 사항

(1) CI보험 가입 전에 보장범위 및 금액을 건강보험과 비교해 본다

CI보험은 중대한 질병 등에 대해 고액보장을 미리 받을 수 있는 장점이 있지만 보장범위는 건강보험 또는 실손의료보험에 비해 훨씬 제한적이다. 건강보험은 다

표 3-17 CI보험의 보험금 지급대상

구분	보장 질병
중대한 질병	중대한 암, 중대한 뇌졸중, 중대한 급성심근경색증, 말기신부전증, 말기간질환, 말기폐질환 등
중대한 수술	관상동맥우회술, 대동맥류인조혈관치환수술, 심장판막수술, 5대 장기(간장, 신장, 심장, 췌장, 폐장) 이식수술
중대한 화상 및 부식	신체 표면의 최소 20% 이상의 3도 화상 또는 부식을 입은 경우

자료 : 금융감독원(2010년)

표 3-18 보험금 지급대상 비교

CI보험	건강보험	실손의료보험
– 중대한 질병 – 중대한 수술 – 중대한 화상 및 부식	– 통상 약관상 정한 질병·상해에 따른 입원, 수술, 진단비 등	– 질병 또는 상해로 인해 의료기관에서 치료목적으로 발생한 의료비

자료 : 금융감독원(2010년)

양한 질병으로 인한 진단, 입원, 수술 보험금을 지급하지만, CI보험은 중대한 질병의 진단과 중대한 수술 및 화상·부식에 대해서만 보장한다.

따라서 CI보험 가입 전에 CI보험과 건강보험의 보장범위 및 금액을 비교한 후 어느 보험이 적합한지 따져보는 것이 바람직하다.

(2) 암, 뇌졸중 진단시 항상 CI보험금을 지급받는 것은 아니다

기존의 건강보험은 암, 뇌졸중의 통상적 정의를 그대로 사용하지만 CI보험에서는 중대한 질병, 중대한 수술, 중대한 화상 및 부식의 심도를 반영하여 약관에 별

표 3-19 보장대상 질병의 정의 비교

	건강보험	CI보험 (중대한 질병)
(중대한) 암	정상적인 조직 세포가 각종 물리적·화학적·생물학적인 암원성 물질의 작용 또는 요인에 의해 돌연변이를 일으켜서 과다하게 증식하는 증상	악성종양세포가 존재하고 또한 주위 조직으로 악성종양세포의 침윤 파괴적 증식으로 특징지을 수 있는 악성종양 (초기 전립선암 등 일부 암 제외)
(중대한) 뇌졸중	뇌의 혈액순환장애에 의하여 일어나는 급격한 의식장애와 운동마비를 수반하는 증상	거미막밑출혈, 뇌내출혈, 기타 비외상성 머리내 출혈, 뇌경색이 발생하여 뇌혈액순환의 급격한 차단이 생겨서 그 결과 영구적인 신경학적결손이 나타나는 질병
(중대한) 급성 심근경색증	3개의 관상동맥 중 어느 하나라도 혈전증이나 혈관의 빠른 수축 등에 의해 급성으로 막혀서 심장의 전체 또는 일부분에 산소와 영양 공급이 급격하게 줄어듦에 따라 심장 근육의 조직이나 세포가 괴사하는 증상	관상동맥의 폐색으로 말미암아 심근으로의 혈액공급이 급격히 감소되어 전형적인 흉통의 존재와 함께 해당 심근조직의 비가역적인 괴사를 가져오는 질병

자료 : 금융감독원(2010년)

표 3-20 종신보험과 CI보험 보험료 수준 비교

종신보험	CI보험	
	50% 선지급형	80% 선지급형
229,000원	303,000원 (132.3%)	337,000원 (147.2%)

주) 가입조건 : 남자 40세, 총 보험금 1억 원
자료 : 금융감독원(2010년)

도로 규정하고 있다. 따라서 암, 뇌졸중 등의 진단서를 발급받은 경우에도 CI보험 약관의 정의에 부합하지 않은 경우에는 보험금 지급이 거절될 수 있다.

(3) CI보험은 동일 가입금액의 종신보험보다 보험료가 비싸다

CI보험은 중대한 질병 등이 발생시 약정보험금에서 사전에 정해진 비율만큼을 선지급하는 형태의 종신보험으로 보험수익자가 보험기간 중 수령할 수 있는 보험금 총액은 CI보험(선지급보험금 + 잔여 사망보험금)이나 종신보험(사망보험금)이 서로 동일하다. 그러나 CI보험은 중대한 질병 등이 발생하면 이후 보험료 납입이 면제되고, 일부 CI보험금을 선지급 받을 수 있으므로 보험료가 종신보험보다 비싸다. 〈표 3-20〉에 의하면 남자 40세 기준, CI보험 보험료는 종신보험보다 50% 선지급하는 경우 32.3%, 80% 선지급하는 경우 47.2% 비싸다.

3

장수를 대비하는 보험상품

1. 연금보험

1) 개요

연금보험이란 가입자가 경제활동기에 납입한 보험료를 적립하여 경제활동이 어려운 노년기에 일정액의 연금을 지급받는 보험상품이다. 이는 납입보험료를 적립하는 방식에 따라 일반연금, 변액연금 및 자산연계형 연금보험으로 구분되며 현재 생명보험회사에서만 판매하고 있다. 일반적으로 연금보험은 계약자가 보험료를 납입하는 제1보험기간과 보험수익자가 연금액을 지급받는 제2보험기간으로 구분되는데 연금보험은 제1보험기간 동안 사망 및 재해, 질병사고 보장기능이 있으며 또한, 주보험에 각종 보장성 특약(수술·입원특약 등)을 부가하여 보장기능을 강화할 수 있다. 또한 10년 이상 유지할 경우 연금소득세가 비과세되는 혜택을 받을 수 있다. 연금보험 가입자는 계약시 연금보험의 유형, 연금지급방법, 연금지급 개시일 등을 결정해야 하는데 이를 어떻게 선택하느냐에 따라 향후 지급되는 연금액의 규모, 연금지급 기간 등이 달라질 수 있다. 따라서 연금보험 가입자는 본인의 노후설계 및 연금활용 계획과 연금보험 유형의 장점과 단점을 충분히 파약한 후 가입해야 한다.

2) 종류

(1) 일반연금보험

일반연금보험은 계약자가 납입한 보험료 중 일부를 확정금리로 적립하는 금리확정형과 변동금리로 적립하는 금리연동형으로 구분된다. 금리확정형의 경우 추가 연금액을 기대할 수는 없지만, 연금액을 안정적으로 수령할 수 있는 장점이 있고, 금리연동형의 경우 적용금리 상승시에는 예상보다 더 많은 연금액을 지급받을 수 있지만 적용금리 하락시에는 예상보다 낮은 연금액을 지급받게 되는 단점이 있다. 다만 금리연동형이라 할지라도 변액연금보험 및 자산연계형 연금보험과 같은 투자형 연금상품에 비해 연금액의 변동성이 크지 않다. 따라서 일반연금은 안정적인 연금 수령을 기대하는 가입자에게 적합하다.

(2) 변액연금보험

변액연금보험은 보험료 중 일부를 주식, 채권 등 유가증권에 투자하여 발생한 이익을 연금으로 지급하는 연금상품이다. 따라서 투자성과가 좋을 경우 높은 연금액을 기대할 수 있지만, 투자성과가 좋지 않을 경우 일반연금보험보다 낮은 수준의 연금액을 지급받을 수 있다. 변액연금에서는 안정적인 연금지급을 위해 투자실적에 상관없이 연금개시 시점에 최소한의 연금 지급재원을 보증하고 있다. 따라서 투자위험을 감안하여 향후 높은 연금액을 기대하는 가입자는 변액연금보험이 적합하다.

(3) 자산연계형 연금보험

자산연계형 연금보험은 보험료의 일부를 주가지수 등 특정지표 또는 자산에 연계한 후 그 수익을 연금액에 반영한 상품으로 채권금리 연계형, 주가지수 연동형, 금리스왑 연계형이 있다. 이 상품은 연계자산에서 발생한 추가 수익을 기대할 수 있고 변액연금보험보다 연금액을 안정적으로 지급받을 수 있는 장점이 있다. 자산연계형연금의 경우 일반적으로 1~2%의 최저보증이율을 두고 있어 변액보험보다 더 많은 연금액을 최저 연금액으로 보증받을 수 있다. 따라서 변액연금보험의 투자리스크를 회피하면서 일반연금보험보다 추가수익을 기대하는 가입자는 자산연계형 연금보험을 선택하는 것이 유리하다.

(4) 즉시연금보험

이는 해당 보험료를 일시납으로 한꺼번에 납부하고 그 다음 달부터 일정액을 연금으로 받는 상품으로 어느 정도 금융자산을 보유하고 있지만 노후준비를 미처 하지 못한 자산가들이 주로 활용한다. 그 외는 일반연금보험과 거의 유사하다.

(5) 주택연금

흔히 역모기지론이라고 하는 주택연금은 금융회사에 본인이 보유한 주택을 담보로 맡기고 노후생활 자금을 매달 연금형태로 수령하는 일종의 대출제도이다. 가입대상이나 담보할 주택과 담보금액 등은 일정조건을 충족해야 하며, 연금 지급방식은 고정형, 증가형과 감소형, 세 가지가 있다. 연금수령 이후 가입자와 배우자가 사망할 경우 해당 금융기관은 담보주택을 매각하여 대출금과 이자를 회수한 차액을 상속인에게 지급하고 계약은 종료된다. 만약 매각대금이 대출금 잔액보다 부족해도 그 부족분을 청구하지 않는다.

3) 연금지급방식

계약자는 연금지급개시 전까지 연금지급방식, 즉 종신연금형, 확정연금형, 상속연금형 중 하나를 선택할 수 있다. 연금지급 후에는 선택한 연금지급방식 변경이 불가능하므로 세 가지 연금지급방식 중 본인에게 가장 유리한 방식을 선택해야 한다.

(1) 종신연금형

종신연금형은 연금개시 후 가입자의 사망시까지 연금을 지급하는 방식으로 연금개시 후 오래 생존할수록 연금을 더 많이 받을 수 있지만 조기에 사망할 경우 연금을 적게 받을 수 있다. 특히 종신연금형을 선택할 경우 타 방식과는 달리 연금개시 후인 제2보험기간에는 중도 해약이 불가능하다. 이는 연금개시 후 임의해지를 허용할 경우 사망에 임박한 계약자는 모두 임의해지권을 행사하여 해약환급금을 수령하게 될 것이므로 상대적으로 건강한 가입자들에 대한 연금재원이 부족해지는 등 문제가 발생하기 때문이다. 사망시까지 안정적으로 연금을 지급받고 싶은 가입자는 종신연금형이 적합하다. 한편 일부 회사의 경우 과거 종신연금 형태로 설계된 연금보험 가입자에게 연금지급방식 변경특약 부가를 통해 확정연금형, 상속연금형을 선택할 수 있는 기회를 제공하고 있다.

(2) 확정연금형

확정연금형은 가입자가 정한 일정 기간(예 : 5, 10, 15, 20년 등) 동안 확정적으로 연금을 지급받는 방식으로 확정지급기간 동안에는 가입자가 사망하더라도 지정된 수익자 또는 가입자의 상속인에게 연금액이 지급되므로 연금을 확실하게 수령할 수 있는 장점이 있다. 따라서 일정 기간 동안 확정적으로 연금을 지급받고자 할 경우에는 확정연금형이 유리하다.

(3) 상속연금형

상속연금형은 연금개시 시점까지 가입자가 낸 보험료의 적립액에서 발생하는 이자를 종신토록 연금으로 지급하고 가입자 사망시에 그 적립액의 일체를 지정된 수익자 또는 상속인에게 지급하는 방식이다. 적립액의 이자를 연금재원으로 활용하기 때문에 연금액이 확정형이나 종신연금형보다 적지만 적립액을 상속할 수 있는 장점이 있다. 따라서 고액의 연금이 필요 없으며 적립금을 상속목적으로 활용하고 싶은 가입자에게 유리하다.

4) 주요 유의 사항

(1) 연금보험 가입시기는 빠를수록 좋으며, 연금전환특약을 활용하여 가입할 수도 있다

연금보험의 지급방식 중 종신연금형의 연금액은 생존율이 높을수록, 즉 생존자 수가 많을수록 감소하므로 최근 급격한 고령화에 따라 향후 설계되는 연금보험은 현재의 연금보험보다 연금액이 적게 지급될 가능성이 높다. 따라서 연금보험을 가입할 계획이라면 가입시기는 빠를수록 유리하다. 또한 연금보험 가입이 곤란한 종신보험 등의 가입자는 연금전환특약을 통해 이미 가입한 종신보험 등을 연금보험으로 전환할 수 있다. 다만, 연금으로 전환할 때는 기존 보험을 해약 처리하고 발생한 해약환급금을 연금재원으로 활용하기 때문에 종신보험 등 기존 보험 소멸에 따른 손실과 연금전환을 통해 얻을 수 있는 이익을 꼼꼼히 따져보아야 한다. 만약 기존보험의 유지기간이 짧아 연금재원이 되는 해약환급금이 매우 적을 경우 향후 지급받는 연금액도 적을 수 있다. 특히, 보험계약 7년 이전 해약시에는 해약환급금이 매우 적어 연금전환 시 해약손실이 크게 발생할 수 있다. 이는 계약 후 7년 이전에는 계약자의 적립금에서 보험회사가 이미 지출한 사업비를 차감한 금액을 해약환급금으로 지급하기 때문이다.

(2) 연금지급일은 가입자의 계획에 맞게 조정할 수 있다

연금보험은 일반적으로 만 45세에서 80세까지를 연금지급 개시 가능시기로 정하고 있는데 가입자는 본인의 라이프 사이클에 맞추어 연금액 수준 등을 고려하여 연금지급시기를 결정해야 한다. 만약 연금지급일을 앞당길수록 계약자가 낸 보험료를 적립하여 부리하는 기간이 줄고 종신연금형의 경우에는 연금이 지급되는 기간도 늘게 되어 연금액이 감소할 수 있다. 가입시기가 동일하더라도 연금개시일이 늦을수록, 즉 이자 부리기간이 길수록 지급되는 연금액은 더 많다.

2. 연금저축상품

1) 개요

연금저축이란 조세특례제한법에 근거하여 개인의 노후생활 보장 및 장래의 생활안정을 목적으로 10년 이상 불입하여 55세 이후에 연금으로 수령할 수 있는 장기 저축상품이다. 이 상품은 무엇보다 소득공제 혜택을 부여하여 가입을 권장하고 있는데 2014년 연말정산 및 종합소득세 신고부터는 세액공제로 전환되었다. 연금저축은 대표적으로 은행의 연금저축신탁, 보험사의 연금저축보험, 금융투자회사의 연금저축펀드가 있으며 각 상품별로 서로 다른 특징을 가지고 있다. 은행의 연금저축신탁은 채권에 주로 투자하여 안전하지만 수익률이 낮다. 보험사의 연금저축보험은 생명보험사의 경우 연금수령을 종신형으로 선택할 수 있는 장점이 있으나 사업비를 먼저 떼고 자금을 운용하므로 다른 상품에 비해 초기 수익률이 다소 불리하다. 금융투자회사의 연금저축펀드는 투자성향에 따라 주식형, 채권형과 혼합형을 선택할 수 있으며 펀드간 전환이 가능하여 변동성을 활용한 고수익을 노릴 수 있는 것이 최대 장점이다. 물론 투자손실 위험은 감수해야 한다. 한편 금융회사가 파산되더라도 연금저축신탁, 연금저축보험의 경우는 예금자보호법에 의해 최고 5,000만 원 한도까지 보장받게 된다. 연금저축펀드의 경우 예금자보호법에 따른 보호대상은 아니지만 펀드재산이 펀드를 운용하는 자산운용사 혹은 펀드를 판매하는 판매사로부터 분리되어 신탁회사에 위탁 보관토록 규정화되어 있다. 이로 인해 연금저축펀드 판매사나 운용사의 부실과는 상관없이 연금재산은 별도로 보관되고 신탁법상 신탁재산에 대해서는 강제집행, 담보권 실행 등을 위한 경매 등 체납처분을 할 수 없다. 그러므로 본인이 가입한 연금저축펀드 판매사가 부실해지더라도 본인의 연금재산은 안전하게 보관된다.

연금저축상품은 어느 금융회사에 가입하든지 세제혜택은 같지만 금융회사별로 상품내용에 차이가 있고 최소 15년에서 종신까지의 초장기적인 상품이기 때문에 연령별 자금지출 등을 고려하여 가입시기와 가입금액, 그리고 연금수령 기간 등을 꼼꼼하게 살펴봐야 한다. 또한 연금저축의 수익률 등 운용성과뿐만 아니라 수수료율, 가입할 금융회사의 평판 등을 종합적으로 고려하는 것이 바람직하다.

2) 금융회사별 차이점

연금저축신탁과 펀드는 매월 일정금액 적립이나 자유납입이 모두 가능하나 연금저축보험은 매월 일정금액을 의무적으로 납입해야 한다. 또한 적용금리도 다르다. 연금저축신탁과 펀드는 자산운용 성과에 따른 수익률이 적용되고 연금저축보험은 공시이율이 적용된다. 공시이율은 보험회사가 시장금리와 자산운용수익률 등을 반영하여 주기적으로 결정하고 공시하는 금리이다. 그리고 연금저축상품의 개인별 수익률은 연금의 가입시기 등에 따라 다르게 나타난다. 개인별 수익률은 연금저축을 가입한 금융회사에서 개별적으로 직접 확인할 수 있으며, 2012년 10월말부터 금감원 홈페이지 '연금저축 비교공시' 메뉴를 통해서 수익률 추이를 확인할 수 있다.

연금수령방식 또한 다르다. 연금저축신탁과 연금저축펀드는 5년 또는 10년 등 일정기간 수령만 가능하지만 생명보험사 연금저축보험은 종신토록 수령이 가능

표 3-21 금융권역별 연금저축상품의 주요 특징 및 차이점

구분	연금저축신탁 (은행)		연금저축보험 (보험사)		연금저축펀드 (자산운용사)		
	채권형	안정형	생보사	손보사	채권형	혼합형	주식형
자산운용	채권	채권, 주식 10% 미만	제한없음		채권 60% 이상	채권, 주식	주식 60% 이상
적용금리	실적배당		공시이율		실적배당		
납입방식	자유납입 (매월 정액납입 가능)		매월 정액 납입만 가능		자유납입 (매월 정액납입 가능)		
연금수령	확정기간형 (기간 제한 없음)		확정기간형, 종신형	확정기간형 (최장25년)	확정기간형 (기간 제한 없음)		
원금보장	보장		보장	보장	비보장		
예금보호	보호		보호	보호	비보호		

자료 : 금융감독원(2008년)

하다. 그 외 수수료를 부과하는 방식이 금융회사별로 다르다. 연금저축의 경과기간별 적립금대비 수수료율은 매년 금융회사가 징수한 수수료를 그해 말 적립금으로 나누어서 계산한다. 은행 및 자산운용사는 가입자의 납입금을 운용하여 쌓아 놓은 매기말 적립금에 대해 일정비율의 수수료를 부과하는 후취형태를 취한다. 따라서 단기에는 적립금 규모가 작기 때문에 수수료가 작지만, 장기로 갈수록 적립금 규모가 커짐에 따라 수수료가 많아진다. 한편 보험사는 매월 납입된 보험료에서 수수료를 먼저 공제하고 남는 금액을 운용하여 연금지급 재원을 적립하는데, 이를 선취구조라고 한다. 선취형태에서는 초기 수수료율이 높으나 장기로 갈수록 낮아지게 된다.

3) 세제혜택

연금저축은 국가에서 개인스스로 노후보장을 적극 준비토록 유인하기 위하여 가입에 따른 세제혜택을 주고 있는데 조세특례제한법에 의거 연간저축금액의 100%까지 소득공제 혜택을 받을 수 있다. 다만 최고한도 금액은 필요할 때마다 조정하고 있다. 2014년 7월 현재 최고한도는 400만 원이며 세제혜택을 받기 위해서는 가입대상, 납입한도 등 추가적인 요건을 충족해야 한다. 이런 조건들은 주로 세제를 중심으로 계속 보완, 변경되었다.

(1) 세제혜택 추이

〈표 3-22〉에 의하면 2000년 이전까지 개인연금저축상품이 판매되었다. 가입대상은 20세 이상 국내거주자이며, 분기 가입한도는 300만 원으로 소득공제는 연간 불입액의 40%(단, 연간 72만 원까지 공제)이고, 중도해지시 이자소득세 15.4% 부과와 5년 이내 중도해지시 납입액에 대한 소득공제 추징이 이루어졌다. 그리고 연금저축은 2013년 2월 28일까지 가입자(구 연금저축)와 이후 가입자(신연금저축)로 구분된다. 구 연금저축의 경우 기존 개인연금저축보다 연금소득공제 한도가 400만 원으로 확대되었으며, 중도해지의 경우 기타소득세로 22%와 5년 이내 중

표 3-22   세제혜택 추이

구분	개인연금저축	구연금저축	신연금저축
가입시기	2000년 12월 31일 이전	2001년 1월 1일~ 2013년 2월 28일	2013년 3월 1일~현재
가입대상	만 20세 이상 국내거주자	만 18세 이상 국내거주자	연령 제한과 국내외 거주요건 없음
납입한도	분기 300만 원	분기 400만 원 (연간 1,200만 원 한도)	분기한도 없음 (연간 1,800만 원)
의무가입기간	10년	10년	5년
연금지급/ 연금수령기간	55세	55세/5년 이상	
해지가산세	이자소득세 15.4% 5년 이내 중도해지시 2.2%	기타 소득세 22% 5년 이내 중도해지시 2.2%	기타 소득세 16.5%
연금소득세	비과세	5.5%	55~69세 : 5.5% 70~79세 : 4.4% 80세 이상 : 3.3%
중도인출	불가	불가	가능 (당해연도 납입금액 +소득공제 이외 추가납입 금액)
상속여부	불가	불가	일부 가능 (배우자일 경우)

자료 : 한국 FPSB협회(2014 Vol.74), p.72

도 해지하는 경우 2.2%의 해지가산세를 추가 부과하게 되었다. 신연금저축의 경우 적용법을 조세특례제한법에서 소득세법으로 변경하였으며 해지가산세를 폐지하였다. 또한 연금소득세를 연령대별로 차등하였으며 중도인출도 가능토록 하였다.

(2) 2014년 세법개정 주요 내용

2014년도 세법개정 중 가장 큰 이슈는 소득공제가 세액공제로 전환되었다는 점이다. 과세 형평성을 개선하기 위해 자녀와 관련된 추가공제 및 다자녀추가공제, 일부 특별공제(표준공제 포함)제도 등이 세액공제로 개정되어 자녀세액공제, 연금계좌세액공제, 특별세액공제 및 표준세액공제 등이 신설되었으며, 개정 내용은 2014년도 연말정산 및 종합소득세 신고부터 적용된다. 금융상품 중엔 소득공제 상품이었던 연금보험과 보장성보험이 세액공제로 전환되었고 세액공제율은 납입액의 12%이다. 그러나 국민연금, 공무원연금 등 공적 관련 연금보험료와 국민건강보험료 등은 소득공제 항목으로 남아 있다. 이번 세법개정으로 종합소득금액이 적어 종합소득세 한계세율, 즉 본인이 실제 부담하는 최고세율이 낮은 소득자들은 예전에 비해 더 많은 세금공제를 받게 되었으나 종합소득세 한계세율이 높은 소득자들은 세금공제 효과가 줄어들게 되었다. 예를 들어, 연금저축납입액이 연 400만 원인 경우 이번 개정내용을 반영한 세금 공제액의 변화는 아래 〈표 3-23〉과 같다. 〈표 3-23〉에서 보듯이 연금저축납입액이 동일하더라도 개정 전에는 종합소득세 한계세율이 높을수록 더 많은 세액을 공제받을 수 있었다. 그러나 개정 후에는 한계세율에 관계없이 세금공제액이 동일해졌다. 따라서 세법개정 후, 종합소득세 한계세율이 6.6%인 경우 세금공제액이 26만 4,000원 증가하여 그만큼 세금을 덜 납부하게 된 반면, 41.8%인 경우 114만 4,000원이 감소하여 그 만큼 더 세금을 납부하게 되었다. 즉 한계세율이 높을수록 납부할 세금이 늘어난 것이다.

한편 세액공제를 받은 연금계좌에서 연금형태로 수령할 경우 연금소득으로 간주하여 연금소득세가 과세되지만, 일시금으로 수령하면 기타 소득으로 보고 기타소득세가 과세된다. 그리고 총 연금액(공적연금 제외)이 연 1,200만 원 이하인

표 3-23 연금저축납입액이 연 400만 원인 경우 세금공제액 변화

구분		종합소득세 한계세율(지방소득세 포함)		
		6.6%	41.8%	차이
절세 효과	개정 전	264,000원 (400만 원×6.6%)	1,672,000원	1,408,000원
	개정 후	528,000원 (400만 원×13.2%)	528,000원	0원
	개정 후 변화	264,000원	(−)1,144,000원	1,408,000원

자료 : 한국 FPSB협회(2014 Vol.74), p.88

경우 또는 기타 소득금액이 연 300만 원 이하인 경우에는 원천징수세율(총 연금액 : 3.3~5.5%, 기타소득 : 16.5%)로 납세의무를 종결시키는 분리과세를 선택하거나 종합소득에 합산하는 종합과세를 선택할 수 있다. 그러나 각 기준금액을 초과하면 무조건 종합소득에 합산하여 종합과세되므로 소득세 부담액이 원천징수세율에서 6.6~41.8%의 세율로 전환된다. 이에 따라 연금수령시 소득세 한계세율이 높은 사람은 소득세 부담이 높아진다. 다만, 기타소득금액이 300만 원을 초과하여 종합과세되는 경우에도 천재지변, 가입자의 사망, 해외이주, 파산 등의 이유로 인해 일시금 형태로 수령하는 연금에 대해서는 12%(지방소득세 포함 시 13.2%)의 원천징수세율로 납세의무가 종결된다.

4) 연금저축 중도해지

연금저축을 중도에 해지하는 경우에는 22%의 세금을 내야 하며 특히 가입 후 5년 이내에 해지하게 되는 경우에는 총 납입액에 대해 2.2% 가산세를 추가로 부담하게 된다. 세금은 소득공제를 받은 납입원금과 운용이익 합계에 대하여만 부과한다. 따라서 소득공제 한도(연간 400만 원)를 초과한 부분에 대해서는 부과되지 않는다. 가산세 역시 연도별 소득공제 한도금액 범위 내 납입원금의 합계액에 대하여 부과한다. 한편 연금저축을 해지하는 경우 돌려받을 수 있는 금액이 금융회사별로 다르다. 은행 및 자산운용사의 연금저축상품은 해지시점의 적립금에서 중도해지에 따른 세금을 공제하고 가입자에게 돌려주지만, 보험사 상품은 7년 이내에 해지하는 경우 세금공제와 별도로 모집수당 등으로 이미 지급한 부분에 대한 추가적인 해약공제가 발생하기 때문에 환급금이 다른 금융권역의 상품보다 적을 수 있다.

연금저축보험은 단기간에 해지할 경우 다른 금융권역 상품에 비해 크게 불리하다. 따라서 당장 목돈이 급하게 필요한 것이 아니고 매월 납입하는 보험료가 부담이 된다면 보험료 감액제도를 이용하는 것도 방법이다. 신탁 및 펀드 계약자의 경우에는 납입금액을 원하는 때만 납입할 수 있는 자유납입 방식이기 때문에

표 3-24　연금저축 중도인출 가능금액(예시)

연도	납입금액	소득 공제금액	소득공제 초과금액	연금계좌 운용소득
2013년	700만 원	400만 원	300만 원	100만 원
2014년	400만 원	400만 원		20만 원
2015년	800만 원	400만 원	400만 원	30만 원
2016년	1,000만 원	–	–	100만 원
합계	2,900만 원	1,200만 원	700만 원	250만 원

자료 : 한국 FPSB협회(2014 Vol.74), p.73

목돈 필요성이 아니라면 잠시 납입을 중단할 수 있다. 또한, 목돈이 필요한 경우라도 해지시에는 큰 손해가 발생할 수 있으므로 본인이 납입해 왔던 연금재원을 담보로 대출을 받는 것이 유리하다. 만일, 현재 가입하고 있는 연금저축 상품의 수익률 등이 만족스럽지 않아 해지를 고려하고 있다면 계약이전제도를 통한 다른 금융권역으로의 변경을 생각해 볼 수 있다. 계약이전은 해지가 아닌 유지계약으로 간주되므로 해지에 따른 세제상 불이익이 없다.

계약 이전보다 간편한 중도인출이 신연금저축에는 가능해졌다. 신연금저축은 매년 납입금액과 당해 연도 납입금액 중 소득공제 한도 400만 원을 초과해서 납입한 금액은 과세 없이 인출이 가능하도록 하였다. 예를 들면 〈표 3-24〉에서와 같이 2013년부터 신연금저축에 납입한 고객이 2016년 7월 중도인출을 필요로 한다면, 4년 동안 납입한 총금액은 2,900만 원, 운용소득 250만 원이 더해져 인출시점의 총 잔고는 3,100만 원이다. 여기서 중도인출 가능금액은 당해 연도(2016년)에 납입한 1,000만 원과 매년 납입금액 중 소득공제 한도초과 합산금액인 700만 원을 더한 1,700만 원이다.

5) 연금저축 계약이전

연금저축은 금융회사별로 상품특성이 다르고, 경제상황 변화에 따라 수익률도 다르기 때문에 금융회사를 변경할 필요성이 생길 수 있다. 이러한 소비자의 선택을 고려하여 연금저축 가입자가 회사별 수익률 등을 비교한 뒤 금융회사 간 자유롭게 이동할 수 있도록 계약이전 제도를 2001년 3월부터 운영하고 있다. 이를 통해 금융회사에 따라 소정의 수수료만 내면 다른 금융회사로 자유롭게 이동할 수 있다. 계약이전은 해지가 아닌 유지계약으로 간주되기 때문에 해지에 따른 불이익, 즉 기타소득세 또는 해지가산세 부과 등이 없다. 다만, 보험회사에서 판매하는 연금저축보험은 7년 이내에 계약 이전하는 경우 해지공제액을 추가로 공제하므로 유의할 필요가 있다. 한편 2000년 이전 가입한 개인연금저축은 계약이전이 불가능하다. 그러나 2001년 이후 가입한 구연금저축 계약자는 신연금저축으로의 변경이 가능하다. 다만, 신연금저축으로 변경할 경우 구연금저축으로 다시 변경할 수는 없다.

3. 퇴직연금

1) 개요

통상 근로자의 퇴직금은 퇴직할 경우 3개월간의 평균임금에 근무연수 이상에 해당하는 지급률을 곱하여 산정하며 이를 회사 내 적립 또는 회사 외에 적립한다. 그런데 정부에서는 퇴직금의 안정성 확보를 위해 사외적립을 유도하고 있으며, 사외적립은 보험회사의 퇴직보험과 은행의 퇴직일시금신탁에 가입하면 세법상 손비인정을 받을 수 있고 근로기준법에 근거하여 퇴직금 제도를 설정한 것으로 간주된다. 현행 퇴직금제도는 1961년 근로자의 노후소득보장을 위해 도입하였으며, 국민연금과 고용보험의 도입과정에서 기능이 중복되고, 퇴직 일시금으로 지급되기 때문에 지급보장성이 약화되었으며, 더불어 퇴직중간 정산제도 실시로 퇴직금의 노후보장 효과가 미흡하여 2005년 12월 1일부로 퇴직연금제도가 도입, 운영되고 있다. 이 제도는 한국사회의 급격한 저출산과 고령화의 도래 및 평균 근무기간의 단축 등 노동환경의 변화로 인해 퇴직금재원이 생활자금으로 소진되어 노후소득재원으로서의 역할에 한계를 보이자 이를 보완하고자 도입되었다.

퇴직연금 유형은 확정급여형(DB ; Defined Benefit)과 확정기여형(DC ; Defined Contribution), 개인퇴직(IRP형-Individual Retirement Pension)로 분류된다.

2) 주요 특징

기존 퇴직금제도 하에서는 기업이 도산해버리면 퇴직금을 못 받는 경우가 많았었다. 그러나 퇴직연금제도에서는 믿을 만한 금융기관을 선정하여 퇴직금을 맡겨 놓기 때문에 사업장이 도산해도 못 받을 염려가 없다. 그리고 제도설계 및 운용과정의 다양한 선택권을 부여하였다. 이를테면 퇴직급여를 퇴직금제도에서처럼 일시금으로 수령할 수 있고, 조건이 충족되면 연금으로도 수령할 수 있다. 또한, 적립금의 운용을 사용자가 할 수도 있고 근로자가 개별적으로 운용할 수도 있다. 특히 확정기여형의 경우에는 근로자의 추가 부담금 납부가 가능하고 이에 대한 별도의 소득공제혜택도 주어진다. 한편 퇴직연금제도에서는 중간정산 요건을 엄격하게 제한함으로써 노후재원인 퇴직급여가 생활자금으로 소진되지 않도록 하고 있다. 또한 개인퇴직계좌(IRP ;Individual Retirement Pension)라는 퇴직금 중간 장치를 도입하여 근로자가 직장을 옮기는 경우에도 퇴직급여를 인출하지 않고 세금혜택을 받으며 계속 적립하여 운용할 수 있게 함으로써 실질적인 은퇴시점까지 퇴직급여를 넉넉히 쌓을 수 있는 제도적 수단을 구비하고 있다.

3) 퇴직연금 유형

가입자는 직장의 급여체계 및 안정성과 근로자 자신의 노후계획 및 투자성향을 고려하여 알맞은 유형의 퇴직연금을 선택해야 한다.

(1) 확정급여형

확정급여형은 근로자가 퇴직시 수령할 퇴직급여가 사전에 확정되는 점에서 기존의 퇴직금 제도와 유사하다. 매년 정기적으로 사용자가 부담하는 금액은 사용자 책임 하에 운용되며, 근로자가 퇴직시 근로자 개인퇴직계좌로 이전이 가능하

그림 3-1 확정급여형 제도

> ▶ 퇴직시 근로자가 받을 퇴직급여가 사전에 확정
>
> ▶ 사용자가 부담할 금액은 적립금 운용 결과에 따라 변동 가능

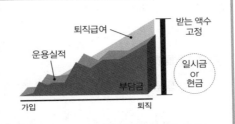

부담금 납입	적립금 기업 운용	정해진 급여 지급
▶ 연금계리방식을 통해 산출된 부담금을 매년 정기적으로 납입 (의무적립수준 : 계속/비계속 기준의 60% 이상)	▶ 적립금 운용결과 책임을 기업이 부담 ▶ 적립금 운용성과에 따라 부담금 감소 또는 증가 ▶ 기업은 다양한 운용방법 중 1개 이상을 선택 또는 변경하면서 적립금 운용	▶ 사전에 정해진 퇴직급여를 근로자에게 지급 ▶ 일시금과 연금 중 근로자가 선택하여 수령 ▶ 법에 정한 사유 충족시 담보대출 가능

자료 : 서영수(2010), p.400

그림 3-2 확정기여형 제도

> ▶ 사용자가 부담해야 할 부담금을 사전에 정하여 근로자 개인별 계좌에 적립
>
> ▶ 근로자가 받을 퇴직급여는 적립금 운용실적에 따라 변동

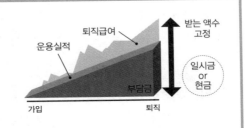

부담금 사전 확정	적립금은 가입자가 운용	운용실적에 따라 급여 변동
▶ 연간 임금총액의 1/12 이상 납입 ▶ 기업이 개인별 계좌에 정기적으로 납입 ▶ 근로자 추가 납입 가능	▶ 위험과 수익구조가 다른 3개 이상의 상품 중 선택 (원리금보장형 반드시 포함) ▶ 매반기 1회 이상 운용방법 변경 가능	▶ 일시금과 연금 중 근로자가 선택하여 수령 ▶ 법에 정한 사유 충족시 중도인출/담보대출 가능

자료 : 서영수(2010), p.401

다. 이 형태는 주로 장기 근무한 경우 선택하면 유리하다. 또한 파산위험이 없는 안정된 직장이거나 임금상승률이 높거나 투자성향이 비교적 보수적인 근로자의 경우 확정급여형 선택이 바람직하다.

(2) 확정기여형

확정기여형은 사용자가 부담해야 할 금액을 사전에 정하고 근로자 개인별 계좌에 적립되며 근로자 책임 하에 운용되는 형태이다. 따라서 퇴직급여 수준이 확정되지 않는다. 결과적으로 적립금 운용과 관련한 위험을 근로자가 부담한다. 한편 근로자는 세제혜택을 받으면서 추가 불입도 가능하여 동 제도를 통해 노후자금 추가 마련이 가능하다. 이 유형은 연봉제 정착기업, 파산위험 및 임금 체불위험이 있는 기업이거나, 직장 이동이 빈번하고 투자성향이 비교적 공격적인 근로자의 경우에 적합하다.

4) 퇴직연금 활용방안

(1) 개인형퇴직연금(IRP) 활용방안

2012년 7월 26일 근로자퇴직급여보장법이 개정되면서 퇴직연금이 도입된 사업장의 근로자는 퇴직금을 의무적으로 IRP를 통해 수령하게 되며, 이때 퇴직소득세는 납부할 필요가 없으며, 만약 연금으로 수령한다면 상대적으로 낮은 연금소득세가 적용된다. 그리고 퇴직연금 미도입 사업장의 근로자는 퇴직 후 60일 이내에 일시에 수령한 퇴직금의 80% 이상을 IRP에 가입하면 퇴직소득세를 해당 계좌로 환급받게 된다. 기본적으로 IRP는 연금저축과 동일한 상품으로 55세 이후 연금으로 수령할 수 있도록 설계되었으며 근로자 본인 납입액에 대하여 연금저축과 합산하여 연간 400만 원까지 소득공제 혜택도 있다. 또한 소득공제를 위한 의무가입기간에 대한 제한이 없으며 퇴직 또는 이직 후에 언제라도 해지가 가능하다. 이때 퇴직금 부분에 대하여는 연금저축과 같은 중도해지에 따른 페널티가 없어 상대적으로 낮은 퇴직소득세율이 적용된다. 다만, IRP의 경우 부분인출이 불가능하므로 자금이 급하게 필요할 경우 계좌 전체를 해지해야만 한다.

(2) 임금피크제 도입시 활용방안

최근 60세 정년연장이 도입됨에 따라 상당수 기업들이 인건비 절감을 위해 늘어난 근로기간에 대해 임금피크제를 적용할 것으로 예상된다. 임금피크제란 일정한 연령부터 근로자의 임금을 삭감하는 대신 정년을 보장하는 제도이다. 미국과 유럽 일부 국가에서는 고용은 계속 유지하는 대신 근무시간을 줄이는 방식으로 공무원과 일반기업체 직원에게 임금피크제를 선택적으로 적용하고 있다. 우리나라에서는 금융기관을 중심으로 이와 유사한 제도를 도입해 운영해오고 있는데, 국내에 공식적으로 처음 이를 도입한 기업은 신용보증기금이다. 신용보증기금은 2003년 근로자의 정년은 58세로 보장하는 대신 만 55세가 되는 해부터 1년차에는 본래 받던 임금의 75%, 2년차에는 55%, 3년차에는 35%를 받도록 했다.

임금피크제가 적용되면 근로자들 입장에서 확정급여형(DB형)이 불리할 수 있다. 예를 들면, 어떤 사람이 30세에 연봉 3000만 원을 받고 직장에 입사해 25년간 근무한 다음 55세 퇴직한다고 하자. 근로기간 중 임금이 평균 5%씩 올랐다면 이 사람이 DB형에 가입했다면 퇴직급여로 2억 원을 받게 된다. 그런데 정년을 60세로 연장하는 대신 55세 이후 매년 급여를 10%씩 감액해 나간다면 60세에 퇴직할 때 받을 수 있는 퇴직급여는 1억 4,000만 원으로 줄어들게 된다. 근무기간은 5년 더 늘어났는데 퇴직급여는 오히려 6,000만 원이나 줄어든 것이다. 만약이 사람이 임금피크 시점에 퇴직연금 유형을 확정급여형에서 확정기여형(DC형)으로 변경했더라면 퇴직금은 줄어들지 않는다. DC형 퇴직연금은 근로자 명의의 계좌에 넣어두고 직접 운용하기 때문에 임금피크제를 도입했다고 해서 이미 발생한 퇴직급여가 줄어들지는 않는다. 만약 투자수익을 연 평균 5% 정도 가정하면 60세 퇴직할 때 받는 퇴직급여는 2억 9,000만 원에 이를 것이다. 상황이 이렇다면 근로자 입장에서는 DB형에서 DC형으로 갈아타는 게 훨씬 유리할 것이다.

4

투자를 겸한 보험상품

1. 변액보험

1) 개요

변액보험은 보험계약자가 납입한 보험료 중 일부를 주식, 채권 등 펀드에 투자하고, 그 펀드의 운용실적에 따라 계약자에게 투자이익을 배분함으로써 보험기간 중에 사망보험금과 해약환급금이 변동되는 실적 배당형 보험상품이다. 현재 변액종신보험, 변액연금보험 및 변액유니버설보험 등이 판매되고 있다. 동 상품으로 인해 보험회사는 기존의 확정금리 또는 연동금리 보장상품 판매로 인한 금리리스크의 부담을 해소할 수 있고 보험가입자는 보다 넓은 상품선택의 기회를 얻을 수 있으며, 물가상승시 인플레이션 헤지도 가능해 진다. 생명보험은 근본적으로 보험 가입시 약정된 보험금액이 정해지는 정액보험의 형태이지만 변액보험은 매기간 보험금액이 달라진다는 점이 차이점이다. 그리고 변액보험은 변액보험 판매자격 시험에 합격한 보험설계사만이 판매할 수 있다.

표 3-25　변액보험과 정액보험 비교

구분	변액보험	정액보험
사망보험금	특별계정자산의 운용실적에 따라 변동 (단, 기본보험금액은 보증)	일정
해약환급금	특별계정자산의 운용실적에 따라 매일 변동 (단, 보증은 없음)	납입 연월수 등에 따라 계산한 소정의 금액
책임개시일	정액보험과 동일	보험료 납입일
상품판매자	일정자격을 갖춘 보험설계사로서 판매자격 시험에 합격한 자	일반 보험설계사

자료 : 서영수(2010), p.478

2) 주요 특징

변액보험은 투자수익률에 따라 해약환급금, 사망보험금이 변동되는 전형적인 투자상품으로 금융투자회사의 수익증권 또는 뮤추얼펀드와 자산운용 구조가 유사하다. 즉, 인플레이션을 헤지(hedge)할 수 있는 실질가치가 보전된다든가 혹은 투자한 결과에 따라 배당되는 형태 등이 동일하다. 그러면서 보험의 본연인 보장기능을 충실히 이행하기 위해 사망시 투자실적이 아무리 악화된다 하더라도 보험 가입시 최초 설정한 최저사망보험금을 지급하는 옵션을 부여한다.

한편 이 상품은 그 운용에 따른 실적을 배당하기 때문에 투자결과에 대한 책임을 계약자가 부담하는 자기책임주의 원칙이 적용된다. 따라서 변액보험은 타 상품의 자산과 분리하여 특별계정으로 운용되며 일반계정의 계약자와 구분된다. 특별계정이란 특정 보험종목이나 상품을 별도로 분리하여 회계 처리하는 것으로 상품 상호간 자금이체 및 내부보조를 차단하기 위해 도입되었다. 특별계정으로 편입된 펀드자산은 원칙적으로 시가법에 의해서 평가하며, 자산운용실적이 계약자적립금에 즉시 반영될 수 있도록 매일 평가한다. 또한 펀드의 좌수는 특별계정 설정 시 1원을 1좌로 하며 그 이후에는 매일 좌당 기준가격에 따라 좌단위로 특별계정에 이체 또는 인출한다. 좌당 기준가격은 해당일 순자산가치를 총좌수를 나누어 산출하며 최초 판매개시일의 기준가격은 1,000좌당 1,000원으로 한

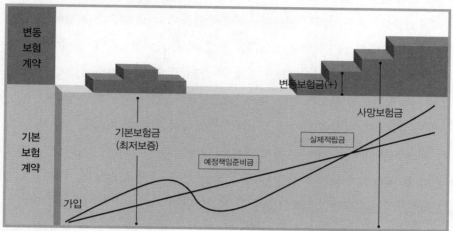

그림 3-3 변액보험의 사망보험금 도해

변동
보험
계약

기본
보험
계약

변동보험금(+)

사망보험금

기본보험금
(최저보증)

실제적립금

예정책임준비금

가입

자료: 서영수(2010), p.479

다. 그 외 계약자는 가입시점에 자신의 투자성향에 적합한 펀드를 선택하고 시장 상황에 맞게 보험기간 중 일정횟수만큼 펀드변경이 가능하다. 또한 계약자가 선택한 특약은 일반계정의 보험상품처럼 운용되므로 보험금 또는 환급금은 가입시점에 고정된다.

3) 종류

(1) 변액 종신보험

변액 종신보험은 보험기간이 종신으로 투자실적에 따라 사망보험금과 해약환급금이 변동하며 사망보험금의 최저한도가 설정되어 있는 보장성 종신보험으로 보험 고유의 특성이 가장 반영된 변액보험이다. 한편 기존 일반종신보험은 계약시점에 사망보험금과 해약환급금이 미리 정해지며, 여타 상품처럼 일반계정에서 운용된다.

(2) 변액 연금보험

변액연금보험은 연금개시 전까지는 투자수익률에 따라 연금을 적립하고, 연금개시 후에는 공시이율에 의해 적립금을 분할 지급하는 상품이다. 공시이율은 해당 회사의 과거 운용자산수익률과 현재의 시장금리 등을 고려하여 산출한다. 이 상품은 보장기능을 보증해 주는 최저사망보험금 보증제를 운영하고 있는데, 이는 사망보험과 이미 납입한 주계약 보험료를 비교하여 더 많은 금액을 보증해 준다는 의미이다. 또한 투자수익률이 기대한 것보다 악화될 경우 이미 납입한 주계약 보험료를 최저 보증하는 최저연금적립금 보증제도를 운영하고 있다. 이는 연금개시 시점까지 유지된다면 최소한 원금을 보장한다는 의미이며, 투자수익률 악화로 인해 발생할 수 있는 계약자의 손실을 최소화하기 위한 계약자보호 장치이다. 한편 일부 변액연금보험에서는 연금개시 후에도 가입자 적립액을 주식이나 채권 등에 투자하여 그 실적을 연금액에 반영하여 지급하는 실적배당형을 두고 있다. 실적배당형은 연금개시 후에도 펀드 투자에 따른 추가 수익을 기대할 수 있는 장점은 있으나 펀드 실적이 악화될 경우 연금 지급이 조기에 종료될 수 있는 단점이 있다. 따라서 연금개시 후에도 펀드 투자에 따른 추가 수익을 추구하는 가입자의 경우 실적배당형 선택을 고려하되, 연금 지급개시 이후에도 종신연금형 등으로 전환이 대부분 가능하므로 투자실적 악화시 연금지급방식 전환을 고려하는 것이 바람직하다. 다만, 종신형이나 확정형, 그리고 상속연금형 선택자의 경우 실

표 3-26 변액종신과 일반종신의 비교

구분	변액종신	일반종신
특약(보장)	특약의 보장 및 운영은 변액종신과 일반 종신이 동일함	
주계약 사망보험금	기본 보험금 + 변동보험금 지급	기본보험금(주계약 가입 금액) 지급
해약환급금	특별 계정(펀드)의 실적에 따라 매일 변동	납입 연월수 등에 계산된 소정의 금액 지급
자산운용	특별 계정(펀드) 설정/운용	일반계정

자료 : 서영수(2010), p.482

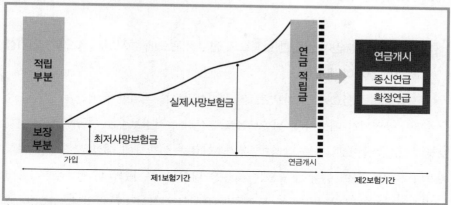

자료 : 서영수(2010), p.483

적배당형으로 전환은 불가능하다.

(3) 변액 유니버셜보험

변액 유니버셜보험은 계약자가 납입한 보험료로 펀드를 구성하여 주식, 채권 등에 투자하여 그 운영실적을 보험금에 반영하는 투자형 상품으로 펀드운용구조 는 변액보험과 동일하지만 보험료 납입주기나 납입금액을 자유롭게 결정할 수 있 으며, 추가납입 및 중도인출도 가능한 것이 기존 변액보험과 가장 큰 차이점이다.

그림 3-5 변액 유니버셜보험의 도해

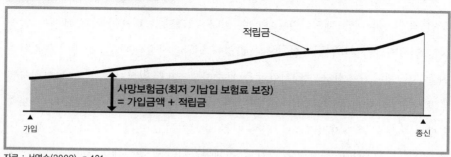

자료 : 서영수(2009), p.181

4) 주요 유의 사항

(1) 변액보험은 본인이 납입한 보험료의 전부가 펀드에 투자되지 않으며, 단기성 투자상품이 아니다

이는 납입한 보험료 중 위험보험료와 부가보험료를 제외한 금액만 해당 펀드에 투자되어 운영되기 때문이다. 위험보험료는 사망시 사망보험금 지급재원 등 위험 보장에 소요되는 보험료를 말하며, 부가보험료는 설계사에 대한 모집수당, 보험 계약의 유지와 관리 등에 소요되는 비용을 말한다. 투자원금은 변액보험상품별 이나 보험계약별로 차이가 있으나, 통상 변액연금보험의 경우 납입보험료의 90~ 95%, 변액유니버설보험의 경우 85~90% 수준이다. 그러기 때문에 금융투자회사 나 은행에서 판매한 펀드형 상품보다 투자수익률이 가입시점에서 일정기간까지 는 낮은 편이다. 또한 변액보험은 장기적인 물가상승에 따른 보험금의 실질가치 감소를 보전하기 위해 도입된 것으로 단기투자 성격의 일반 간접투자상품(예:수 익증권, 신탁상품 등)과는 근본적으로 차이가 있다. 따라서 변액보험 가입시에는 단기투자 목적보다는 장기적인 관점에서 보험회사의 신인도, 부가비용, 보장 내용 및 보험기간 등을 종합적으로 고려할 필요가 있다. 대체로 1년 이내 계약을 해지 할 경우 변액보험의 해약환급금은 통상 투자원금의 40~70% 수준이다.

(2) 변액연금보험을 중도해지에도 원금은 보장되지 않는다

변액연금보험은 노후의 연금수령을 목적으로 가입하는 것이나 투자실적이 악 화될 경우 연금지급 재원이 부족할 수 있다. 그러므로 변액연금보험에서는 안정 적인 연금지급을 위해 투자실적에 상관없이 연금개시시점(예: 65세)에서 최소한의 연금 지급재원, 즉 최저 연금적립금을 보증하고 있다. 최저 보증액은 보험회사별 로 차이는 있지만 통상 이미 납입한 보험료의 70~130% 수준을 보증하며 보증 수수료는 보통 계약자적립금의 0.5% 수준을 부가하고 있다. 그러나 보증액은 연 금지급개시 시점에만 해당되는 것으로 변액연금계약을 중도에 해지하거나 연금지급이 개시된 이후에도 향후에 지급될 연금액을 무조건 보증하는 것은 아니다. 예를 들어, 연금 지급개시 후 계약자 등이 생존하는 경우에만 연금액을 지급하는 종신연금형 변액연금보험의 경우 연금 지급개시 직후에 사망하면 납입한 보험료보다 적은 연금액을 수령할 수 있다. 따라서 최저 연금적립금을 보증하는 변액연금보험의 경우 중도에 계약을 해지하거나 연금 지급개시 직후에 사망하는 경우에는 이미 납입한 보험료(원금)보다 적은 해약환급금 또는 연금을 받을 수 있다.

(3) 변액유니버셜보험은 가입 후 일정기간 보험료를 반드시 납입해야 하는 의무 납입기간이 있으며, 그 기간 이후부터는 보험료 납입을 일시 중지할 수 있다

통상 보험약관에 정한 의무납입기간은 18개월, 24개월, 36개월 등이며 이후에는 보험료를 자유롭게 납입하거나 필요시 납입중지도 가능하다. 그러나 보험료 납입이 중지되는 경우에도 위험보장에 필요한 위험보험료와 계약관리에 필요한 사업비는 이미 납입한 보험료 재원인 계약자적립금에서 계속 인출되므로 납입중지 상태가 장기간 지속되어 인출될 재원이 부족할 경우 보험계약이 해지될 수도 있다. 따라서 보험료 납입이 자유로운 변액유니버셜보험의 경우 의무납입기간 동안에만 보험료를 내면 되는 것은 아니며, 동 기간 이후에도 계약이 정상적으로 유지되고 있는지 확인해야 한다.

(4) 변액보험에 가입만 하면 보험회사가 알아서 펀드선택이나 펀드변경 등을 관리해 주지 않는다

변액보험에는 투자리스크를 피할 수 있는 펀드변경 옵션 등이 있으나 계약자는 보험회사나 보험설계사가 알아서 관리해 줄 것으로 알고 보험가입시 선택한 펀드를 그대로 유지하는 경향이 있다. 그러나 변액보험의 투자리스크 방지옵션은 계약자 스스로의 판단아래 행사하는 권리이다. 따라서 변액보험 가입 이후 보험회사 홈페이지를 통하여 해당 펀드의 수익률 등을 주기적으로 확인해야 한다. 변액보험의 투자리스크 방지옵션에는 크게 펀드변경 옵션, 분산투자 옵션, 그리

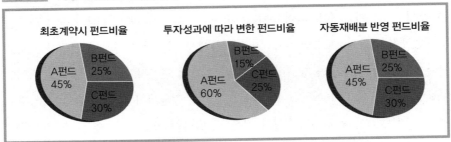

최초계약시 펀드비율

투자성과에 따라 변한 펀드비율

자동재배분 반영 펀드비율

자료 : 금융감독원(2008년)

고 자동 재배분 옵션으로 나뉜다. 펀드변경옵션은 일정 횟수, 예를 들어 연간 12
회 내에서 해당 펀드적립금의 일부 또는 전부를 다른 펀드로 이전 가능한 옵션
이다. 분산투자 옵션은 보험가입시 계약자가 선택한 특별계정별 배분비율에 따
라 펀드 분산투자가 가능한 옵션이다. 자동 재배분 옵션은 일정기간마다 계약자
가 선택한 적립금의 자동 재배분 비율에 따라 펀드적립금을 펀드별로 자동 재배
분하는 옵션이다.

2. 자산연계형 연금보험

1) 개요

자산연계형 연금보험은 보험료의 일부를 주가지수 등 특정지표 또는 자산에
연계한 후 그 수익을 연금액에 반영한 상품으로 채권금리 연계형, 주가지수 연동
형, 금리스왑 연계형이 있다. 채권금리 연계형은 보험료를 국고채, 해외채권 등 특
정채권에 투자하여 얻은 채권수익률에 연계하여 확정금리를 제공하는 상품이다.
주가지수연동형은 최저보장이율(통상 1~1.5%)을 초과하는 이자에 해당하는 보험
료를 주가지수옵션 등에 투자하고 그 성과를 계약자에게 지급하는 상품이다. 금
리스왑 연계형은 은행 등에서 발행한 구조화채권, 즉 금리스왑 연계채권에 투자

한 후 그 성과를 계약자에게 지급하는데 금리스왑 연계채권의 이자율 스왑금리는 3개월 CD 변동금리와 교환되는 고정금리이며 이를 이자로 지급하는 채권을 말한다.

2) 주요 유의 사항

(1) 계약자가 채권금리연계형 보험계약을 해당 채권만기까지 유지할 경우에는 채권금리에 해당하는 이자를 확정 지급하나, 중도해지시에는 해지시점의 채권가격에 따라 해약환급금이 변동한다

만약 중도해지 시점의 채권금리가 보험가입 시점의 채권금리보다 높으면 채권가격은 하락하여 해약환급금이 감소될 수 있다. 즉 가입시점의 채권금리보다 적은 이자를 수령할 수 있게 된다. 또한, 채권금리 연계형보험 중 해외채권에 투자하여 그 성과를 지급하는 보험의 경우에는 보험료 납입 및 보험금 지급이 달러 등 외화로 이루어지기 때문에 환리스크는 계약자가 부담해야 한다. 만약, 보험가입 이후 달러 환율이 하락하게 되면 원화로 환산한 보험금은 감소하게 된다. 따라서 해외채권금리 연계형보험에 가입하는 계약자는 채권가격 변동리스크 및 환리스크를 모두 고려하여야 한다.

(2) 주가지수 연동형보험의 경우 계약을 중도에 해지하면 해지시점이 속한 성과평가기간(3개월 또는 1년)에 해당하는 주가지수연동 성과이자는 지급하지 않는다

주가지수 파생상품에 투자한 성과이자는 3개월 또는 1년 단위로 설정된 주가지수 평가기간 말에 계산한 다음 이자금액을 확정하고 있다. 이는 평가기간 중의 성과이자는 일종의 미실현 이자로서 평가기간 말에 주가가 하락할 경우 성과이자가 발생하지 않을 수도 있기 때문이다. 통상적으로 은행, 금융투자회사 등에서 판매되는 주가지수 연계예금과 주가지수연계펀드 등도 이와 동일하다. 따라서

주가지수 연동형보험의 경우 중도에 계약을 해지하는 경우에는 해지시점이 속한 성과평가기간에 대하여는 최저보증이율(1~1.5%)만 수령할 수 있음을 유의하여야 한다.

위한 보험상품

내용에 있어 고령층에 초점을 맞춘 보장성보험을
나 자동차보험 등과 같이 보험업법상 정식 용어
이 직접 가입하는 것보다 자녀들이 부모들을 위
효(孝)보험이라고도 한다. 실버보험의 주요 가입
가능연령은 80세까지이다. 그러나 최근 인구 고
가함에 따라 가입 가능연령이 80세 이후로 늘

	버보험	일반 보장성보험
	~70세	20~55세
	~80세	15~60세
	치매간병, 장례서비스 등	상해, 질병, 간병 등

자료 : 금융

어날 전망이다. 주된 보장은 노인성 상해와 질병, 치매간병과 장례서비스 등이다.

2) 주요 보장 내용

실버보험은 통상 주보험으로 일반사망과 재해사망 등의 사망보험금을 보장하고 있으며, 선택특약으로 치료비, 치매간병비 등을 보장하며 선택특약 가입시 추가보험료를 부담해야 한다. 주된 선택특약으로 질병특약, 상해특약과 치매간병특약이 있다. 질병특약은 당뇨병, 고혈압성질환, 뇌출혈, 협심증 등 노인성 질병 등으로 인한 각종 비용을 보상하는 특약으로 진단자금, 입원비 및 수술자금 등을 보장한다. 상해특약은 고령층의 사고와 골절 등으로 인한 각종 비용을 보상하는 특약으로 치료비, 장해급여금 및 수술자금 등을 보장한다. 그리고 치매간병특약은 치매로 인한 간병비용 등을 보장한다. 치매간병특약 가입 후 의사의 치매 진단이 있더라도 약관에 명시된 별도의 조건을 만족하지 못할 경우 보험금 지급이 제한될 수 있음에 유의해야 한다. 별도의 조건은 치매의 범위, 진단확정 대기기간, 그리고 치매 보장개시일 등이다. 첫 번째, 치매의 범위이다. 일반적으로 치매특약에서 보장하는 치매의 범위는 질병에 의한 치매, 즉 기질성 치매로 한정한다. 그러므로 사고에 의한 외상성 치매는 치매특약의 보장 범위에 통상 포함되지 않음에 유의한다. 두 번째, 진단확정 대기기간이다. 일반적으로 보험회사는 의사의 치매 최초 진단이 있다고 해서 그 즉시 보험금을 지급하지는 않는다. 보험회사는 의사의 최초 진단일로부터 일정기간(예: 90일)이 경과된 이후 피보험자의 치매상태가 지속되었음을 확인한 후 보험금을 지급한다. 세 번째, 치매 보장개시일이다. 일부 상품의 경우 치매 보장개시일이 치매 보장가입일과 상이할 수 있다. 이러한 경우 가입 후 일정기간(예: 2년)이 경과하기 이전에 치매 진단이 확정된 경우는 치매특약이 무효로 되거나 보험금 지급이 제한될 수 있다.

3) 주요 유의 사항

(1) 갱신형 보험은 갱신시점에서 보험료가 인상될 수 있다

일부 실버보험 상품은 보험회사의 손해율관리 차원에서 갱신형 형태로 판매중이며, 갱신형 상품은 최초가입 후 계약당사자의 별도 의사표시가 없는 한 1~5년을 주기로 해당 계약이 자동 갱신된다. 이 경우 피보험자의 연령 증가, 치료비 상승 및 질병 발병률 상승 등으로 인해 보험료가 인상될 수 있다.

(2) 주보험 및 선택특약의 보장내역을 꼼꼼히 확인한다

실버보험은 계약자가 광고나 홈쇼핑 등을 통하여 가입하는 경우가 많은데 광고, 홈쇼핑 등을 통해 예시되는 보험료는 보장내역, 납입기간, 가입연령 등에 따라 달라질 수 있으므로 가입시점에 면밀히 비교한 후 가입해야 한다. 특히, 선택특약의 가입 여부에 따라 전체 보험료가 달라질 수 있으므로 광고 등에만 의존하지 말고 납입할 보험료를 정확히 파악해야 한다. 또한 선택특약의 치매보장의 경우는 보상범위 및 보상조건이 한정되어 있어 계약조건을 꼼꼼히 검토해야 한다.

(3) 보험가입 전 고지의무, 부모님의 동의 등 관련 사항을 성실히 임한다

실버보험은 부모님을 위해 자식이 가입하는 경우에도 고령의 피보험자, 즉 부모님이 고지의무를 이행해야 한다. 이때 피보험자는 보험회사가 청약서상 질문한 내용에 대하여 반드시 정확하게 사실대로 알려야 하며 허위 또는 부실하게 알릴 경우 계약이 해지되거나 보험금이 지급되지 않을 수 있다. 다만, 고지의무를 위반한 사실과 보험금지급사유 간에 인과관계가 없는 경우에는 보험금을 지급받을 수 있다. 예를 들어, 고혈압 진단 사실을 알리지 않았다 하더라도 그와 무관한 암 진단 보험금은 청구 가능하다. 특히, 고령의 피보험자가 보험설계사에게 구두로 알린 사항은 회사에 알린 것으로 인정되지 않을 수 있으므로 보험계약 해지 등 불이익을 받을 수 있음에 유의할 필요가 있다. 또한 과거 일정기간 이내 병력이 있는 경우 질병을 보장하는 상품에는 가입이 어려울 수 있으므로 가입 전에 과거 병력 등을 파악하여 사전에 보험가입 가능 여부를 확인하여야 한다. 다만 일부 상품의 경우 별도의 심사절차 없이 과거 병력이 있어도 가입 가능한 형태로 판매되고 있다. 한편 실버보험이 피보험자(부모)의 사망을 보장하고 있는 경우 보험가입 청약서에 반드시 피보험자가 자필서명을 하여야 하므로 부모의 동의 없이 가입할 수 없다. 또한, 심신상실자나 심신박약자를 피보험자로 하는 사망보험 계약은 무효임을 유의해야 한다.

2. 무심사보험

1) 개요

무심사보험은 사망을 주된 보장으로 하는 정기보험 또는 종신보험을 말하는데 통상적으로 상품명에 무심사로 표기하고 있으나 일부 회사의 경우 무사통과 또는 바로가입 등으로 표기하고 있다. 보장금액은 사망보험금 기준으로 1~3천만 원의 소액인 점이 주된 특징이다. 반면 일반보장성보험의 경우 1~10억 원의 고액이 대부분이다. 가입대상은 주로 고령자 또는 질병보유자이며, 가입 가능 나이는 통상 50~80세이다. 그러나 일반 보장성보험은 50대의 건강한 사람이 주로 가입

표 3-28 **무심사보험과 일반 보장성보험의 비교**

구분	무심사보험	일반 보장성보험
상품종류	정기보험, 종신보험	정기보험, 종신보험, 암보험 및 각종 질병보험 등 다양한 보장성 보험
보장금액	1~3천만 원의 소액	1~10억 원의 고액
가입대상	고령자, 질병보유자	0~60세의 건강한 자
가입방법	고지사항이 없고, 모든 질병 및 치료내역에 대해 심사하지 않음	암·고혈압·당뇨 등 질병보유 여부 및 최근 치료내역에 대해 심사

자료 : 금융감독원(2013년)

한다. 이 보험은 가입시 모든 질병 및 치료내역에 대한 계약 전 알릴 의무 사항과 건강검진 절차가 생략되며 보험회사는 보험가입을 거절할 수 없다. 그리고 이 보험은 일정기간 경과 후 보험료를 재산출하는 갱신형과 가입시점의 보험료가 보험기간동안 동일한 비갱신형으로 구분된다. 일반 사망보험은 의료기술 발달 등으로 사망률이 지속적으로 하락하므로 갱신형 상품이 유리할 수 있으나, 무심사보험은 보험회사가 자기회사의 경험손해율을 반영하여 사망률을 갱신하므로 손해율이 좋지 않은 보험회사의 경우 갱신시점의 보험료가 인상될 수도 있다.

한편 무심사 보험은 별도의 심사절차가 없어 누구라도 가입이 가능한 반면, 일반 종신보험이나 정기보험보다 보험료가 비싸다. 이런 이유로 감독당국은 보험안내자료 등에 건강한 계약자의 경우보다 저렴한 일반 정기보험에 가입하는 것이 유리함을 명기하고 보험료 비교표를 제시토록 요구하고 있다. 아래 〈표 3-29〉는

표 3-29　A사의 일반 정기보험과 무심사 정기보험 보험료 예시

(단위: 원)

구분	일반 정기보험료		무심사 정기보험료	
	남자	여자	남자	여자
55세	24,600	11,000	63,200(↑2.6배)	32,300(↑2.9배)
60세	37,500	18,300	76,400(↑2.0배)	43,500(↑2.4배)

주) 20년 만기, 10년납, 월납, 보험가입금액 1,000만 원 기준
자료 : 금융감독원(2013년)

표 3-30　무심사보험과 무진단보험의 차이

구분	무심사보험	무진단보험
고지사항 유무	없음	있음
건강검진 유무	없음	없음
보험가입거절 가능 여부	불가능	가능
보험료 수준	높음	일반보험 수준
주요 보장 내용	사망	상해 위주

자료 : 금융감독원(2013년)

현재 국내 생명보험회사에서 판매하고 있는 정기보험과 무심사 정기보험의 보험료를 비교한 것이다. 〈표 3-29〉에 의하면 55세 남자를 기준으로 무심사보험의 보험료가 정기보험보다 2.6배, 55세 여자를 기준으로는 2.9배 비싼 것으로 나타났다.

따라서, 건강한 계약자라면 일반적인 보험가입 심사절차를 거쳐 무심사보험보다 저렴한 일반 종신이나 정기보험에 가입하는 것이 유리하다. 다만, 본인의 과거 병력이나 질병이 생길 가능성이 높은 고연령층의 질병잠재자일 경우에는 무심사보험 가입도 고려해 볼 필요가 있다. 한편 무진단보험은 건강진단 절차만 생략한 것으로 고지의무 등은 일반보험과 동일하므로 고지의무가 없는 무심사보험과는 다르다.

2) 주요 유의 사항

(1) 보험료가 동일할 경우 무심사보험의 사망보험금은 일반보험의 사망보험금보다 적다

무심사보험의 보험료와 일반보험의 보험료가 유사한 수준일 경우라도 사망시 보장받는 보험금은 차이가 날 수 있다. 통상 무심사보험의 보장금액이 1~3천만 원으로 일반보험(예: 1억 원) 보다 소액인 점에 유의하여 보험료뿐만 아니라 향후 보장받는 보험금도 꼼꼼히 비교하여 가입할 필요가 있다.

(2) 보험가입 이후 경과기간에 따라 사망보험금이 달라질 수 있다

일반보험의 경우 보험가입 이후 언제나 동일한 사망보험금을 보장받는 반면, 무심사보험은 계약초기 소액의 보험료만 납입하고 거액 보험금을 수령하기 위한 목적으로 보험에 가입하려고 하는 역선택에 대비하여 보험가입 이후 2년 이내 질병으로 사망할 경우 이미 납입한 보험료를 보험금으로 지급한다.

5. 간병보험

1) 개요

간병보험은 보험기간 중 치매 또는 활동불능 상태가 되어 다른 사람의 간병이 필요한 경우 간병자금을 지급하는 보험이다. 이 보험은 보험업법상 제3보험으로 분류되어 생명보험사와 손해보험사에서 '○○간병보험', '○○LTC(Long Term Care) 보장특약', '○○치매보장특약' 등 다양한 명칭으로 판매 중이며, 주계약으로 가입하거나 다른 상해와 질병을 보장하는 보험에 선택특약으로도 가입할 수 있다. 현재 보험회사에서 판매하고 있는 간병보험은 중증치매 또는 활동불능상태 중에서도 그 정도가 심하여 발생일로부터 90일 이상 지속되어 병의 호전을 기대할 수 없는 경우에만 주로 보장한다. 중증치매는 보험계약일 이후에 상해 또는 질병으로 인한 치매로 인지기능의 장애[5]가 발생한 상태를 말한다. 그리고 활동불능은 보조기구를 사용하여도 이동, 식사, 목욕, 옷 입기 등 생명유지에 필요한 일상생활의 기본동작을 스스로 할 수 없는 상태가 90일 이상 계속되어 호전될 것을 기대할 수 없는 상태를 말한다. 간병보험의 계약방식은 갱신형과 비갱신형 두 가지 형태가 있으며, 고지의무 때 여타 보험과 달리 치매로 의사의 진료 또는 검사를 받았는지 여부나 휠체어, 산소호흡장비 등의 의료기구 또는 장비 사용 여부 등을 묻는 추가 질문에 성실히 임해야 한다.

2) 간병보험과 요양보험의 비교

간병보험은 노인장기요양 보험법에 근거해 전 국민이 의무적으로 가입하는 공적 형태의 요양보험을 보완하는 역할을 하고 있다. 그러므로 간병보험은 요양보험의 보장급여 이외 간병에 필요한 자금이 추가적으로 필요하다고 판단하는 개인

---

5 간이 인지기능 검사결과 19점 이하이고, 동시에 CDR척도 검사결과 3점 이상에 해당되는 상태가 발생시점부터 90일 이상 지속되어 호전을 기대할 수 없는 상태

표 3-31 간병보험과 요양보험의 비교

구분	간병보험	요양보험
근거법	보험업법	노인장기요양보험법
도입시기	2003년 8월	2008년 7월
운영기관	보험회사	국민건강보험공단
가입의무	없음	있음
가입대상	개별 보험회사의 간병보험 인수기준을 충족하는 자	건강보험가입자 (모든 국민)
급여대상	보험기간 중 중증치매, 활동불능 진단 등 약관상 지급요건을 충족한 자	65세 이상 노인 또는 65세 미만 노인성질환자
급여종류	정액보상	실손보상

자료 : 금융감독원(2012년)

이 선택적으로 가입하는 상품이다. 두 보험의 근본적인 차이점은 지급형태에 있다. 간병보험은 보험금 지급사유가 발생하면 간병자금 등을 일시금 또는 연금형태로 지급하는 정액보상인 반면, 요양보험은 요양시설 또는 가정에서 요양방문서비스를 이용하여 발생한 비용에 대하여 일정한도 내에서 지급하는 실손보상형이다. 또한, 간병보험은 정부가 운영하는 요양보험의 운영기준, 즉 인정기준, 급여대상, 항목 및 한도 등이 다르며, 가입한 보험약관에서 정한 지급요건을 충족해야 보험금을 지급하므로 요양보험에서 지원하는 내용과 가입하려는 간병보험 상품의 보험금 종류, 지급사유 등 지급조건의 차이를 꼼꼼히 살펴보아야 한다. 한편 간병보험은 중증치매 또는 활동불능상태가 되는 경우 보험금을 지급하는 상품이 대부분이지만 요양보험의 장기요양 등급판정을 받으면 보험금을 지급하는 상품도 있다. 만약 보험금 지급사유가 공적기준인 장기요양 등급과 관련된 경우라면 65세 이상이거나 노인성 질환자를 보험금 지급대상으로 하지만, 중증치매 또는 활동불능상태인 경우에는 피보험자의 나이와 상관없이 보험가입일 이후 질병 또는 상해가 발생하면 지급대상에 해당된다. 그리고 두 가지 경우를 혼합하는 형태도 있다.

3) 주요 유의 사항

(1) 보장개시일이 상품별 또는 발생 원인에 따라 다르며, 최초 진단일 이후 일정 기간이 경과해야 보험금이 지급된다

간병보험은 보험사고 발생 원인인 질병 또는 상해에 따라 보장개시일이 다르다. 질병으로 발생하는 중증치매 및 활동불능에 대해서는 통상 일정기간, 즉 치매의 경우 2년, 활동불능일 경우 90일이 경과한 후부터 보장이 개시된다. 다만, 일부 상품은 질병이 원인인 경우에도 보험계약일부터 보장하기도 한다. 그러나 사고, 즉 상해가 원인이 되어 중증치매 또는 활동불능 상태가 된 경우에는 보험계약일 부터 보장하고 있다. 또한, 간병보험은 다른 보험과 달리 치매 또는 활동불능상태가 최초 진단되더라도 곧바로 보험금을 지급하는 것이 아니라 최초 진단일로부터 더 이상 호전되기 어려운 상태가 일정기간 지속된 경우에만 보험금을 지급하는데, 통상은 중증치매 또는 활동불능상태 발생 후 90일, 일부 상품은 180일이 경과해야 한다. 다만, 장기요양등급 1~3등급 판정시 보험금을 지급하는 보험상품의 경우에는 건강보험공단에서 등급판정을 받으면 보험금을 지급한다.

(2) 보험회사의 공시자료를 직접 확인하고 가입한다

간병보험은 보장 내용 및 보험료가 회사별 또는 상품별로 다르고, 전문적인 의료용어가 많이 사용되므로 보험모집자의 자세한 설명과 더불어 공시자료를 직접 비교하고 확인한 후 가입하는 것이 바람직하다. 상품요약서나 보험약관 등 공시자료는 각 보험회사 홈페이지 상품공시실에서 확인 가능하다. 특히, 간병보험은 상품명에 간병보험이라고 표기되지 않고 다양한 명칭으로 판매되고 있으므로 약관의 보장 내용 및 지급사유 등을 살펴보고 동일 보장의 다른 상품과 비교한 후 가입할 필요가 있다.

4. 상조보험

1) 개요

상조보험은 보험금을 지급하는 대신 장례용품, 인력서비스(장례지도사, 행사도우미 등), 차량서비스 등 상조서비스를 제공하는 보험상품이다. 그러므로 보험금을 보험수익자에게 지급하지 않고 상조서비스를 제공하는 제휴 상조회사에 지급한다. 다만, 일부 보험회사가 보험가입자로 하여금 상조회사의 상조서비스계약에 가입할 수 있도록 중개하는 부가서비스를 제공하는 경우도 있으나, 보험회사가 단순 중개하여 체결된 상조서비스계약은 보험상품과는 무관하다. 또한, 상조보험에 가입한다고 해서 보험회사가 상조서비스를 직접 제공하거나 사후관리하지 않으며 상조회사가 상조서비스에 대한 모든 책임을 부담한다. 이외에도 장례비 명목의 보험금을 지급하는 보험상품도 있지만, 이는 사망을 보장하는 보험상품과 동일한 것으로 명칭만 장례비보험일 뿐이다.

2) 상조보험과 상조서비스계약의 비교

두 계약은 피보험자인 회원이 사망하면 상조서비스를 제공한다는 측면에서 공통점을 갖고 있으나 여러 면에서 엄연히 다르다. 상조보험은 보험업법에 의거 금융감독원의 감독을 받는 데 반해, 상조회사는 할부거래에 관한 법률에 의거 공정거래위원회의 감독을 받는다. 또한 상조보험은 사망 이후 보험료를 납입할 의무가 없는 반면, 상조회사 계약은 사망하더라도 미납입한 약정금액을 모두 납입하여야 한다. 그리고 상조보험은 피보험자의 자살, 계약자 및 수익자가 고의로 피보험자를 사망케 한 경우 등 보상하지 않는 손해를 정하고 있으나 상조서비스계약은 사망원인에 관계없이 서비스를 제공한다. 그 외에도 상조계약은 회사 동의하에 회원 간 양도나 명의변경이 자유로운 점, 계약인수 심사가 없는 점, 예금자 보호도 없으며 납입한 보험료에 대한 세제혜택도 없는 점이 상조보험과 다르다.

표 3-32 상조보험과 상조서비스계약의 비교

구분	상조보험(보험회사)	상조서비스계약(상조회사)
사업자 규제	보험업법	할부거래에 관한 법률
감독기관	금융위원회/금융감독원	공정거래위원회
사망이후 미납입 보험료 (금액)	납입의무 없음	납입의무 있음
자살 등 고의사망	보장 제외	보장
계약만기	80세, 100세 등 상품별로 상이 (환급형은 만기환급금 지급)	별도 만기없이 사망시 서비스제공
양도	보험회사의 승낙을 얻어 피보험자 변경이 가능하나, 상조서비스에 비하여 어렵고 보험료가 변동될 수 있음	회사의 동의를 얻어 회원 양도·명의변경 가능
계약 인수 심사	있음 (가입 전 질병 등으로 가입 거절 또는 보장 일부제한 가능)	없음
기타 보장	장기요양비 등을 특약으로 보장 가능	불가
보험료(납입금) 예금자보호	가능	불가
보험료(납입금) 소득공제	보장성보험의 경우 가능	불가

자료 : 금융감독원(2011년)

3) 주요 유의 사항

(1) 사망원인에 관계없이 상조서비스가 무조건 제공되지 않는다

상조보험은 피보험자 사망시 사망보험금 대신 상조서비스를 제공하기로 약정하는 보험계약으로써 다른 보험상품과 마찬가지로 보상하지 않는 손해를 정하고 있어 사망원인에 따라 상조서비스의 제공이 제한된다. 따라서 보험약관을 꼼꼼히 살펴보고 내용을 충분히 이해한 후 가입할 필요가 있다. 약관에 명시된 주요 보상하지 않는 손해로는 피보험자, 보험수익자, 계약자의 고의에 의한 사망과 전쟁, 외국의 무력행사, 혁명, 내란, 사변, 폭동에 의한 사망, 다른 약정이 없으면 피보험자가 직업, 직무 또는 동호회 활동목적으로 전문등반, 글라이더 조종 등의 행위로 인하여 사망한 경우 등이 있다.

(2) 상조보험의 상조서비스가 항상 제공되지는 않는다

상조보험은 상조회사의 상조서비스계약과 달리 보험만기(80세, 100세 등)가 설정되어 있어 만기도래시 환급형인 경우 만기환급금이 지급되고 보험계약이 종료되므로 그 이후에 발생한 사망에 대하여는 상조서비스 제공이 제한된다. 또한 일부 상조보험은 보험가입자의 역선택을 방지하기 위하여 상조서비스 제공기간 및 금액을 제한하기도 한다. 통상 보험가입 후 1~2년 이내에 질병을 이유로 사망하는 경우 상조서비스를 제공하지 않고 보험가입금액의 50%인 현금을 지급한다. 그러나 상해사망의 경우에는 가입시기와 관계없이 상조서비스를 제공한다.

(3) 상조보험의 상조서비스는 보험회사가 주관하지 않는다

보험회사가 상조서비스를 수익자에게 제공한다고 약관에 정하고 있어 상조서비스의 제공에 대한 책임은 보험회사가 부담한다. 다만, 보험회사는 제휴를 통하여 전문상조회사가 상조서비스를 제공토록 하고 있으므로 최초 약정한 서비스와 동일한지 확인할 필요가 있다.

6

운전자를 위한 보험상품

1. 자동차보험

1) 개요

자동차보험은 자동차를 소유, 사용 또는 관리하는 동안에 발생한 사고로 인하여 생긴 손해, 즉 배상책임손해, 자기신체상해, 자기차량손해를 보상해주는 보험이다. 따라서 넓은 의미로는 손해보험이지만 상해보험도 포함하는 종합적인 단기소멸성 보험이다. 자동차는 일상에서 누구에게나 필요한 도구이므로 자동차 사고는 사회적인 관심사가 되었다. 자동차사고는 어떤 형태의 피해가 발생하였는가에 따라 인사사고와 재물사고로 나뉜다. 인사사고는 사람이 죽거나 다치는 사고를 말하는데, 이는 다시 자기신체사고(자손사고)와 대인사고인 대인배상책임사고로 분류된다. 재물사고는 재물이 손상되는 사고를 말하는데, 이는 다시 대물사고(대물배상책임사고), 자기재물사고 및 자기차량손해사고로 나뉜다. 자기재물사고는 자기차량 외에 자기물건이 손상되는 경우이다. 자동차보험은 크게 개인용, 업무용, 영업용으로 나뉜다. 개인용은 개인이 소유하고 있는 자가용승용차가 가입대상이고, 업무용은 개인이 소유한 승용차 및 이륜차를 제외한 나머지 모든 자기용차를 대상으로 한다. 그리고 영업용은 모든 영업용자동차를 대상으로 한다.

자동차보험은 우리 사회에서 중요한 역할을 하고 있다. 첫째, 자동차사고로 인한 피해자를 보호하는 데 있다. 손해를 입는 피해자에게 사망시의 장례비, 부상시의 의료비 등의 손해배상을 자동차 소유자를 대신하여 보상한다. 특히 무보험차나 뺑소니차, 도난차 등에 의한 손해를 입은 피해자까지도 자동차손해배상보장법에 의한 책임보험에서 피해보상을 함으로써 피해자 보호를 두텁게 하고 있다. 둘째, 자동차사고방지를 위한 다양한 역할을 하고 있다. 무사고계약자나 우량계약자에 한하여 보험료 할인제도를 통하여 안전운행의 의식을 고취시키며, 반대로 불량계약자에게는 할증제도를 부과하여 사고예방에 적극 노력하도록 유인하고 있다. 셋째, 자동차사고로 인한 여러 위험을 분산시켜 개인에게는 생활의 안정을 지켜주고 기업에게는 경영의 안정을 지켜주는 사회보장적 기능을 수행한다. 넷째, 자동차를 소유, 사용 및 관리하는 동안에 발생하는 여러 가지 손해를 보험자가 부담함으로써 피보험자를 경제적 어려움에서 구제시켜 준다.

2) 보유불명이나 무보험 차량 사고시 피해보상

(1) 정부보장사업

이는 뺑소니나 무보험 차량의 피해자가 다른 수단으로는 전혀 보상받을 수 없는 경우 국가에서 보상하는 제도로 1978년 4월부터 시행되었으며, 보상업무는 손해보험사가 대행하고 보장사업 기금관리는 손해보험협회에서 위탁 운영한다. 피해자의 소득수준 및 상해, 후유장해 등급에 따라 최대 1억 원, 부상시 최대 2

표 3-33 주요 보상금액

사망(피해자 소득별)	후유장해(장해등급별)	부상(상해등급별)
2,000만 원~1억 원	630만 원(14급)~1억 원(1급)	80만 원(14급)~2천만 원(1급)

자료 : 금융감독원(2010년)

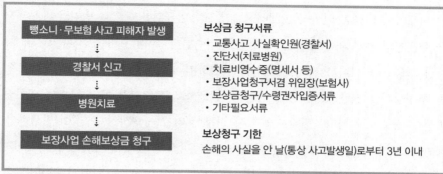

그림 3-7 보상청구 절차

빵소니 · 무보험 사고 피해자 발생
↓
경찰서 신고
↓
병원치료
↓
보장사업 손해보상금 청구

보상금 청구서류
· 교통사고 사실확인원(경찰서)
· 진단서(치료병원)
· 치료비영수증(명세서 등)
· 보장사업청구서겸 위임장(보험사)
· 보상금청구/수령권자입증서류
· 기타필요서류

보상청구 기한
손해의 사실을 안 날(통상 사고발생일)로부터 3년 이내

자료 : 금융감독원(2010년)

천만 원까지 보상한다.

빵소니나 무보험 차량에 피해를 당한 경우 우선 경찰서에 신고한 후 손해보험
사에 보상을 청구해야 한다. 이 경우 통상의 교통사고 보상과는 달리 경찰서의
사고확인증명서를 제출해야 한다. 한편 피해자가 사고 신고시 경찰서장은 사고의
일시, 장소 및 개요를 증명하는 서류를 발급해 준다.

(2) 자동차보험의 무보험차 상해 담보

가해차량이 무보험이거나 책임보험만 가입되어 있고 피해액이 책임보험 또는
정부보장사업의 보상한도를 초과한 경우 피해자 1인당 최고 2억 원을 한도로 초
과하는 금액을 보상하며 최대 3억 원까지 보상해준다.

3) 주요 유의 사항

(1) 자동차사고의 법률관계를 명확히 이해해야 한다

일반적으로 자동차사고가 발생하게 되면 민사상 책임, 형사상 책임 및 행정법
상의 책임을 지게 되는데, 이 세 가지 책임이 동시에 발생되는 것은 아니나 배상
책임사고는 통상 동시에 발생한다. 자동차사고 중에서 타인을 사상케 하는 대인

사고와 타인의 재물을 손상케 하는 대물사고는 전형적인 배상책임사고로 가해자는 피해자에 대하여 민사상 손해배상책임, 교통법규위반 등으로 범칙금이 부과되는 행정상의 책임 외에 형사상의 책임도 져야 한다. 그러나 자손, 자차 및 자기재물사고 등은 민사나 형사상의 책임은 발생하지 않지만 교통법규위반 등으로 인한 행정상의 처벌만 있다. 만약 대인 및 대물사고가 고의가 아닌 과실에 의하여 발생한 경우에도 사고운전자에게 형사 처분이 따르는 형사상 책임[6]이 발생한다. 다만, 교통사고처리 특례법에 따라 가해자와 피해자 간에 형사합의가 이루어지면 형사 처분은 면하게 된다. 그러나 사망사고, 사고 후 도주, 11가지 중대법규위반[7] 및 중상해의 경우에는 형사합의가 이루어졌어도 형사 처분을 받게 된다. 한편 보험가입의 특례조치로 인하여 종합보험에 가입된 차량의 경우에는 가해자와 피해자 사이에 형사합의가 없는 경우에도 피해자는 공소를 제기할 수 없다. 이경우 대인배상 I과 II가 동시에 가입되어야 하며 대인배상 II는 무한보험이어야 한다. 그리고 대물배상은 보험가입금액 2,000만 원 이상이어야 한다. 교통사고가 운전자의 교통법규위반으로 발생한 경우에는 범칙금을 부과하거나 면허정지, 면허취소 등의 행정처분을 받게 된다. 또한 자동차운수업자가 중대한 교통사고 또한 빈번한 교통사고로 인하여 많은 사상자를 발생하게 한 때에는 사업 제한이나 허가취소, 또는 사업의 전부 또는 일부정지를 명할 수 있다.

(2) 자동차보험 책임개시일을 반드시 확인해야 한다

자동차보험에서 보험회사의 책임개시일은 보험증권에 기재된 보험기간의 첫날 24시에 시작되어 마지막 날의 24시에 끝난다. 하지만 처음으로 자동차보험에 가

---

6 현행 법규상 업무상 과실 또는 중대한 과실로 인하여 사람을 사상케 하는 자는 5년 이하의 금고 또는 2,000만 원 이하의 벌금에 처한다. 또한 운전자가 업무상 필요한 주의를 태만하거나 중대한 과실로 인하여 타인의 재물을 파손한 경우에는 2년 이하의 금고 또는 500만 원 이하의 벌금에 처한다.

7 11가지 중대법규 위반은 1) 신호위반, 2) 중앙선 침범, 3) 속도위반, 4) 추월방법 위반, 5) 건널목 통과방법 위반, 6) 횡단보도 보행자보호의무 위반, 7) 무면허운전, 8) 음주운전, 9) 보도침범, 10) 승객의 추락방지 의무 위반, 11) 어린이보호구역 안전운전의무위반을 말한다.

입하는 자동차인 경우에는 보험회사의 책임은 회사가 보험료를 받은 때로부터 시작되어 보험기간 마지막 날의 24시에 끝난다. 다만, 보험기간 개시 이전에 보험계약을 맺고 보험료를 수령한 때에는 보험기간의 첫날 0시부터 시작되어 보험기간 마지막 날의 24시까지이다. 책임보험인 대인배상I의 보험책임은 회사가 보험료를 받은 때로부터 시작되어 보험기간 마지막 날의 24시에 끝난다. 그러나 보험기간 개시 이전에 보험계약을 맺고 보험료를 받은 때에는 보험기간의 첫날 0시부터 시작되어 보험기간 마지막 날의 24시에 끝난다. 그리고 자동차보험 계약 전에 피보험자동차에 체결하고 있던 유효한 다른 자동차보험계약의 경우 책임개시는 다른 계약이 끝나는 시점부터 시작된다.

2. 운전자보험

1) 개요

운전자보험이란 피보험자가 자동차를 운전하던 중에 발생하는 형사상, 행정상 책임 등의 비용손해를 보장하는 상품이다. 이는 자동차사고로 운전자가 형사 처분을 받는 경우 발생하는 벌금이나 형사합의금 및 방어비용 등을 보장하는 특약, 자동차사고로 행정처분에 의해 운전면허가 취소 또는 정지되었을 때 발생하는 기회비용 등을 보장하는 특약, 그리고 자동차사고로 인한 자동차 견인, 자동차보험료 할증, 렌터카 대여 등 기타 비용 손해를 보장하는 특약으로 구성되어 있다. 한편 운전자보험은 자동차사고로 인한 민사책임과 사고 후 도주 또는 뺑소니, 그리고 무면허와 음주운전 교통사고는 보상하지 않는다. 반면, 자동차보험은 모두 보상한다. 또한 운전자보험은 강제로 가입해야 하는 것도 아니다.

표 3-34　운전자보험의 주요 특약 내용

구분	보장 특약
피해자 사망·중상해 및 중대법규 위반 교통사고 등으로 인한 형사상 책임	벌금, 방어비용(변호사 비용 등), 형사합의금(교통사고처리지원금), 구속 일당 등
자동차사고로 인한 행정상 책임	면허정지 위로금, 면허취소 위로금
자동차사고로 인한 비용손해	긴급견인비용, 자동차보험료 할증지원금, 렌트비 지원금, 차량손해 위로금 등

자료 : 금융감독원(2010년)

표 3-35　운전자보험과 자동차보험 비교

구분	운전자보험	자동차보험
자동차사고로 인한 민사적 책임	보상하지 않음	사망/부상(대인배상Ⅰ,Ⅱ, 자기신체사고) 재물손해(대물배상, 자기차량손해)
자동차사고로 인한 형사적 책임	사망/부상(형사합의금), 변호사 선임(방어비용), 벌금	보상하지 않음
자동차사고로 인한 행정적 책임	면허취소 및 정지(위로금)	
자동차사고로 인한 기타 비용손해	비용손해 보상(긴급견인비용, 자동차보험료 할증지원금, 렌트비 지원금, 차량손해 위로금 등)	
무면허·음주운전 자동차사고	보상하지 않음	보상(자기부담금 발생, 무면허 자동차사고는 대인배상Ⅱ에서는 보상하지 않음)
보험의무가입	의무가입 아님	대인배상Ⅰ 및 대물배상(1천만 원)은 의무가입

자료 : 금융감독원(2010년)

2) 주요 유의 사항

자동차사고로 타인의 신체에 상해를 입힘으로 발생하는 벌금과 형사합의금을 지급하는 실손형 특약에 2개 이상 가입한 경우 보험료는 2배 이상으로 납부하나 보험금은 실제 발생한 비용만 비례분담 형태로 보상받게 된다. 따라서 실손형 특약에 가입할 경우 동일한 담보에 대해 다수의 계약을 체결할 필요가 없다. 예를 들어, 운전자보험에 가입한 사람이 벌금담보 특약(2천만 원 한도)에 가입한 후 보험사고가 발생하여 벌금 1천 800만 원을 확정판결 받은 경우, A 및 B보험사에 중

표 3-36　벌금담보 비례분담 예시

구분	〈사례1〉 A와 B 보험사에 중복 가입		〈사례2〉 A보험사에만 가입	
	보험료	보험금	보험료	보험금
A보험사 벌금특약	3,000원	900만 원	3,000원	1천 800만 원
B보험사 벌금특약	3,000원	900만 원		
합계	6,000원	1천 800만 원	3,000원	1천 800만 원

자료 : 금융감독원(2010년)

복 가입한 경우(사례1)에는 총 6,000원의 보험료를 납부하고 보험사고시 실제 벌금 1천 800만 원을 각각 비례 분담하여 900만 원씩 각 보험사에서 받는다. 그러나 A보험사에만 가입한 경우(사례2) 3,000원의 보험료를 납부한 후 보험사고시 실제 벌금액인 1천 800만 원을 보험금으로 받는다.

7

기타 손해보험상품

1. 일상생활배상 책임보험

이는 피보험자인 가해자가 타인인 피해자에게 인명 또는 재산상의 피해를 입힘으로서 발생하는 손해를 보상하는 보험으로 주로 주거용으로 사용하는 주택의 소유, 사용 및 관리 중 발생한 배상책임과 일상생활 중 발생하는 배상책임을

표 3-37 특약형태별 피보험자 구분

일상생활 배상책임보험	1. 보험증권에 기재된 피보험자 본인 및 동거하는 배우자 2. 다음 중 보험증권에 기재된 가족 　· 피보험자 본인의 가족관계등록부 또는 주민등록상 배우자 　· 피보험자 본인 또는 배우자의 부모 　· 피보험자 본인 또는 배우자의 자녀
가족일상생활 배상책임보험	1. 보험증권에 기재된 피보험자 본인 2. 1의 가족관계등록부 또는 주민등록상 배우자 3. 1 또는 2와 생계를 같이 하고, 보험증권에 기재된 주택의 주민등록상 동거중인 동거친족 4. 1 또는 2와 생계를 같이하는 별거중인 미혼자녀
자녀일상생활 배상책임보험	1. 보험증권에 기재된 피보험자 본인의 자녀

자료 : 금융감독원(2010년)

표 3-38 주요 보상하지 않는 손해 및 유의 사항

약관 (보상하지 않는 손해)	보험사고 예	유의 사항
계약자 또는 피보험자의 고의	방화	고의로 인한 배상책임은 보상에서 제외될 수 있음
보험증권에 기재된 주택을 제외하고 피보험자가 소유, 사용 또는 관리하는 부동산으로 인한 배상책임	임차하여 거주하는 주택의 화재가 다른 건물에 옮아 붙은 경우	보험증권에 기재하지 않은 주택에 거주하는 동안 해당주택의 소유, 사용, 관리로 인한 배상책임은 보상에서 제외될 수 있음
지진, 분화, 해일 또는 이와 비슷한 천재지변	천재지변으로 거주주택의 유리창이 낙하하여 행인을 다치게 한 경우	과실비율 산정을 통해 천재지변으로 인한 부분을 제외하고 보상액이 결정될 수 있음
피보험자가 소유, 사용 또는 관리하는 재물의 손해에 대하여 그 재물에 대하여 정당한 권리를 가진 사람에게 지는 배상책임	지인으로부터 빌려 사용하는 물건을 망가뜨린 경우	원래 소유주에 대한 배상책임은 보상에서 제외될 수 있음
피보험자 또는 피보험자의 지시에 따른 폭행 또는 구타로 인한 배상책임	다른 사람과 싸워 상해를 입힌 경우	폭행은 보상에서 제외될 수 있음. 다만, 미성년자가 이종격투기 놀이 도중 발생한 상해는 보상될 수 있음

자료 : 금융감독원(2010년)

보장한다. 이 보험은 독립된 상품으로 판매되기보다는 손해보험회사의 통합보험, 주택화재보험, 어린이보험 등에 특약으로 판매되고 있으며 다른 특약과 조합되기도 있다. 이 보험의 특약은 세 가지이며 각 특약별로 피보험자의 범위가 다르다. 따라서 함께 거주하는 가족이더라도 해당 약관에서 정하는 피보험자가 아닌 경우 보험금 지급대상이 될 수 없다. 특히, 자녀일상생활배상책임보험의 경우 자녀의 연령이나 결혼 여부를 추가로 제한(예를 들어 만 30세 이하 미혼자녀)하는지 여부를 확인해야 한다.

한편 일상생활배상책임보험의 보상대상은 다양하다. 예를 들면, 다른 건물에 화재가 옮겨 붙은 경우, 관리 부실로 창문이 떨어져 손해를 끼친 경우, 자녀가 놀다가 친구를 다치게 한 경우, 기르던 애완견이 남을 다치게 한 경우 등이다. 그러나 해당 약관에서 보상하지 않는 손해를 정의하고 있어 배상책임이 발생하더라도 보험금을 지급받지 못할 수 있다. 따라서 약관내용을 충분히 이해한 후 가입하고 보험금 청구시 약관을 꼼꼼히 살펴보아야 한다. 또한 보상한도액 또는 자기부담금이 설정되어 있는 경우 실제 발생한 손해액에서 일정 금액이 차감되어 지급될 수 있다. 그리고 같은 위험을 담보하는 일상생활배상책임보험에 2개 이상 가입한 경우 보험료는 2배 이상으로 납부하나 보험금은 실제 발생한 비용만 비례분담형태로 보상받게 된다.

2. 화재배상책임보험

화재배상책임보험은 화재 또는 폭발로 다른 사람이 죽거나 혹은 다치거나 해서 재산에 손해를 입은 경우 피해자에게 지급해야 하는 금액을 보상하는 보험으로 신체 손해는 피해자 한 사람당 1억 원, 재물 손해는 한 사고당 1억 원을 보상한도로 실제 발생한 손해를 지급한다.

화재배상책임보험은 보험기간에 따라 일반보험과 장기보험으로 나뉜다. 일반보험은 통상 1년을 보험기간으로 하며 만기에 돌려받는 돈이 없어 보험료가 상대적으로 저렴하며 다중 이용업주만 가입 가능한 전용상품이다. 다중 이용업소는 불특정 다수인이 이용하여 영업 중 화재발생 시 생명, 신체, 재산상의 피해발생 우려가 높은 영업소를 말하며, 2013년 2월 23일부터 다중 이용업소는 화재배상책임

표 3-39 **화재배상책임보험 보상한도**

보상하는 손해	보상한도
피해자의 사망	피해자 한 사람당 1억 원
피해자의 부상	피해자 한 사람당 부상등급(1~14등급)별 80만 원~2,000만 원
피해자의 후유장해	피해자 한 사람당 후유장해 등급(1~14등급)별 630만 원~1억 원
재산손해	사고당 1억 원

자료 :금융감독원(2013년)

보험 가입이 법으로 의무화되었다. 장기보험은 보험기간을 3년 이상으로 한 만기환급형 상품으로 화재배상책임보장만을 가입하는 저가형 단독형 상품과 화재손해, 영업배상책임, 휴업손해 등 다양한 특약을 추가할 수 있는 종합형 상품이 있다. 이 상품은 다중이용업주 이외에 다른 업종도 가입이 가능하다. 한편 보험에 가입하기만 하면 화재발생시 다른 사람에 대한 배상책임이 모두 면제되지는 않는다. 무엇보다 보험가입금액을 한도로 보상하므로 화재로 발생한 타인에 대한 손해배상책임액이 보험회사의 보상한도를 초과하는 경우 다중이용업소 주인이 그 초과분을 부담해야 한다. 그리고 제3자에 대한 배상책임을 보상하는 보험에 가입하고 있어도 다중법에서 정한 화재배상책임보험의 내용이 포함되지 않은 경우에는 별도로 화재배상책임보험에 가입하여야 한다.

3. 통합형보험

1) 개요

통합형보험이란 자동차보험, 상해보험, 화재보험 등의 개별 상품을 하나의 상품으로 통합하여 개인 또는 그 가족의 일상생활 중에 발생할 수 있는 모든 위험을 보장하는 상품이다. 이 보험은 다양한 종합담보가 가능한 손해보험에서 먼저 출시되었으나 최근에는 생명보험에서도 손해보험의 통합형보험과 유사하게 종신보험 등 생명보험 고유보장에 CI, 장기간병과 연금전환 등을 추가하여 종합적인 가족보장설계가 가능한 보험을 판매하고 있다.

주요 특징으로 우선 통합형 하나의 상품으로 모든 위험을 보장받을 수 있다. 통합형보험은 자동차, 화재, 상해, 질병, 배상책임 등 일상생활에서 접할 수 있는 개인의 모든 위험에 대하여 각각 가입에 따른 보장 중복을 최소화하여 각 위험별 특약구성과 유연한 가입설계로 소비자에게 꼭 필요한 담보만을 제공한다. 그러므로 보험가입자는 기존에 가입된 보험에서의 보장 내용을 면밀히 살펴보고

통합형보험 가입 여부를 결정하여야 하며 위험의 중복이나 누락이 없도록 전문설계사와 상담을 거치는 것이 바람직하다. 한편 여타 상품보다 통합형보험 상품은 상품구조가 복잡하고 가입자의 라이프사이클의 변화에 따른 세대구성원의 종합적인 위험 및 자금 컨설팅이 필요하므로 회사별로 전문설계사 제도를 운영하고 있다. 둘째, 보험계약자 본인은 물론 세대원까지도 가입 및 보상 일원화가 가능하다. 통합형보험은 현재의 가족은 물론 향후의 배우자와 자녀, 배우자의 부모를 포함하는 세대구성원 전체의 위험관리가 가능하며 세대원인 피보험자 특성, 즉 성별, 연령대별, 직업별, 운전 여부를 반영할 수 있는 다양한 특화 담보를 구성하여 맞춤형으로 설계가 가능하다. 예를 들면, 어린 자녀 또는 임신 중인 경우 어린이보험이나 태아보험, 운전자인 경우 운전자보험, 고령의 부모에 대하여는 실버보험, 피보험자의 주택에 대하여는 화재보험 등을 설계할 수 있다. 셋째, 보험기간 중 담보의 추가 및 삭제가 용이하다. 통합형보험은 라이프사이클에 따른 보장의 취사선택이 수월하도록 각 담보별로 보험기간을 자동갱신 형태로 운영하는 경우가 많아 보험기간 중에 담보의 추가나 삭제가 용이하며 자녀의 독립이나 세대분리 등 변경사항을 반영하여 계약의 분리가 가능하고 보험가입 후에 생긴 신규담보를 반영하는 것도 용이하다. 다만, 갱신형 특약은 가입자의 연령 증가 및 위험률 상승 등에 따라 보험료가 상승될 수 있음에 유의해야 한다. 넷째, 보험료 예비특약이 부가되어 있다. 통합형보험은 보험료예비특약이 부가되어 있어 매월 또는 수시로 입금한 적립보험료를 예정이율 또는 시중금리 연동이율로 부리시킨 금액을 재원으로 보험기간 중의 위험담보 추가 등에 따른 추가보험료에 충당함으로써 보험료 미납으로 인한 계약해지를 방지할 수 있다. 또한 경제적 여유기간 중에 적립보험료를 미리 납입하여 노년기의 보장보험료나 생활자금으로도 활용 가능하다.

표 3-40 일반보험과 통합형보험 비교

구분	일반보험	통합형보험
상품구조	담보위험에 따라 별개의 상품으로 구성	보험회사에서 담보하는 다양한 위험을 하나의 상품으로 구성
보험기간	일반적으로 담보위험별로 보험기간 동일	담보위험별로 보험기간 달리 설정 가능
보장 내용 변경	제한적인 범위 내에서만 보장 내용 변경 가능(최초가입시점의 보험요율 적용)	피보험자와 담보위험 추가 등 보장 내용 변경 가능(변경시점의 보험요율 적용)
피보험자 추가	최초 계약시점부터 피보험자가 추가된 것으로 보고, 추가 가입시점의 해약환급금을 회사에 납입	신계약으로 처리(추가 가입시점의 해약환급금에 대한 납입부담 없음)
보험료 충당	보험료 미납시 해지. 다만, 해지 전에 계약자의 서면신청이 있는 경우에는 해약환급금 범위 내에서 보험료 대체납입이 가능	일정한도 내에서 보험료를 적립하여 만기환급금 수령 및 보험료 미납 또는 부족시 대체납입 가능

자료 : 금융감독원(2012년)

2) 주요 유의 사항

(1) 통합형보험 가입시에도 계약전 알릴의무 등을 성실히 수행해야 한다

통합형보험도 일반적인 보험가입시와 동일하게 청약서상 질문내용에 대하여 반드시 사실대로 알려야 하며, 허위 또는 부실하게 알릴 경우 계약이 해지될 수 있으며 보장이 제한될 수도 있다. 따라서 보험가입자가 청약서를 직접 작성하되 청약서의 질문사항 중 불확실한 사항은 반드시 본인이 확인 후 작성하여야 하며, 특히 보험설계사에게 구두로 알린 사항은 회사에 알린 것으로 인정되지 않을 수 있다. 그 외 실손담보가 부가된 보험상품을 이미 가입하였거나 이와 유사한 담보는 중복가입하지 않도록 유의해야 한다.

(2) 만기환급금이 변동될 수 있다

통합형보험의 적립보험료 납입시 예상 만기환급금을 예시하고 있으나, 만기환급금은 금리연동형 상품의 경우 적립보험료를 부리하고 있는 연동이율(보험계약대출이율 또는 공시이율)의 변동, 보장변경시 증가 또는 감소된 보장보험료로 인한 보험료 변동, 자동갱신시 변동되는 보험료의 대체납입 등에 따라 실제 만기환급금이 크게 변동될 수 있다.

4. 해외여행보험

1) 개요

해외여행보험은 신체상해, 질병치료, 휴대품 손해, 배상책임 손해 등 해외 여행 중에 일어날 수 있는 다양한 위험에 대비하는 상품이다. 보험가입은 손해보험회사의 본사 콜센터, 대리점, 공항 내 보험회사창구 및 인터넷 등을 통해 가능하며, 보장기간은 보험기간 첫날 오후 4시부터 마지막 날 오후 4시까지이다. 단, 주거지 출발 전과 주거지 도착 후 발생사고는 보상하지 않는다. 주로 여행 중에 사고로

표 3-41 해외여행보험의 주요 보상내용

보장 내용		지급사유
상해	사망/후유장해	약관에서 정한 사고로 사고일로부터 1년 이내에 사망하거나, 후유장해가 남았을 경우 가입금액 전액
	치료비용	상해를 입고 그 직접적인 결과로서 의사의 치료를 받은 경우 1사고당 가입금액 한도로 보상 (사고일로부터 180일 한도)
질병	사망	여행 중 발생한 질병으로 보험기간 중 또는 보험기간 마지막 날로부터 30일 이내에 사망시 가입금액 전액
	치료비	여행 중 발생한 질병으로 피보험자가 보험기간 중 또는 보험기간 만료 후 30일 이내에 의사의 치료를 받기 시작했을 경우 가입금액을 한도로 보상 (의사의 치료를 받기 시작한 날로부터 180일 한도)
휴대품 손해		여행 중 휴대하는 가입자 소유, 사용, 관리의 휴대품에 발생한 손해(1개 또는 1쌍, 1조당 20만 원 한도)
특별 비용		여행 도중 탑승한 항공기 또는 선박의 조난 사고 등 발생시 가입자가 부담하는 비용
항공기 납치		여행 도중 비행기가 납치됨에 따라 예정목적지에 도착하지 못한 동안 매일 일정액

자료 : 금융감독원(2013년)

사망하거나 후유장해가 남은 경우와 발생한 질병(전염병 포함)으로 사망하거나 치료비가 발생한 경우, 그리고 휴대품 도난 등으로 인하여 손해가 발생한 경우에는 모두 보상한다. 다만, 휴대품 중 통화, 유가증권, 신용카드, 항공권 등은 보상에서 제외하며 휴대품의 방치나 분실에 의한 손해역시 보상하지 않는다.

2) 주요 유의 사항

첫째, 보험가입시 작성하는 청약서에 여행지 및 여행목적, 과거의 질병 여부 등 건강상태, 다른 보험 가입여부 등을 사실대로 기재하여야 한다. 간혹, 보험가입자의 직업, 여행지 등 사고발생 위험에 따라 인수가 거절되거나 가입금액이 제한될 수 있으며, 사실대로 알리지 않을 경우 보험금을 지급받지 못할 수도 있다. 둘째, 보험약관을 반드시 읽어보아야 하며, 특히 보험회사가 전쟁, 외국의 무력행사, 혁명, 내란 기타 이들과 유사한 사태시 발생하는 손해는 보상하지 않음에 유의해야 한다.

자동차사고가 발생하면 즉시 해당 경찰에 신고부터 해야 한다. 만약 경황이 없어 경찰에 신고하지 않을 경우 나중에 뺑소니로 몰릴 수 있으며, 보험사기로 의심받을 수도 있다. 또 임의로 처리할 경우 과실이 더 크게 산정될 수 있다. 경찰에 신고하면 합의금 요구나 위장 입원 등에 관해서도 미리 예방할 수 있다. 다음으로 해당 보험회사의 사고보상센터에 연락해야 한다. 만약 아주 경미한 사고라면 자비로 처리하고 보험료 할증을 막겠다는 생각이 들 수 있지만 이렇다 하더라도 상담을 받아 볼 필요는 있다. 이때 보험회사나 정비업체들은 무조건 자비처리를 유도하는 경우가 있는데, 운전 경력에 따라 오히려 보험으로 처리하는 것이 유리할 때가 있으므로 반드시 양자를 비교한 후 결정해야 한다. 일반적으로 가장 중요한 판단근거는 할증 기준금액이다. 기준금액 미만으로 수리비를 청구하면 이듬해 계약을 갱신할 때 보험료가 상승하지 않는다. 반면, 할증 기준금액 이상으로 처리하면 향후 3년간 할증된 보험료가 적용된다. 할증 기준금액은 해당 보험회사에 확인하면 바로 알려준다. 이밖에 사고 처리과정에서 보험사와 접촉할 때 상대방 보험사를 만나는 걸 피해야 한다. 상대방 보험사의 목적은 자신의 부담금을 줄이는 데 있기 때문이다. 만약 상대방 보험사와 접촉해야 한다면 본인이 가입한 보험사와 통하도록 하는 것이 좋다.

한편 사고를 당한 후 보험금 지급이 늦어질 수 있다. 이를 위해 보험사는 피해자의 조속한 치료를 돕기 위해 최종 보상판정이 나기 전에 미리 가불 형태로 보험금을 지급하는 가지급금 제도를 운영하고 있다. 치료비는 전액, 부상이나 후유장애에 대한 위자료 및 대물피해액은 50% 한도에서 미리 지급한다.

만약 가벼운 교통사고라면 보험회사가 출동하는 것이 오히려 번거로울 수 있다. 이를 대비해 2010년 4월부터 '표준사고처리 서식'이 도입되었는데, 이를 통해 당사자들끼리 빠르고 간편하게 사고를 처리하는 것이 가능해졌다. 그러나 누구에게 사고 책임이 있는지 합의하지 못하면 표준서식을 이용할 필요가 없으며 예전처럼 보험회사 직원이나 경찰의 도움을 받아야 한다. 해당 서식은 금융감독원

---

8 박유연·전정홍(2011), pp.316-325 요약정리

과 손해보험협회, 그리고 해당 보험회사에서 다운받을 수 있다. 서식에는 양 당사자의 기본정보와 피해자와 가해자를 판단하는 데 중요한 사고 형태와 원인을 몇 가지 유형으로 구분하고 이를 기록할 수 있도록 되어 있다. 사고형태는 정면충돌, 후미추돌, 측면 충돌, 후진사고 등으로 이 가운데 하나를 선택하면 된다. 사고 원인은 음주운전, 신호위반, 중앙선 침범, 속도위반, 횡단보도 위반, 기타 원인 중 한 가지 이상을 표시할 수 있다. 서식은 두 장을 작성해서 당사자들끼리 자필서명을 한 후 한 장씩 나누어 가져야 한다. 보험회사는 운전자에게서 받은 서식에 특별한 이상이 없을 경우 별도의 조사 없이 사고처리를 신속하게 진행한다. 여기에 사고차량의 사진이나 동영상을 함께 제출하면 보상처리 기간이 더욱 단축될 수 있다.

1. 사회보험은 국가가 국민의 경제적 불안을 최소한의 사회보장 형태로 제공하며, 일반 민영보험과는 소득재분배 기능 등 여러 면에서 다르다. 이에는 고용보험, 산재보험, 건강보험과 국민연금이 대표적이다.

2. 암보험은 1981년 국내에 최초로 도입된 이후 주로 암 사망을 보장하다 1993년 이후 암 진단부터 입원, 수술 및 사망 등을 종합적으로 보장하는 상품이 개발되었다. 최근에는 암 발병률 증가에 따라 암의 종류별이나 진단시점 별로 보험금을 차등하여 지급하는 상품이 판매되고 있다.

3. 민영의료보험은 보험가입자의 질병 및 상해로 인한 진료비, 수술비, 입원비 등을 주로 보장하며, 보장 형태에 따라 실제 부담한 의료비를 보상하는 실손형 보험과 의료비 규모에 상관없이 약정금액을 지급하는 정액형 보험으로 구분된다. 2013년 1월부터는 단독형 실손의료보험이 출시되어 계약자가 원하면 불필요한 보장이 추가된 보험상품에 가입하지 않고 실손의료보험만 가입할 수 있게 되었다.

4. 치명적 질병보험(CI보험)은 주로 암, 뇌졸중, 급성심근경색 등 중대한 질병의 발병 및 수술시 치료자금 용도로 사망보험금의 일부를 선지급하는 상품이다.

5. 연금보험은 가입자가 경제활동기에 납입한 보험료를 적립하여 경제활동이 어려운 노년기에 일정액의 연금을 지급하는 상품으로 일반연금, 변액연금 및 자산연계형 연금이 있다. 일반연금보험은 확정금리로 적립하는 금리확정형과 변동금리로 적립하는 금리연동형으로 구분된다. 변액연금보험은 보험료 중 일부를 주식, 채권 등 유가증권에 투자하여 발생한 이익을 연금으로 지급한다. 자산연계형 연금보험은 보험료의 일부를 주가지수 등 특정지표에 연계한 후 그 수익을 연금액에 반영한 상품으로 채권금리 연계형, 주가지수 연동형, 금리스왑 연계형이 있다.

6. 연금저축은 세제혜택이 있으며 10년 이상 불입하고 55세 이후에 연금으로 수령하는 저축상품이다. 대표적으로 은행의 연금저축신탁, 보험사의 연금저축보험, 금융투자

회사의 연금저축펀드가 있다. 한편, 근로자의 퇴직금을 연금으로 수령하는 퇴직연금은 확정급여형과 확정기여형, 개인퇴직으로 분류된다.

7. 변액보험은 보험계약자가 납입한 보험료 중 일부를 주식과 채권 등으로 구성된 펀드에 투자하고, 그 펀드의 운용실적에 따라 계약자에게 투자이익을 배분하는 실적 배당형 상품이다. 이에는 변액종신보험, 변액연금보험 및 변액유니버셜보험 등이 대표적이다.

8. 실버보험은 고령층에 초점을 맞춘 상품으로 주로 노인성 상해와 질병, 치매간병과 장례서비스 등을 보장한다. 이는 자녀들이 부모들을 위해 가입해주는 경우가 많아 효(孝)보험이라고도 한다.

9. 무심사보험은 별도의 심사절차가 없어 누구라도 가입이 가능하지만 사망보험금 기준으로 1~3천만 원의 소액이 대부분이다. 하지만 일반 종신보험이나 정기보험보다 보험료가 비싸다. 한편, 간병보험은 보험기간 중 치매 또는 활동불능 상태가 되어 다른 사람의 간병이 필요한 경우 간병자금을 지급하는 상품이다.

10. 자동차보험은 자동차 사고로 인하여 생긴 배상책임손해, 자기신체상해 및 자기차량손해를 보상해 준다. 그리고 운전자보험은 자동차를 운전하던 중에 발생하는 형사상, 행정상 책임 등의 비용손해를 주로 보장한다.

11. 일상생활배상 책임보험은 피보험자인 가해자가 타인인 피해자에게 인명 또는 재산상의 피해를 입힘으로서 발생하는 손해를 보상하는 보험으로 주로 주택의 소유, 사용 및 관리 중 발생한 배상책임과 일상생활 중 발생하는 배상책임으로 나뉜다.

12. 통합형보험은 자동차보험, 상해보험, 화재보험 등을 하나의 상품으로 통합하여 개인 또는 그 가족의 일상생활 중에 발생할 수 있는 모든 위험을 보장한다.

4장

보험계약
청약

본인과 가족에게 노출된 위험에 대비하고자 보험가입을 고민하는 사람은 구체적인 보험가입 절차나 이 과정에서 필히 체크해야 할 사항이 무엇인지 궁금해 한다. 본 장에서는 보험계약 청약시 기본적으로 알아 두어야 할 사항에 대하여 소개하고자 한다. 1절에서는 다양한 보험계약관계자와 보험계약 구성요소를 파악한다. 2절에서는 보험가입의 구체적인 절차와 보험계약 청약철회에 대하여 살펴본다. 3절에서는 보험계약의 체결을 대리 또는 중개하는 다양한 가입채널에 대하여 살펴본다. 4절에서는 보험계약시 가장 중요한 계약 전 알릴 의무, 즉 고지의무를 다양한 사례와 함께 살펴본다.

1

보험계약관계자와
계약 요소

1. 보험계약관계자

보험계약은 우선적으로 당사자인 보험계약자와 보험자가 있어야 한다. 보험계약자는 자기의 이름으로 보험자와 보험계약을 체결하고 보험료를 지급할 의무가 있는 자로, 특별한 자격제한은 없다. 다만 미성년자와 같은 행위무능력자일 경우 법정대리인의 동의를 필요로 한다. 보험자는 보험 사업을 영위하는 자로서 계약의 대상이 되는 위험을 인수하고 보험사고가 발생할 경우 보험금을 지급할 의무가 있는 자이다. 이어 계약에 관여하는 사람으로 피보험자, 보험수익자, 그리고 모집보조자가 필요하다.

피보험자는 생명보험과 손해보험에서 사용하는 의미가 서로 다르다. 생명보험에서 피보험자는 그 사람의 생명이나 신체에 대하여 보험이 붙여진 자로 보험사고의 객체, 즉 보험대상자를 의미하는데, 피보험자와 보험계약자가 동일인이라면 이를 '자기의 생명보험 계약'이라 하고, 서로 다르면 '타인의 생명보험 계약'이라 한다. 특히, '타인의 생명보험 계약'인 경우에는 반드시 계약 체결 시에 피보험자의 서면동의를 받아야 한다. 한편 손해보험의 피보험자는 보험의 목적에 대하여 가지는 경제적 이해관계인 피보험이익의 주체로서 보험사고 발생 시 손해보상을 받을 권리가 있는 자를 말한다. 피보험이익은 보험계약의 목적으로써 금전으로 산정할 수 있는 이익으로 한정하고 있다. 따라서 피보험이익이 없는 손해보험계약은 존재하지 않으며 생명보험의 경우에는 일반적으로 피보험이익이 존재하지 않는다. 그 이유는 인간의 생명이나 신체의 가치는 금전적으로 산정할 수 없기 때문이다. 피보험자의 자격으로는 생명보험의 경우 자연인으로 한정하고 특히 사망보험의 경우 15세 미만자, 심신박약자, 심신상실자는 피보험자가 될 수 없다. 손해보험에서는 자연인이나 법인, 유형, 무형물에 상관없이 모두 피보험이익이 존재하면 피보험자가 될 수 있다.

보험수익자는 보험사고 발생시 보험금을 지급받을 자로 지정된 사람이다. 이의 자격제한은 없으며 계약자가 지정하되 수익자의 동의도 필요 없다. 다만 수익자 변경은 보험사고 발생 전에 한하여 가능하다. 만약 보험계약자가 보험수익자를 지정하지 않고 사망한 경우 피보험자가 보험수익자로 되며, 계약자가 수익자를 지정하기 전에 보험사고가 발생하였을 경우에는 피보험자의 상속인이 수익자가 된다. 한편 보험계약자와 보험수익자가 동일인이면 '자기를 위한 생명보험 계약'이라 하고, 동일인이 아니면 '타인을 위한 생명보험 계약'이라고 한다.

모집보조자는 보험자 또는 보험계약자를 위하여 보험계약의 체결을 보조하는 자를 말하며 보험설계사, 보험대리점, 보험중개사 등이 있다.

2. 보험계약 요소

보험계약의 요소는 크게 보험사고, 보험기간, 보험료납입기간과 보험금으로 구성된다. 보험사고는 보험계약에서 보험자의 보험금 지급책임을 구체화시키는 우연한 사고를 말한다. 따라서 고의나 악의적인 보험사고는 보험대상이 아니다. 보험기간이란 보험자의 책임이 존속하는 기간, 즉 그 기간 안에 보험사고가 발생할 경우 보험자가 지급책임을 지는 기간을 말한다. 한편 보험기간은 보험 계약기간과 다르다. 예를 들어 해외여행 보험은 여행 출발 전에 계약을 체결하였지만 출발일부터 귀국 예정일까지 보험기간으로 한다. 보험료 납입기간은 보험계약자가 보험료를 납입하는 기간으로 이 기간이 보험기간과 동일하면 전기납이라 하며 보험기간보다 짧은 경우를 단기납이라 한다. 보험금과 보험금액, 그리고 보험가액의 의미도 조금씩 다르다. 보험금은 보험자가 보험을 인수하여 보험사고가 발생했을 때 보험자가 지급하는 금액이다. 보험금액이란 계약당사간의 합의에 의하여 약정한 보험급여의 최고한도액을 의미하며, 보험가액이란 보험자가 지급해야 할 발생 손해의 법정 최고한도액을 말한다. 생명보험과 같은 정액보험의 경우 보험금액은 보험계약 체결 시에 약정한 금액으로 보험자가 지급해야 할 보험계약상의 최고한도액이며, 보험가액은 손해보험에서만 발생하는 개념으로 보험목적에 대한 피보험이익을 금전적으로 평가한 가액이다. 통상 보험금액과 보험가액은 일치하는 것이 보통이지만 보험가액은 그 결정이 곤란하고 자주 변동하기 때문에 계약체결의 신속성을 위하여 당사자 사이에 임의로 정하는 보험금액과 일치하지 않는 경우가 생긴다.

2

보험 가입

1. 가입절차

일상생활에서 대부분의 보험가입은 주변의 보험설계사를 통하여 이루어진다. 그 외 은행의 보험창구, 전화와 인터넷을 통해서 이루어지기도 한다. 이때 계약자는 상품설명 듣기, 청약서 작성 및 자필서명, 그리고 계약 전 알릴 의무 작성 등을 하게 된다. 그리고 보험회사는 계약자의 청약서를 확인하고 별다른 하자가 없으면 이를 승낙하는데 법적으로 보험계약은 계약자의 청약과 보험회사의 승낙이란 절차를 통해 최종적으로 확정된다. 보험가입절차를 구체적으로 살펴보면 우선 계약자는 상품에 관한 설명을 듣고 자필서명하게 된다. 상품설명서에는 보험계약의 개요, 보험가입자의 권리와 의무, 사업비율, 기타 주의사항 등이 기재되어 있다. 이는 계약자가 중요 내용을 단순하게 파악해서 잘못된 보험계약 체결을 방지하기 위한 것이다. 두 번째로 청약서를 작성한다. 청약서에는 보험가입금액, 보험료, 보험기간, 납입기간에 관한 계약사항과 계약자 및 피보험자의 성명과 주민등록번호 등을 기재하고 계약자와 피보험자가 자필서명을 하도록 되어 있다. 이 경우 통상 보험사고가 발생하면 가장 많은 손실을 입을 사람이 피보험자가 되는 것이 좋다. 가령 사망보험을 주된 담보로 하는 정기보험이나 종신보험 등에 가입할 경우, 가정의 소득을 책임지는 사람이 사망했을 때 가계손실이나 유가족의 생계에 미치는 영향이 가장 클 것이다. 따라서 가장을 피보험자로 하는 것이 적합하다. 세 번째로 청약서 작성이 끝나면 보험가입에 있어 가장 중요한 계약 전 알릴 의무를 작성하게 된다. 여기에는 '최근 3개월 이내에 의사로부터 진찰, 검사를 통하여 진단을 받았거나, 그 결과 치료, 입원, 수술, 투약을 받은 사실이 있습니까?' 등과 같이 현재와 과거의 질병, 장애 등에 관하여 질문하는 항목들이 있다. 만약 질병 등이 있으면 가입이 거절되거나 조건부로 가입해야 한다. 그러나 고지의무는 반드시 사실대로 알려야 하며 알리지 않거나 허위로 알릴 때에는 계약이후 보험계약이 해지되거나 보험금을 받지 못할 수 있다. 마지막으로 계약 전 알릴 의무까지 작성하고 나면 보험설계사로부터 받아둬야 할 서류들이 있는데 청약서 및 계약 전 알릴 의무 사본, 상품설명서 가입자 보관용, 보험약관 등이다. 이들 자료는 어떤 경우에 얼마의 보험금을 받을 수 있는지 알 수 있고, 또한 보험회사와 법적 분쟁이 발생했을 경우 근거로 쓰일 수 있기 때문에 잘 보관해 두어야 한다. 이렇게 보험청약이 끝난 다음 1회 보험료를 내고 보험사의 승낙이 떨어지면 보험계약이 체결되고 보험효력이 발생하게 된다. 한편 보험회사는 반드시 계약자에게 30일 이내에 승낙 또는 거절의 통지를 해야 한다.

권인원은 그의 저서 〈저축·보험 길라잡이〉에서 보험가입시 반드시 명심해야 할 세 가지를 제시하였다. 첫째, 이 세상에 공짜보험은 없다는 것이다. 보험회사는 보험금을 주는 만큼 그에 상응하는 보험료를 받는다. 따라서 보장범위가 넓으면 그만큼 보험료가 비싸지고, 보험가입이 쉽거나 보험료가 적으면 그만큼 보험금 지급에 제약이 많다. 그러므로 본인에게 맞는 보장범위를 정하는 것이 급선무이며, 이 경우 상품설명서와 약관을 참조하면 된다. 이때 보장하는 손해와 보장하지 않는 손해를 반드시 체크해야 한다. 만약 관련 내용 중 이해가 어려운 부분은 상세한 설명을 요청하고 필요시 약관책자에 보충설명 내용을 기재토록 요청하는 것도 좋은 방법이다. 둘째, 중간에 해약할 거면 처음부터 보험에 가입하지

표 4-1 보험가입과 사고발생 여부에 따른 결과 비교

구분	사고가 발생한 경우	사고가 발생하지 않은 경우
보험에 가입하지 않은 때	보험료 지출 없음	보험료 지출 없음
	보험금 지급 없음	보험금 지급 없음
고지의무를 위반하면서 보험에 가입했을 때	보험료 지출	보험료 지출
	보험금 지급 없음	보험금 지급 없음

자료 : 정홍주(2005), p.158

않는 것이 좋다. 보험은 최소 10년 이상 유지해야 그 효능이 있다. 중간에 해약하면 보장도 못 받고 원금까지 손해를 본다. 가입자가 초기에 내는 보험료는 대부분 사업비로 빠져나가기 때문이다. 셋째, 고지의무 위반은 소탐대실이다. 보험에 가입할 때 혹시 보험가입이 안 될까 봐, 아니면 보험료를 덜 내기 위하여 고지를 하지 않거나 허위로 고지하는 경우가 있다. 그러나 이는 눈앞에 작은 이익을 탐하여 큰 것을 놓치는 어리석은 행동이다. 나중에 보험사고가 발생하더라도 보험료만 손해를 보고 보험금을 지급받지 못 할 수 있다. 보험에 가입할 때 고지의무를 위반하면 계약이 체결되더라도 3년이 지날 때까지는 언제라도 계약이 해지될 수 있다. 그 이후에도 보험사고 발생의 원인이 된 때에는 보험금을 지급받지 못한다. 보험회사는 사고가 나면 가입자의 동의를 받아 의료기관, 국민건강보험공단 등에 대한 조사를 실시한다. 이 과정에서 웬만한 고지위반은 거의 적발된다. 보험회사 입장에서는 사고가 나지 않으면 보험료가 공짜수입이 되고, 사고가 나더라도 보험금을 지급하지 않아도 되니 일거양득인 셈이다. 반대로 보험계약자는 사고가 발행하건 발생하지 않건 보험금도 못 받고 보험료만 낭비하는 꼴이 된다.

2. 보험계약 청약철회

청약철회(cooling-off)는 보험계약자가 청약을 한 날 또는 제1회 보험료를 납입

한 날부터 30일[9] 이내에 특별한 사유가 없어도 그 청약을 철회할 수 있는 제도이다. 이는 보험이 복잡한 보험계약내용을 담은 보험약관에 기초한 무형의 상품이고, 계약자는 보험약관의 주요내용에 대한 직접적 이해보다는 주로 보험설계사의 설명과 권유에 의해 보험을 가입하는 점 등을 고려한 것이다. 청약철회시 계약자는 아무런 불이익 없이 이미 납입한 보험료를 돌려받을 수 있으며, 반환 지연시 보험계약대출이율을 연 단위 복리로 계산한 이자를 받을 수 있다. 보험소비자는 최근 판매채널이 복잡하고 다양해지면서 보험료반환이 지연될 가능성이 높아지고 있으므로 청약철회 신청 후 지연이자 지급 여부를 확인할 필요가 있다. 한편 보험기간이 1년 이하인 일부 보험의 경우 청약철회를 제한 없이 인정하게 되면, 무상으로 보험기간 대부분을 보장받을 수도 있으므로 일정한 제한을 두고 있다. 예를 들어, 여행자보험은 보험기간이 90일을 초과하는 경우에만 청약철회를 인정하고 있다.

---

9 2014년 8월 이전까지만 해도 15일 이내였다.

3

보험가입 채널

1. 개요

보험가입 채널이란 보험계약의 체결을 대리 또는 중개하는 모든 조직으로 흔히 보험모집종사자라 하며, 이에는 보험설계사, 보험대리점(금융기관보험대리점 포함), 보험중개사 등이 있다. 이들은 우선 감독당국에 신고 또는 등록해야 영업을 할 수 있다. 그 외 전화나 인터넷을 통한 보험가입 채널이 있다. 한편 보험업법은 보험계약자 보호와 보험모집 질서의 확립을 위하여 보험모집종사자의 자격요건을 제한하고 있다. 따라서 보험소비자는 보험가입시 보험모집종사자가 제한된 범위 내에서 권한을 가지는 것에 유의하고 스스로 권리행사 및 의무이행에 관한 제반 사항에 대해 알아둘 필요가 있다. 그리고 보험업법은 보험소비자를 보호하기 위해 보험모집시 보험설계사 및 보험대리점 등이 보험계약자에게 가한 손해에 대한 보험회사의 배상책임을 인정하고 있다. 다만, 보험중개사는 소속 보험회사가 없기 때문에 보험계약자는 보험회사에 대해 손해배상을 청구할 수는 없으나 보험중개사의 영업보증금 한도 내에서 영업보증금예탁기관에 손해배상금을 신청할 수 있다. 현행 규정상 보험중개사는 의무적으로 영업보증금을 예탁해야 한다.

2. 보험모집종사자

1) 보험설계사

보험설계사는 보험회사에 종속되어 회사를 위하여 보험계약의 체결을 중개하는 자로서 모집에 관한 연수과정을 이수하는 등 일정한 자격요건을 갖추어 감독당국에 등록된 자로 흔히 보험모집인이라고 한다. 원칙적으로 보험설계사는 특정 보험회사를 위해서만 모집할 수 있는데, 2008년 8월 30일 이후부터는 1개 보험회사에 한해 생명보험, 손해보험, 제3보험으로 교차판매도 가능해졌다. 한편 보험설계사의 법적지위에 대해서는 많은 논란이 있으나 현행규정에 준하여 살펴보면 다음과 같다. 우선 보험계약법상의 지위이다. 이에 따르면 보험설계사는 보험계약법상 청약의 의사표시를 보험자에게 전달하는 기능이 있고 제1차적 위험선택권은 있으나, 고지의무 수령권이나 계약체결권 또는 계약승낙권은 없다. 특히 보험설계사에게 중요한 사항을 구두로만 알리면 아무런 효력이 없다. 다만, 계약자의 신뢰보호와 보험보호를 위해 보험설계사의 제1회 보험료 수령권은 인정된다. 두 번째는 보험업법상의 지위로 보험설계사는 보험계약의 체결을 중개할 수 있는 자로 일정한 절차를 거쳐 감독 기관에 등록을 하여야 하며 보험 모집시 보험계약자에게 가한 손해는 보험회사가 배상할 책임이 있다. 세 번째로 근로기준법상의 지위이다. 보험설계사는 특정한 보험회사에 소속되어 일을 해야 하는 위탁계약관계 또는 종속관계에 있으므로 독립적으로 보험계약을 체결하는 보험중개사와는 다른 지위에 있으며, 더불어 고용관계에 있는 내근직원과도 구분된다.

2) 보험대리점

보험대리점은 보험회사를 위하여 보험계약의 체결을 대리하는 독립된 조직으로서 대리점에 관한 연수과정을 이수하는 등 일정한 자격요건을 갖추어 감독당국에 등록된 자이다. 보험대리점은 보험계약의 체결을 대리하므로 당연히 계약체결권, 고지수령권, 보험료수령권이 있다. 한편 보험대리점은 다양한 형태로 분류

표 4-2　보험모집종사자의 권한

구분	계약체결권	고지수령권	보험료수령권	전속 여부
보험설계사	×	×	×	○
보험대리점	○	○	○	×
보험중개사	×	×	×	×

된다. 전속대리점은 특정 1개 보험회사와 대리점 계약을 맺고 그 회사만을 위해 영업을 하며, 비전속대리점은 2개 이상의 보험회사와 대리점 계약을 체결하여 영업을 한다. 겸업대리점은 생명보험회사, 손해보험회사, 제 3보험회사와 대리점 계약을 맺고 해당 보험계약을 전부 모집할 수 있는 대리점이다. 전업대리점은 타 업종을 겸업하지 않고 보험모집 업무만을 영위하며 반면에 부업대리점은 타 업종과 병행하여 보험모집을 영위한다. 보험대리점의 주된 업무로는 보험료 및 해약환급금 산출, 보험료 수납 및 영수증 산출, 보험증권의 교부, 위험조사, 관리, 상담 등 보험가입자에 대한 봉사와 보험사고 접수 및 보상안내 등이다.

3) 보험중개사

보험중개사는 독립적으로 보험계약의 체결을 중개하는 자로서 보험중개사 시험에 합격하는 등 일정한 자격요건을 갖추어 감독기관에 등록된 자이다. 보험중개사는 어느 보험회사에 상관없이 보험소비자로부터 중개위탁을 받고 이를 위해 보험회사와 보험계약자의 중간에서 보험상품을 선정하고 소개할 뿐 계약체결을 대리하는 것이 아니기 때문에 계약체결권, 고지수령권, 보험료수령권 등에 관한 일체의 권한이 없다. 따라서 법적지위는 보험대리점과 근본적으로 다르다. 특히 보험중개사에게 1회 보험료를 지급하더라도 효력이 없다.

4) 금융기관보험대리점(방카슈랑스)

이는 은행 등 금융기관이 보험회사의 대리점 또는 중개사로 등록하여 보험상품을 판매하는 것으로, 흔히 방카슈랑스라 한다. 방카슈랑스(Bancassurance)는 프랑스어의 은행(Banque)과 보험(Assurance)의 합성어이다. 이는 협의로는 은행 창구를 통해 은행고객을 상대로 보험상품을 판매하는 것으로부터 광의로는 은행과 보험사의 종합적인 업무제휴 전략을 포함하는 개념으로 나라마다 그 범위가 다르다. 한국은 2003년 9월부터 은행에서 보험상품을 판매하는 방카슈랑스가 도입되었으며 은행뿐만 아니라 증권사, 상호저축은행, 신용카드사 등에서도 보험상품을 판매할 수 있다. 본 제도는 종합금융화의 대표적인 형태로서 유럽의 경우 생명보험의 $\frac{2}{3}$ 이상이 은행을 통하여 판매되고 있다. 참고로 일본은 1997년에 도입되어 운영되고 있다. 한편 보험회사가 주체가 되어 은행 업무를 겸영하거나 보험사가 소유한 은행이 개발한 은행상품을 보험회사의 채널을 통하여 판매하는 것을 어슈어(Assur) 뱅킹이라고 한다.

5) 보험모집 관여자(보험의)

이는 사람의 생명이나 신체를 보험사고로 하는 생명보험에서 보험회사로부터 신체검사를 위탁받아 위험측정 자료를 보험회사에게 제공하는 의사를 말한다. 보험의는 위험측정 자료를 수집하고 의학적인 소견을 보험회사에게 제공하는 보조자로서 계약체결권은 없으나, 피보험자의 신체검사를 담당하는 위치에서 고지수령권은 있다.

3. 전화 또는 인터넷을 통한 보험가입

전화가입은 접속 형태에 따라 인바운드(In Bound)와 아웃바운드(Out Bound)가 있다. 인바운드는 계약자가 전화한 경우에만 수동적으로 보험 상품을 안내하는 형태이며, 아웃바운드는 계약자에게 직접 전화하여 보험 상품을 적극적으로 안내하는 형태를 말한다. 접속 형태는 일반적으로 아웃바운드 형태를 취하는데 이는 사고에 대한 비자발성으로 인해 대부분 스스로 보험을 가입하려고 하지 않기 때문이다. 인터넷은 최근 젊은 층뿐만 아니라 모든 계층에서 사용하고 있는데 무엇보다 간편하고 기존 가입채널보다 보험료가 저렴하기 때문이다. 또한 가입시간의 제약이 없으며 다양한 정보 획득도 가능하므로 지속적으로 확대되고 있다.

4

보험계약 전 알릴 의무

1. 개요

보험가입자는 보험계약을 체결하기 전에 과거 병력(病歷), 직업 등 보험금 지급
사유 발생과 관계가 있거나 보험회사가 보험계약 체결 여부를 결정하는데 영향
을 미칠 수 있는 중요한 사항을 보험회사에 알려야 하는데 이를 계약 전 알릴 의

표 4-3 계약 전 알릴 의무 질문항목

구분		질문항목 (요약)
중요한 사항 (11개 항목)	현재 및 과거의 질병 (5개 항목)	– 최근 3개월 이내에 의사로부터 진단, 치료, 입원, 수술, 투약을 받은 경험 여부 – 최근 5년 이내 입원, 수술, 7일 이상 치료 또는 30일 이상 투약 여부 등
	현재의 장애상태 (2개 항목)	– 현재 신체에 기능적 장애나 외관상 신체의 장애가 있는지 여부 등
	외부환경 (4개 항목)	– 직업, 운전여부, 위험이 높은 취미(암벽등반 등) 등
기타 사항 (7개 항목)		– 부업(계절업무 종사), 해외위험지역 출국계획, 음주, 흡연, 타보험 가입현황 등

자료 : 금융감독원(2012년)

무 또는 고지의무라고 한다. 보험회사는 이와 같이 보험가입자가 알려준 사실을 바탕으로 보험계약의 체결여부를 최종 결정하게 되는데 청약서에 총 18개의 질문 항목을 제시하여 계약 전 알릴 의무 사항을 이행토록 요구하고 있다. 한편 보험 회사는 보험상품 또는 계약의 특성에 따라 사전에 감독당국에 신고하고 질문항 목을 추가 또는 변경할 수 있다.

2. 주요 유의 사항

(1) 청약서의 질문사항에 사실대로 답변하고 꼭 자필 서명해야 한다

보험계약자와 피보험자인 보험대상자는 청약서상 질문사항에 대해 사실대로 답변하고 자필로 서명하여야 한다. 단, 통신판매 계약은 음성녹음도 가능하다. 그리고 답변내용은 보험계약이 성립하기 전까지는 변경, 철회 등이 가능하나 계 약 성립 후에는 수정할 수 없다. 특히, 보험계약자와 보험대상자가 다른 타인의 사망시 보험금을 지급받는 보험계약은 청약시 보험대상자가 자필서명을 하지 않 으면 보험계약이 무효로 처리된다.

(2) 보험가입자 또는 보험대상자인 피보험자가 직접 고지해야 한다

【사례 1】

K씨는 모친 앞으로 생명보험에 가입하고자 보험설계사로 근무하고 있는 조카를 불러 보험계약 을 체결하였으나, 최근 모친이 간 기능에 이상이 생겨 병원치료를 받은 사실을 보험설계사에게 구두로만 알린 채 청약서에는 기재하지 않았음

▶ 고지를 받을 권한이 인정되지 않는 보험설계사에게 구두로만 알렸으므로 보험회사는 계약 전 알릴 의무 위반을 이유로 해당 보험계약을 해지처리

자료 : 금융감독원(2012년)

계약 전 알릴 의무는 보험회사와 보험계약을 체결하는 보험가입자 또는 보험대상자인 피보험자에게 있다. 따라서 보험가입자와 보험대상자가 서로 다른 경우에도 보험회사가 청약서상 질문하는 사항에 대하여 각각 사실대로 알려야 한다. 아울러, 보험가입자 등은 알릴 의무를 수령할 권한이 있는 보험대리점 등에게 알릴 의무를 이행하여야 하며, 보험설계사는 통상 권한이 인정되지 않으므로 청약서를 통해 알릴 의무를 이행하여야 한다. 위의 【사례 1】과 같이 보험설계사에게 과거병력을 구두로 알리는 경우 계약 전 알릴 의무를 이행한 것으로 보지 않는다. 또한, 보험가입자(K씨)가 보험대상자(모친)의 병력을 알면서도 그 사실을 청약서에 기재하지 않는 경우 보험가입자가 알릴 의무를 위반한 것으로 인정됨을 유의해야 한다.

(3) 고지는 청약서상의 질문사항에 답변을 기재하는 방식으로 이루어진다

【사례 2】
평소 건강보험에 관심을 갖고 있던 L씨는 회의도중 걸려온 乙보험회사 텔레마케터의 보험가입권유 전화를 받고 곧바로 청약절차를 진행하였으나, 바쁜 와중에 텔레마케터의 전화상 질의에 즉답을 하다 보니 과거에 고혈압 약을 복용하였던 사실을 알리지 않고 보험에 가입하였고, 가입 1년 만에 뇌졸중으로 입원치료를 받고 보험금을 청구

▶ 과거 고혈압으로 투약치료를 받은 사실을 알리지 않았으므로 乙보험회사는 계약 전 알릴 의무 위반으로 보험계약을 해지처리하고 뇌졸중 입원과 관련한 보험금 지급을 거절

자료 : 금융감독원(2012년)

보험가입자는 보험계약 청약시 보험회사가 제시하는 청약서상의 질문사항에 답변내용을 기재하는 방식으로 계약 전 알릴 의무를 이행토록 하고 있으며, 전화상으로 청약하는 경우에는 별도의 서면질의서 없이 텔레마케터의 녹취방식으로 계약 전 알릴 의무를 이행하므로 답변에 신중해야 한다. 보통 보험설계사를 대면한 상태에서 청약하는 경우 청약서상 질문사항을 직접 확인하고 병력 등을 알릴 수 있으나, 【사례2】와 같이 전화로 보험상품에 가입하는 경우 텔레마케터의 전화

상 질의에 즉답하는 방식으로 청약이 진행되므로 과거병력 등을 미처 알리지 못할 가능성이 있다. 전화가입의 경우 녹취한 고지사항은 재확인이 가능하다.

(4) 과거 병력 등 보험회사가 질의하는 내용 중 중요한 사항에 대하여 고지해야 한다

【사례 3】

H씨는 2007년 6월 위암 수술을 받은 후 甲보험회사에 암 보험금을 청구하였으나, 甲보험회사는 H씨가 보험에 가입하기 3년 전에 위염으로 장기간 치료를 받은 사실이 있음에도 보험계약 청약시 이를 보험회사에 알리지 않았다는 이유로 보험금 지급을 거절

▶ 과거 위염으로 진단받고 장기간 투약치료를 받은 사실은 보험회사에 알려야 할 '중요한 사항'에 해당하므로 甲 회사가 보험금 지급을 거절

자료 : 금융감독원(2012년)

보험가입자는 청약시 과거 병력 등 보험회사가 질의하는 내용 중 중요한 사항에 대하여 고지할 의무가 있다. 중요한 사항이란 보험회사가 그 사실을 알았다면 보험계약을 하지 않았거나 조건부로 인수하는 등 계약 체결여부에 영향을 미치는 사항을 말한다. 그러므로 보험대상자는 보험회사가 청약서의 질문표에서 과거 병력 등 서면으로 질문하는 경우 또는 전화 및 홈쇼핑 등의 경우 구두 질의한 사항에 대해서는 사실대로 알려야 하며, 만약 알리지 아니하거나 사실과 다르게 알린 경우에는 계약해지 및 보험금 지급거절 등 불이익을 받을 수 있음에 유의해야 한다.

(5) 고지의무를 위반할 경우 보험계약이 해지되거나 보장이 제한될 수 있다

> **【사례 4】**
>
> J씨는 2005년 8월 보험에 가입하면서 2년 전 당뇨로 진단·치료받은 사실이 있음에도 가입 당시 乙보험회사에 이를 알리지 않은 사실은 인정하고 있으나, 계약전 알릴의무를 위반하였다고 해서 보험금을 지급하지 않는 것은 부당하다고 주장
>
> ▶ 계약 전 알릴 의무를 위반한 경우 보험가입자 J씨에게 사고가 발생했는지 여부와 관계없이 乙 보험회사는 보험계약을 해지할 수 있으며, 계약전 알릴의무 위반사항과 관련된 사고가 발생할 경우 J씨는 보험금을 지급받을 수 없음
>
> 자료 : 금융감독원(2012년)

보험회사는 계약 전 알릴 의무를 위반한 경우 보험계약을 해지하거나 보장을 제한할 수 있다. 다만, 이 경우 보험회사는 계약 전 알릴 의무 위반사실뿐만 아니라 계약 전 알릴 의무 사항이 중요한 사항에 해당된다는 사실과 이의 처리결과를 보험가입자에게 서면으로 알려야 하며, 보험회사가 보험계약을 해지하는 경우에는 해약환급금 또는 이미 납입한 보험료를 지급해야 한다.

(6) 계약 전 알릴 의무를 위반하더라도 보험금을 지급받을 수 있는 경우가 있다

> **【사례 5】**
>
> P씨는 갑상샘암으로 진단받고 보험금을 청구하였으나, 甲보험회사는 P씨가 보험에 가입하기 3년 전에 고지혈증으로 진단받고 수개월간 약물치료를 받았음에도 이를 甲보험회사에 알리지 않았으므로 계약 전 알릴 의무 위반으로 보험계약을 해지처리
>
> ▶ 장기간 고지혈증으로 치료받은 사실은 보험회사에 알려야 할 '중요한 사항'이므로 P씨의 계약 전 알릴 의무 위반사실은 인정되나, 계약 전 알릴 의무 위반사실(고지혈증 불고지)과 보험금 지급사유(갑상샘암 진단) 간에 인과관계가 없으므로 甲보험회사는 보험금을 지급
>
> 자료 : 금융감독원(2012년)

일반적으로 보험회사는 계약전 알릴의무 위반을 이유로 계약을 해지하는 경우 보험금을 지급할 책임이 없다. 다만, 위 【사례5】와 같이 계약 전 알릴 의무 위반사

실이 보험금 지급사유 발생과 무관하다면 계약 전 알릴 의무 위반으로 보험계약을 해지하더라도 이미 발생한 사고에 대한 보험금은 지급해야 한다.

(7) 계약 전 알릴 의무를 위반하면 항상 계약이 해지되지는 않는다

【사례 6】

2004년 4월 M씨는 교통사고로 입원치료를 받고 보험금을 청구하였으나, 乙보험회사는 보험가입 전에 왼쪽 눈이 실명된 것을 알리지 않았다는 이유로 보험계약을 해지처리하였는데, M씨는 보험가입시 보험설계사가 청약서를 보여주지도 않았으므로 보험회사는 보험금을 지급해야 한다고 주장

▶ M씨를 방문한 보험설계사가 청약서 및 고지사항을 임의로 기재하였다면, 가입자에게 건강상태에 대하여 응답할 기회를 부여하지 않은 것이므로 보험회사는 계약 전 알릴 의무 위반사실이 있다 하더라도 보험계약을 해지할 수 없음

자료 : 금융감독원(2012년)

【사례 7】

Y씨는 척추부위에 지방육종이 발병하여 보험금을 청구하였으나, 甲보험회사는 Y씨가 보험가입 1년 전에 지방육종(악성종양) 진단을 받은 사실이 있음에도 청약서상 질문표에 지방종(양성종양)으로만 고지하였다는 이유로 보험계약을 해지처리

▶ 의료지식이 충분하지 않은 Y씨가 정확한 질병명은 아니지만 유사한 질병명 및 구체적인 치료사실을 알려주었음에도 甲보험회사가 추가 확인을 하지 않은 것은 甲보험회사의 중대한 과실에 해당하므로 보험계약을 해지 처리할 수 없음

자료 : 금융감독원(2012년)

보험가입자가 계약 전 알릴 의무를 위반한 경우 보험회사는 보험계약을 해지할 수 있으나, 다음과 같은 경우에는 보험계약을 해지할 수 없다. 1) 보험회사가 계약시에 계약 전 알릴 의무 위반 사실을 알았거나 중대한 과실로 알지 못하였을 때, 2) 보험회사가 계약 전 알릴 의무 위반 사실을 안 날부터 1개월 이상 지났거나 보장이 시작된 날로부터 보험금 지급사유가 발생하지 않고 2년이 지났을 때, 3) 보험회사가 건강진단서 등 건강상태를 알 수 있는 자료를 근거로 보험계약

이 체결되었음을 알려준 때(예를 들어, 보험의로부터 건강진단을 받고 보험계약을 체결한 경우), 4) 보험설계사 등이 계약 전 알릴 의무사항을 임의로 기재한 경우이다.

1. 보험계약은 계약당사자인 보험계약자와 보험자, 그리고 계약에 관여하는 피보험자, 보험수익자, 모집보조자가 있어야 가능하다. 이 중 피보험자가 핵심요소이며 생명보험과 손해보험에서 사용하는 의미가 서로 다르다. 한편, 보험계약의 요소는 크게 보험사고, 보험기간, 보험료납입기간과 보험금으로 구성된다.

2. 보험가입 절차는 일차적으로 가입하고자 하는 상품설명을 듣고 자필서명하면서 시작된다. 이어 청약서를 작성하고 역시 계약자와 피보험자가 자필 서명해야 한다. 그리고 계약 전 알릴 의무를 사실대로 작성한다. 끝으로 계약 관련 서류를 챙기고 제1회 보험료를 납부한 다음 보험사의 승낙이 떨어지면 보험계약이 체결된다. 한편, 보험계약자는 특별한 사유 없이 제1회 보험료 납입일 부터 30일 이내에는 언제든지 계약을 철회할 수 있다.

3. 보험가입 채널이란 보험계약의 체결을 대리 또는 중개하는 모든 조직을 의미하며 흔히 보험모집종사자라 한다. 이에는 보험설계사, 보험대리점(금융기관보험대리점 포함), 보험중개사 등이 있다. 그 외에 전화와 인터넷 채널이 있다.

4. 보험가입자는 보험계약을 체결하기 전에 과거 병력(病歷), 직업 등 보험금 지급사유 발생과 관계가 있거나 보험회사가 보험계약 체결 여부를 결정하는데 영향을 미칠 수 있는 중요한 사항을 보험회사에 알려야 하는데, 이를 계약 전 알릴 의무 또는 고지의무라고 한다. 보험회사는 청약서에 총 18개의 질문항목을 제시하여 이러한 의무를 이행토록 하고 있다.

5장

보험계약의
유지

대부분 사람들은 보험계약이 장기인 관계로 최초 가입시 세심하게 체크한 후 결정한다. 그럼에도 경제여건 등 예측하지 못한 상황이 발생하여 계약유지가 어렵게 될 경우가 생긴다. 하지만 보험을 중도에 해약하면 여러모로 손해가 발생한다. 본 장에서는 보험계약을 유지할 수 있는 해결방안을 소개하고자 한다. 1절에서는 보험계약 유지를 위한 다양한 제도를 살펴본다. 2절에서는 여러 가지 보험계약의 변경사항에 대하여 살펴본다. 3절에서는 보험계약의 해약대신 유지할 수 있는 방법과 만약 해약한다면 해약순서와 해약페널티에 대하여 살펴본다. 4절에서는 보험계약의 부활방법에 대하여 살펴본다. 마지막 5절에서는 보험가입에 따른 세제혜택의 종류와 보험종류별 세제지원에 대하여 살펴본다.

보험계약 유지를 위한 다양한 제도

일반적으로 보험계약을 초기에 중도 해지하면 해약환급금이 원금에 훨씬 못 미칠 수 있고 필요시 재가입이 어려운 경우가 있으므로 보험계약을 해지하는 것은 여타 금융상품보다 신중을 기하여야 한다. 만약 보험료 납입이 어려워서 보험을 해약한다면 계약을 유지할 수 있는 다양한 제도를 활용해 볼 필요가 있다.

1. 감액 제도

감액(Reduced) 제도는 향후 납입하여야 할 보험료 수준을 줄여 보험료 납입의 부담을 줄이는 방법이다. 줄어든 보험료는 해약으로 간주하여 향후에 지급받을 보험금도 줄어들지만 보장기간은 동일하다.

보험료	보험금	보험기간	비고
감액	감액	동일	감액 부분은 해약처리하여 해약환급금 지급

2. 감액완납 제도

감액완납(Reduced Paid-up) 제도는 보험료를 추가 납입하지 않고 보험금을 감액하는 방법으로 향후 받을 수 있는 보험금은 해약환급금을 일시납으로 납입하고 그에 상응한 보험금으로 감액된다.

보험료	보험금	보험기간	비고
미납	감액	동일	해약환급금 미지급

3. 연장정기보험 제도

연장정기보험(Extended Term) 제도는 보험금액은 그대로 유지하되 보험료를 추가납입하지 않고 보장기간을 단축하는 방법이다. 감액완납제도가 보장기간은 유지하면서 보험금 수준을 줄인 것이라면 연장정기보험은 보험금 수준은 유지하면서 보장기간을 줄이는 것이다. 예를 들면, 종신토록 사망을 보장하는 종신보험을 일정 연령까지만 보장하는 정기보험으로 변경하는 것이다.

보험료	보험금	보험기간	비고
미납	동일	단축	해약환급금 미지급

4. 보험계약대출 제도

보험계약자는 보험기간 중 긴급자금이 필요할 경우 보험계약을 해지하지 않고 해약환급금의 범위에서 보험계약대출(Policy Loan)을 받을 수 있는데, 흔히 약관대출이라 한다. 이 경우 해당상품의 적용된 예정이율에 1.5~2.5% 추가된 보험계약대출이자를 부담하여야 한다.

보험료	보험금	보험기간	비고
동일	동일	동일	대출원리금 상환 부담

5. 보험료 자동대출납입 제도

보험료 자동대출납입(Automatic Premium Loan) 제도는 보험료에 해당하는 금액이 자동적으로 보험계약대출금으로 처리되어 동 금액이 보험료로 자동 납입되는 방법이다. 다만 최초 자동대출납입일로부터 1년이 최대기간이며 그 이후의 기간에는 재신청하여야 한다.

보험료	보험금	보험기간	비고
미납	동일	동일	대출 원리금 상환

6. 보험료 납입 일시중지 및 중도인출 기능

보험료 납입 일시중지(Universal) 및 중도인출(Withdrawal) 기능이 있다. 본인이 가입한 상품이 유니버설보험이라면 의무납입기간 이후에는 일시적으로 보험료 납입을 중지할 수 있다. 의무납입기간은 보통 18개월, 2년, 3년, 5년 등이다. 통상 별도의 신청이 없어도 보험료가 납입되지 않은 경우 자동적으로 해약환급금 범위에서 인출된다. 그러나 해약환급금이 모두 소진되는 시점이 도래되면 보험계약은 해지될 수 있다.

보험료	보험금	보험기간	비고
일시중지	동일	동일	해약환급금 감소

보험료	보험금	보험기간	비고
동일	동일	동일	해약환급금 감소

또한, 해약환급금의 50% 이내에서 연 12회 중도인출이 가능하다. 이 경우 보험계약사항, 즉 보험료와 보험금 및 보험기간 등은 변동이 없다.

보험계약의 변경

1. 개요

보험계약자는 보험가입 이후 경제사정 변화 등에 대비하여 계약내용 변경청구권을 행사할 수 있다. 다만, 보험계약내용 변경으로 사망 등 보험사고 발생가능성이 증가할 수도 있기 때문에 보험회사의 승낙이 필요하며 이 경우 보험회사는 승낙사실을 서면으로 보험계약자에게 알리거나 보험증권 뒷면에 기재하여 교부하여야 한다. 보험계약내용 변경은 계약 성립과 마찬가지로 원칙적으로 계약당사자의 의사합치에 의해 성립된다.

2. 보험계약의 변경

1) 보험계약자 변경

이는 보험가입 후 사정변경으로 보험계약을 유지하기 어려운 경우 보험사의 승낙을 얻어 계약상 권리와 의무를 제3자에게 양도하는 것을 의미한다. 다만, 계약자와 피보험자가 다른 타인의 사망보험계약은 도덕적 위험방지를 위해 피보험자의 서면동의가 필요하다. 대표적인 계약자 변경사례는 타인의 생명보험계약에서 보험계약자 사망시 보험계약자의 상속인이 이를 승계함으로써 보험계약자가 변경되는 경우이다. 또한 보험계약자가 재정난, 파산 등으로 보험료 납입의무를 더 이상 이행할 수 없을 경우에 채권자 등 타인에게 보험계약을 양도하는 경우도 발생한다. 이때 보험계약자 명의를 양도받으면 보험계약으로부터 발생한 권리뿐만 아니라 의무도 이전된다. 그리고 보험회사가 보험계약자의 변경청구에 대해 승낙을 거절할 별도의 기준이 없는 상태에서 승낙을 거부하는 행위는 권리남용이나 신의성실에 위배될 수도 있다. 한편 계약 체결시에 보험회사는 계약 관련한 중요내용을 설명하여야 하지만 보험계약자가 변경된 경우에는 계약을 체결한 것이 아니므로 보험계약자는 보험회사가 보험계약의 중요한 내용을 설명하지 않았다는 점을 이유로 대항할 수 없다.

2) 보험수익자 변경

보험가입 후 보험계약자와 보험수익자의 인적관계가 변화되면 계약을 유지하는 것이 불합리할 경우가 생긴다. 예를 들어, 부부 중 한 명이 보험계약자 겸 피보험자, 배우자가 보험수익자로 지정되어 있는 상태에서 이혼하면 보험수익자를 자녀 등 다른 사람 명의로 변경하는 경우가 있다. 이럴 경우 보험계약자는 보험수익자를 변경할 수 있는데, 보험회사는 보험수익자 변경에 대하여 실질적 이해를 가지는 것이 아니므로 보험사의 승낙은 필요 없다. 다만, 보험회사의 중복지급을 배제하기 위하여 보험회사에 통지는 해야 된다. 한편 보험수익자와 피보험자가 다른 경우 보험수익자 변경시에는 도덕적 위험 방지를 위해 피보험자의 서면동의가 필요하다.

3) 보험가입금액 변경

보험가입 후 보험계약자의 수입이 감소할 경우 보험가입금액을 축소할 수 있는

데, 이 경우 추후 사망 등의 사고 발생시 보험사로부터 지급되는 보험금도 줄어들 수 있다. 다만, 보험가입금액을 증액하는 경우에는 건강상태나 보험범죄 가능성 등을 감안하여 증액한도가 제한되거나 증액 자체가 안 될 수도 있다.

4) 보험종목 변경

보험계약자는 보험가입 후 시간이 지나면서 당초 가졌던 보험만족이 달라질 수 있다. 이러한 보험계약자의 새로운 수요에 부응하기 위하여 계약 자체를 변경하는 보험종목 변경 또는 계약전환이 허용되고 있다. 예를 들어, 재해 위주의 보험에서 암보장 위주로 변경하거나, 순수보장성보험에서 만기환급형 보험으로 변경하는 경우 등이다. 보험종목 변경은 기존 계약을 해지하고 신계약을 체결할 경우 발생할 수 있는 비용을 최소화하는 데 그 목적이 있다. 다만, 계약체결 후 1년 이내에는 변경이 허용되지 않을 수 있다. 한편 보험설계사 등이 본인 수입을 늘리기 위해 기존에 유지되던 계약을 해지하고 새로운 계약 체결을 유도하는 경우에는 보험종목 변경과 달리 기존계약의 중도해지로 인하여 손해를 볼 수 있다. 이를 승환계약[10]이라 하는데, 보험업법은 보험설계사 등의 이와 같은 행위를 금지하고 있으며, 피해를 입은 보험계약자는 해지된 기존 계약 부활이나 신계약 취소 등을 할 수 있다.

---

10 이는 동일설계사가 보험회사를 옮기며 기존계약을 해지시키고 새로 가입을 하게 하거나, 기존계약을 해지시키고 새로운 계약으로 가입전환시키는 행위를 말하며, 동일회사에서 행한 행위도 승환계약에 포함된다. 승환계약은 보험계약 중도해약에 따른 금전손실, 새로운 계약에 따른 면책기간 신규개시 등 보험계약자에게 부당한 손실을 발생할 우려가 있어 엄격히 제한하고 있다. 감독당국에서는 6개월 이내의 보험계약 전환, 중요한 사항에 대한 비교나 고지의무를 불이행한 경우를 승환계약으로 간주하도록 정하고 있으며, 보험계약자는 승환계약에 대하여 보험계약이 소멸한 날로부터 6월 이내에 부활을 청구할 수 있으며 보험회사는 부활청구에 대하여 특별한 사유가 없으면 이를 승낙하여야 한다. 보험업법을 위반한 승환계약에 대하여는 해당 보험회사 및 모집종사자에 대하여 과징금 및 과태료를 부과하도록 정하고 있다.

3. 직업이나 직무 변경 통지의무

보험 중 상해보험 가입자는 보험기간 중에 피보험자, 즉 보험대상자의 직업 또는 직무가 변경된 경우 보험회사에 그 사실을 알려야 할 의무가 있다. 이는 피보험자의 직업이나 직무의 변경이 사고발생 위험을 증가 또는 감소시킬 수 있으므로 위험 변경에 따라 보험료나 보험가입금액을 조정할 필요가 있기 때문이다. 직업 또는 직무의 변경으로 위험이 감소된 경우에는 보험회사가 보험계약자에게 보험료 차액을 돌려주어야 하며, 그 반대로 위험이 증가된 경우에는 보험료가 증액되거나 지급받을 보험금이 삭감된다. 만약 보험가입자가 직업이나 직무의 변경사실을 보험회사에 알리지 않은 경우에는 사고발생시 보험금을 적게 받게 되거나 보험계약이 해지될 수도 있다. 사정이 이러함에도, 보험가입 후 보험계약자들은 직업과 직무 변경사실을 알리는 경우가 많지 않은 것이 현실이다. 한편 직업과 직무 변경통지 의무는 상해보험에만 적용되며, 생명보험 및 질병보험에는 일반적으로 적용되지 않는다. 상해보험은 피보험자에게 발생한 외래의 급격하고 우연한 사고를 담보하므로 직업과 직무가 상해사고 발생에 결정적인 영향을 미치기 때문에 직업이나 직무별로 구분하여 보험료를 산출하고 있다. 그러나 생명보험은 그

표 5-1 보험상품별 직업·직무 변경 통지의무 적용 여부

대상상품			직업·직무 변경 통지의무 적용 여부
상해보험	손해보험회사 판매상품	실손의료보험(상해형, 종합형), 장기상해보험 등	적용
	생명보험회사 판매상품	실손의료보험(상해형, 종합형), 2005.8.1. 이후에 체결된 재해보장보험	적용
		2005.8.1. 이전에 체결된 재해보장보험	미적용
생명보험		정기보험, 종신보험, 연금보험, 변액보험 등	미적용
질병보험		건강보험, CI보험, 실손의료보험(질병형) 등	미적용

자료 : 금융감독원(2010년)

자체가 노화, 질병 등 위험이 악화 내지 증가하는 사태에 대비하는 수단이고, 질병보험도 이와 유사하여 보험료 산출시 직업과 직무별로 구분하지 않고 있다. 그러나 손해보험상품은 계약 이후 통지의무가 모두 존재한다. 예를 들어, 화재보험 대상 건물의 구조를 변경, 개축 및 증축하거나 계속하여 15일 이상 수선할 때는 그 사실을 보험회사에 알려야 할 의무가 있다.

3

보험계약의 해약

1. 개요

시중경기가 둔화되면 보험계약자는 일시적으로 경제적 여건이 악화되어 보험료 납입이 어려워진다. 이럴 경우 계약자는 보험계약 해약을 고민한다. 원칙적으로 계약자는 자신의 경제적 사정 변경 등에 따라 언제든지 보험계약을 중도에 해약할 수 있으며, 이 경우 소정의 해약환급금을 돌려받는다. 그러나 중도해지하면 불리한 점이 발생하는데 크게 두 가지이다. 무엇보다 계약자가 돌려받는 해약환급금이 그동안 납입한 보험료보다 적을 수 있어 금전적으로 손실이 발생한다. 이것은 보험계약자가 납입한 보험료에서 보험금지급에 필요한 비용과 보험설계사에게 지급된 모집수당 등 계약체결시 지출한 비용을 공제한 후 해약환급금을 지급하기 때문이다. 특히, 보장성보험은 계약초기에 해약환급금이 거의 없으며, 저축성보험은 보험상품별, 가입조건(성별, 가입나이, 납입기간 등), 적용이율 등에 따라 상이하지만 원금 수준에 도달하려면 대략 7년 정도의 기간이 소요된다. 둘째, 향후 동일한 조건의 보험가입이 어려워진다. 보험계약을 해약한 후 같은 조건의 보험계약에 가입하려고 하면 현재 및 과거의 질병, 장애상태 등을 보험회사에 알려야 하는 등 다시 보험가입 절차를 거쳐야 하는데, 이 경우 피보험자의 연령 증가 또는 건강상태 악화 등으로 인하여 보험회사가 보험가입을 거절할 수 있고, 보험 가입이 가능하더라도 보험료가 비싸진다.

한편 보험계약의 해약이 일부 제한되는 경우도 있다. 우선 피보험자 생존시에 연금을 지급하는 생존연금보험의 경우 연금지급이 개시된 이후부터는 임의해지가 제한된다. 만약 임의해지를 허용할 경우 사망에 임박한 계약자는 모두 해약하여 해약환급금을 수령하게 될 것이므로 상대적으로 건강한 가입자들에 대한 연금재원이 부족해질 수 있기 때문이다. 둘째, 보험계약자와 보험수익자가 동일하지 않은 타인을 위한 보험계약의 경우에도 임의해지가 제한된다. 이 경우 보험수익자도 계약유지에 따른 이해관계가 있으므로 보험계약자는 수익자의 동의를 얻거나 해당 보험증권을 소지하여야만 계약해지가 가능하다.

만약 해약하기로 결정하였다면 보험상품 이외의 예금, 유가증권 등 다른 금융상품들도 모두 체크한 후 보험계약의 해약 여부를 최종 판단하여야 한다. 참고로 계약자 본인의 보험계약 정보는 생명 및 손해보험협회 홈페이지의 '보험가입조회' 화면에 접속하거나, 협회에 직접 방문하면 본인이 가입한 보험계약이 있는 모든 보험회사를 알 수 있다. 또한 개별 보험회사의 홈페이지에 접속하면 가입하고 있는 모든 보험계약의 정보조회도 가능하다. 해약신청은 가까운 영업점을 방문하여 회사가 정하는 양식에 따라 신청하면 된다. 다만, 유니버설보험 가입자는 현재 보험료 납입 일시중지 상태라면 별도의 신청 없이도 의무납입기간 이후 보험료가 미납되면 자동적으로 해약된다.

2. 해약 대신 계약유지 방안

1) 보험계약대출 활용

보험계약자는 누구나 별도의 담보나 조건 없이 본인이 가입한 계약의 해약환급금 범위에서 언제든지 대출을 받을 수 있는데 이를 흔히 약관대출이라 한다. 대출금액은 회사별 또는 상품별로 차이가 있으나 일반적으로 해약환급금의 80~90% 수준이며, 변액유니버셜보험은 해약환급금의 50~70% 수준이다. 약관대출은 보험계약자가 보험회사 고객창구를 직접 방문하지 않더라도 인터넷, 전화(ARS), 모바일 등으로도 본인확인만 하면 가능하다. 그러나 보험계약대출에 따른 별도의 이자를 부담해야 하며, 대출금과 이자상환이 연체되는 경우 보험금 지급시 연체금액을 차감하고 지급한다. 대출이율은 보험회사가 상품별 예정이율에 가산금리(통상 1.5~2.5% 수준)를 부가하여 결정된다. 최종적으로 계약자는 대출을 이용하기 전에 은행 등 다른 금융회사의 대출조건 등도 함께 살펴보고 본인에게 가장 유리한 방법을 선택해야 한다. 한편 순수보장성보험 등 보험상품 종류에 따라 보험계약대출이 일부 제한될 수 있다.

2) 자동대출납입 활용

계약자가 보험료의 자동대출납입을 신청하면 보험료가 일정기간 자동적으로 대출되어 납입되므로 보험료를 납입하지 않고도 보험계약이 유지된다. 다만, 대출이자는 보험계약대출과 동일하다. 특히 종신보험 등 보장성보험은 보험료납입 없이도 종전의 보장을 지속할 수 있으므로 이 제도를 적극 활용할 필요가 있다. 그러나 이 제도를 장기간 이용하면 보험료적립금 감소로 인해 보험계약이 실효될 수도 있으므로 신청 전에 대출납입 가능기간을 꼭 확인해야 한다. 자동대출이 필요하다면 계약자는 납입최고기간[11]이 경과되기 전까지 보험회사에 신청해야 하며, 자동 납입되는 보험료는 1년을 최고한도로 하고 그 이후 기간에 대해서는 자동대출납입을 원하는 경우 재신청해야 한다.

---

[11] 이는 제2회 이후 보험료를 납입기일까지 납입하지 아니한 때에 보험회사가 납입을 독촉하는 기간을 말하며, 일반적으로 14일 이상이다.

3) 중도인출 활용

가입한 보험이 유니버셜보험이라면 해약 대신 간단하게 적립금의 일부를 인출할 수 있다. 해당 조건은 일반적으로 연 12회에 한하여 1회당 해약환급금의 50% 이내이며, 일시납은 계약일 이후 1개월이 지난 후부터, 월납은 보험료 납입경과기간 2년 이후부터 가능하다. 이후 자금사정이 회복되면 인출한 금액만큼 추가 납입하여 기존과 동일한 보장을 계속 받을 수 있다. 다만, 중도인출시 인출금액만큼 해약환급금 또는 만기보험금이 줄어든다. 한편 인출금액에 대한 별도의 이자는 발생하지 않으나 소정의 수수료가 발생한다.

4) 계약변경제도 활용

일반적으로 보험은 장기계약이므로 계약체결 후에 계약자의 경제 사정 등이 변하게 되면 회사의 승낙을 통해 보험계약의 내용을 변경할 수 있으므로 해약하지 않고 보험료 부담을 덜 수 있다. 대표적으로 보험가입금액 감액이나 보험종목 변경 등이 있다.

5) 보험금 선지급서비스 활용

종신보험의 경우 환자인 피보험자의 생존기간이 12개월 이내라고 의사가 판단하는 경우 사망보험금을 미리 받아 환자의 치료나 간병 등에 필요한 긴급자금에 충당할 수 있다. 따라서 병원비 등의 부담으로 해약을 고려하는 경우라면 보유중인 보험상품에 선지급서비스특약이 가입되어 있는지 확인하고 이를 활용하면 된다.

3. 해약시 상품선택 순서

보험은 장래 불의의 사고 발생시 본인이 납입한 보험료보다 훨씬 많은 보험금을 수령하여 경제적 도움을 받는 보장기능이 있으므로 긴급자금이 필요하더라도 본인에게 꼭 필요한 보장기능, 즉 질병, 상해, 사망보장 등은 유지할 필요가 있다. 그러나 해약이 불가피하다면 다음 순서대로 해약하는 것이 현명하다.

① 보장 내용이 중복되어 가입된 상품부터 해약한다. 특히, 실제 발생된 의료비를 지원해 주는 의료실손보험은 중복가입해도 보장받지 못한다.
② 보장성보험보다는 저축성이나 투자형 상품부터 해약한다. 통상 보장성보험은 중도에 해지할 경우 재가입이 어렵고 보험료도 비싸지며 경제적으로 어려울 때 꼭 필요한 보험이기 때문이다.
③ 과거에 가입한 이자율이 높은 상품보다 낮은 상품을 해약한다. 만약 이자율이 유사한 계약이라면 보험가입일로부터 해약공제가 없는 7년 이상 경과되고 만기가 가까운 계약을 해약한다.
④ 세제지원 상품보다는 세제지원이 없는 일반상품부터 해약한다. 세제혜택이 있는 개인연금저축보험 등은 중도 해지시 추징세가 부과되기 때문이다.
⑤ 현재 판매되지 않는 상품보다는 최근 판매 중인 상품부터 해약한다. 최근 암보험은 대다수 회사가 판매중지하고 있으므로 이미 가입한 암보험은 보험기간까지 유지하는 것이 유리하다.

4. 해약환급금이 납입보험료보다 적은 이유

보험기간이 끝나기 전에 해약 또는 효력상실시 지급되는 환급금을 해약환급금이라 한다. 이의 재원은 책임준비금인데 그 전부를 해약환급금으로 지급하지 않고 책임준비금에서 어느 정도 공제한다. 책임준비금은 보험회사가 보험계약에 대하여 장래에 지급하는 보험금, 환급금, 배당금 등의 지급책임을 완전히 수행할 수 있도록 준비하는 금액이다. 통상 계약 초기에는 해약환급금이 없거나 있더라도 본인이 납입한 보험료 합계액보다 적다. 그 이유는 다음과 같다.

첫째, 보험가입과 동시에 위험에 대한 보장이 주어져 자기가 납입한 보험료보다 훨씬 많은 보험금을 받을 기회를 얻게 되는데 그에 대한 대가로 납입보험료의 일부분인 위험보험료가 이미 사용되었다. 그러나 은행의 예금이나 적금, 신탁에서는 위험보장이 제공되지 않기 때문에 이러한 보장비용의 차감이 없다.

둘째, 신계약비, 유지비, 수금비 등의 사업비로 납입보험료의 일부가 지출되었기 때문이다. 이 중 신계약비는 설계사 수당, 건강 진단비, 증권발급비 등 보험판매에 따라 발생하는 비용으로 1차 연도 납입보험료의 전부 또는 대부분이 이 비용으로 충당된다. 경우에 따라서 1차 연도 보험료를 초과하기도 한다. 한편 신계약비를 포함한 사업비는 보험기간 종료까지 매기간마다 납입보험료의 일정 부분을 떼어 내어 집행된다. 그 결과 1차 연도 납입보험료에서 한번 차감한 사업비만으로는 초년도에 집중 지급되는 사업비를 감당할 수가 없게 된다. 따라서 이를 보완하기 위하여 2차 연도 이후 발생할 것으로 예상되는 사업비를 1차 연도에 미리 떼어 내어 선집행하고 그 이후에 보전하는 방법을 취한다. 즉, 다음 년도 보험료부터 그 부족분을 통상 7차년까지 계속 메꾸어 나간다. 그러나 중도에 해약하게 되면 부족분을 메꿀 보험료가 납입되지 않아 미리 집행된 사업비를 해약환급금에서 공제할 수밖에 없다. 만약, 계약체결 후 초기에 해약한다면 해약환급금이 거의 없는데, 이는 공제할 사업비가 많이 남아 있기 때문이다.

셋째, 사망 역선택에 대한 공제이다. 사망보험에서는 건강이 불량한 사람은 가능하면 해약을 피하고, 스스로 건강하다고 믿는 사람들이 해약을 하게 되어 계약자집단에는 건강이 불량한 사람들이 더 많이 남게 된다. 그 결과 역선택현상이 발생하게 되어 잔여계약자들에게 불리한 결과를 초래하게 된다. 이를 보전하기 위해 해약하는 사람들에게 지급하는 해약환급금은 감소되어야 한다는 것이다.

넷째, 재무역선택에 대한 공제이다. 회사는 해약에 대비해서 유동성이 높은 자산을 준비하거나 또는 해약환급금을 지급하기 위해 불리한 시점에서 보유자산을 처분해야 할 때도 있어 투자이익이 감소되거나 당초 계획보다 줄어들게 된다. 특히 경기 침체기에는 상황이 더욱 악화된다. 따라서 사망 역선택처럼 재무 역선택도 잔여계약자에게 불리한 결과를 초래하므로 이의 보전을 위해 해약공제금이 부과되어야 한다는 것이다.

다섯째, 계약자가 해약하는 경우 해약환급금을 지급하는데 사무경비가 발생하므로 이에 대한 공제가 필요하다.

이상 위의 다섯 가지 이유가 모두 반영되어 납입보험료에서 차감되는 것은 아니고 현행 감독규정은 위의 두 번째 이유만 반영하여 공제하고 있다. 따라서 해약시점에 아직 상각되지 않은 신계약비만 책임준비금에서 차감하고 해약환급금을 산출한다. 현행 규정상 상각기간은 7년이므로 7년 이상 유지된 계약을 해약하면 차감할 신계약비가 없으므로 책임준비금이 고스란히 해약환급금으로 지급된다.

4

보험계약의 부활

1. 개요

보험은 여타 금융상품과는 달리 미래에 발생할 수 있는 사고를 장기간 보장하는 상품이다. 그러므로 보험가입자는 보험기간 중에 경제적 여건이 악화되어 부득이 보험료 납입을 연체할 가능성이 높다. 그러나 경제적 여건이 다시 좋아지면 계약을 유지하고 싶어진다. 이처럼 연체되었으나 해약환급금을 받지 않는 경우라면 동일한 조건으로 계약을 유지하는 제도가 보험계약의 부활이다. 이러한 제도가 없다면 보험계약자 입장에서는 새로운 보험계약을 가입해야 하는 번거로움과 피보험자의 연령이 증가하여 보험료가 상승하거나 기존에 가입한 보험상품의 판매가 중단되어 보험계약자가 해지전과 동일한 조건의 계약에 가입하지 못하는 등의 피해가 발생할 수 있다. 보험계약의 부활에는 보험료납입 연체로 해지된 계약의 부활, 압류 등으로 해지된 계약의 부활, 보험모집자의 부당한 권유로 해지된 계약의 부활 등이 있는데, 각각 부활조건 및 부활청약기간이 조금씩 다르다.

2. 종류

1) 보험료납입 연체로 해지된 계약의 부활

보험료납입 연체로 해지된 계약은 해지된 날로부터 2년 이내에 부활을 청약해야 하며, 이때 연체된 보험료와 이자를 납입하게 되면 기존계약과 동일한 조건으로 환원된다. 통상 보험료가 미납된 경우 보험회사는 14일, 보험기간이 1년 미만인 경우는 7일 이상의 납입 최고기간을 정하여 보험계약자에게 보험계약이 해지됨을 알려야 한다. 이때 납입 최고기간 중 발생한 사고는 보장을 받을 수 있으나 최고기간 경과 후 부활시까지 발생한 보험사고는 보장받지 못한다.

2) 압류 등으로 해지된 계약의 부활

보험계약자가 보험계약을 유지하던 중 채무 불이행으로 인한 압류, 담보권 실행 등으로 해당 보험계약이 해지될 수 있는데, 이 경우 보험금 수령자인 보험수익자는 보험금을 받을 수 없는 등 선의의 피해를 입을 수 있으므로 보험약관에서는 보험수익자가 보험계약자의 지위를 이어받아 보험계약을 유지할 수 있는 특별부활 제도를 두고 있다. 다만, 소액 보장성보험의 경우 서민생계형 보험이라 여겨 채무불이행에 따른 압류대상에서 제외된다. 소액 보장성보험은 주로 사망보험금이 1,000만 원 이하 또는 보장성보험의 만기환급금이 150만 원 이하인 상품을 말한다. 채무불이행으로 보험계약이 해지된 경우 보험회사는 해지일로부터 7일 이내에 보험수익자에게 해당 보험계약의 해지사실을 통지해야 하며 해지통지를 받은 보험수익자는 보험계약자의 동의를 얻어 압류 등을 유발한 채무를 대신 지급하고 15일 이내에 부활을 청약하면 기존계약과 동일한 조건으로 계약을 유지할 수 있다.

3) 보험모집자의 부당한 권유로 해지된 계약의 부활

보험계약자가 보험계약을 유지하던 중 보험모집자가 기존계약을 해지하고 새로운 계약을 가입하도록 권유할 수 있는데, 이러한 경우 기존계약과 새로운 계약의 보장범위가 달라지거나 보험료가 인상되는 등의 불이익이 생길 수 있다. 이에 따라 보험모집자의 부당한 권유로 해지된 계약의 보험계약자를 보호하고자 보험업법에서는 보험계약 부활 제도를 두고 있다. 이 경우 보험계약자는 해지된 날로부터 6개월 이내에 소멸된 보험계약의 부활을 청약할 수 있다.

3. 주요 유의 사항

첫째, 계약해지 이후 부활 전까지의 기간은 보험사고가 발생하더라도 보장을 받을 수 없으므로 보험계약자는 부활을 원할 경우 가급적 조기에 청약해야 한다. 둘째, 보험계약 부활 청약시에도 계약전 알릴사항을 사실대로 알려야 한다. 계약의 부활에도 고지의무는 신규계약과 동일하게 적용되므로 보험계약자는 부활청약시에 암, 고혈압 등 현재와 과거의 질병상태, 장애상태 등 청약서에서 질문하고 있는 사항을 사실 그대로 알려야 한다.

5

보험계약과 세제혜택

1. 보험의 세제혜택

보험가입에 따른 세제혜택은 크게 보험료 소득공제와 보험차익에 대한 비과세 방식으로 나뉜다. 보험차익은 만기환급금이 납입한 보험료의 합계보다 큰 경우 그 차액을 말하며, 일반적으로 저축성보험의 보험차익은 이자소득으로 과세하지만 10년 이상 유지하면 비과세된다. 소득공제는 근로자가 납입한 보험료에 대하여 보험료의 전부 또는 일부를 근로소득에서 공제함으로써 세제혜택을 주는 방식이다. 이 방식은 2014년 세법개정으로 세액공제로 변경되었다. 금융상품 중엔 소득공제 상품이었던 연금보험과 보장성보험이 세액공제로 전환되었고 세액공제율은 납입액의 12%이다. 그러나 국민연금, 공무원연금 등 공적 관련 연금보험료와 국민건강보험료 등은 소득공제 대상으로 남아 있다. 향후에도 세법개정에 따른 공제방식이 변경될 수 있기 때문에 이의 동향을 지속적으로 체크해야 한다.

2. 보험종류별 세제지원

1) 보장성보험

보장성보험이란 피보험자의 사망, 질병, 부상 기타 신체상의 피해나 자산의 멸실로 인하여 보험금을 지급받는 보험으로서, 만기환급금이 납입보험료를 초과하지 않고 보험계약 또는 보험료납입영수증에 보험료공제 대상임이 표시된 보험을 말한다. 근로소득자(일용근로자 제외)가 소득세법 상 보장성보험에 가입한 경우 당해 연도에 납입한 보험료에 대해 100만 원을 한도로 소득공제가 된다.

또한, 장애인을 피보험자 또는 보험수익자로 하는 장애인전용보험은 추가하여 100만 원 한도로 소득공제된다. 그러나 동일인에게 보장성보험료 공제와 장애인전용 보장성보험료 공제가 동시에 적용되는 경우에는 중복공제가 되지 않는다.

표 5-2　보장성보험료 소득공제 요건

구분	요건
계약자	근로소득자 본인 또는 소득이 연간 100만 원 이하 가족
피보험자	근로소득자(일용근로자 제외), 배우자, 기타 가족(거주자와 생계를 같이하는 사람으로 부양가족 공제가 가능한 사람)
대상계약	- 생명보험, 상해보험 - 화재·도난 기타의 손해를 담보하는 가계에 관한 손해보험 - 농협, 수협, 신협, 새마을금고의 공제 - 군인공제, 교원공제, 지방행정공제, 경찰공제, 소방공제

자료 : 금융감독원(2012년)

표 5-3　장애인전용 보장성보험료 소득공제 요건

구분	요건
계약자	근로소득자 본인 또는 소득이 연간 100만 원 이하 가족
피보험자	기본공제대상자인 장애인
대상계약	보장성보험으로서 보험계약 또는 보험료납입영수증에 장애인전용보장성 보험으로 표기된 것

자료 : 금융감독원(2012년)

대신 가족 중 장애인을 피보험자로 하는 장애인전용보험료와 별도로 본인을 위한 보장성보험료로 연간 100만 원을 납입하였다면 연간 200만 원을 공제받을 수 있다.

2) 저축성보험

저축성보험이란 보장성보험 이외의 보험으로 만기환급금이 납입보험료를 초과하는 보험을 말한다. 초과하는 보험차익은 원칙적으로 금융상품간의 과세형평을 위해 이자소득으로 과세하나 보험계약일로부터 계약유지기간이 10년 이상이라면 만기 또는 중도해지시 보험차익은 비과세된다. 이자소득은 은행과 동일하게 15.4%(소득세 14%+주민세 1.4%)로 원천징수한다. 만약, 타 금융소득과의 합계가 2,000만 원을 초과하는 경우에는 다른 소득과 합산하여 종합과세된다. 참고로 금융소득종합과세 기준은 2013년부터 기존 4,000만 원에서 2,000만 원으로 조정되었다.

표 5-4　보험차익에 대한 소득세 과세 여부

구분	보험사고시	만기시 보험차익	
보장성보험	비과세	비과세	
저축성보험		10년 미만 유지시	이자소득세 과세
		10년 이상 유지시	비과세

자료 : 금융감독원(2012년)

3) 연금보험

연금보험은 보험회사에서만 판매하는 세제비적격 형태의 연금보험과 조세특례제한법에 따라 보험회사, 은행 등에서 판매하는 세제적격 연금저축으로 나뉜다. 세제비적격 연금보험은 가입 이후 유지기간이 10년 이상 되어야만 이자소득이 비과세된다. 금융권 중 보험회사에서 판매하는 연금저축보험은 연간저축금액의 100%까지 소득공제 혜택을 받을 수 있으며 최고한도 금액은 필요할 때마다 조정된다. 2014년 8월 현재 최고한도는 400만 원이며 세제혜택을 받기 위해서는 가입대상, 납입한도 등 추가적인 요건도 충족해야 한다. 연금저축 가입자는 저축납입기간 동안 소득공제 혜택을 받는 대신 연금 수령시 연금소득세를 납부해야 하며 연금소득은 다른 소득과 합산하여 종합소득으로 과세된다. 이 경우 총연금액에서 연금소득공제를 차감한 연금소득금액이 다른 소득과 합산된다. 다만, 총연금액이 연간 600만 원 이하이고 분리과세 선택시 낮은 세율(5.5%)이 적용된다. 총연금액은 공적연금(국민연금, 공무원연금, 군인연금 등), 퇴직연금, 연금저축의 연금소득액을 모두 합한 것이다.

4) 생계형저축보험

이는 노인, 장애인, 국가유공자 등이 1인당 3,000만 원의 범위 내에서 적립하는 보험으로 이자소득은 비과세된다. 현재 판매 중인 모든 저축성 보험상품이 해당되며 가입시한과 저축기간의 제한은 없으며, 1년 이상 유지하면 중도 해지에도 비과세혜택이 주어진다.

표 5-5 생계형 저축보험의 비과세 요건

구분	요건
가입대상	만 60세(여자는 55세) 이상인 노인, 등록 장애인, 독립유공자와 그 유족 또는 가족, 국민기초생활보장법 상 수급자 등
대상상품	판매중인 모든 저축성보험상품
가입한도	1인당 저축원금 3,000만 원

자료 : 금융감독원(2012년)

3. 보험금 관련 상속세와 증여세

1) 상속세

생명보험이나 손해보험에 가입한 피보험자(피상속인)가 사망한 경우 보험수익

표 5-6 상속세 재원의 과세 여부

구분		상속세 과세 여부
손해·생명보험	아버지를 피보험자로 하여 아버지가 보험료를 납입한 보험계약의 보험금	과세
	아버지를 피보험자로 하여 자녀가 보험료를 납입한 보험계약의 보험금	비과세
은행예금	아버지의 예금 등 금융재산	과세

자료 : 금융감독원(2012년)

자인 상속인이 수령한 사망보험금은 상법상으로는 상속재산이 아니지만 세법상으로는 상속재산으로 간주하여 상속세를 과세한다. 상속재산은 보험금 중 피상속인 사망시까지 납입한 보험료의 총 합계액 중 피상속인이 부담한 보험료의 비율만큼 계산된다. 따라서 아버지를 피보험자로 하되, 자녀가 보험료를 전액 납입하였다면 상속재산은 '0(zero)'으로 산출된다. 한편 상속세의 재원마련을 위해 보험을 이용하는데, 통상 상속세 납부예상액을 기준으로 사망보험금을 설계하고 향후 피보험자 사망에 따른 상속세를 사망보험금으로 부담한다.

2) 증여세

보험계약자와 보험수익자가 다른 경우에는 보험사고(사망제외) 또는 만기보험금을 보험수익자에 대한 증여재산으로 간주하고 보험수익자에게 증여세를 부과한다. 이때 보험계약자와 보험료 납입자가 다른 경우도 해당된다. 그리고 보험기간 중에 보험료를 증여하고 이를 통해 보험금을 수령한 경우에는 납입한 보험료가 아니라 보험금수령액을 기준으로 증여세가 부과된다.

한편 상속세와 증여세는 보험계약자와 피보험자, 그리고 보험수익자를 어떻게 구성하느냐에 따라 과세 여부가 다양하게 달라진다. 예를 들어, 보험계약자와 보험수익자는 아버지, 피보험자가 어머니일 경우에는 사망보험금이나 만기생존보험금 모두 세금이 발생하지 않는다.

표 5-7 보험계약 형태에 따른 상속세와 증여세 과세관계

구분	보험계약자 (보험료납입자)	피보험자	보험수익자 (보험금수령자)	과세관계	
				사망보험금	생존보험금 (만기환급금)
1	부	부	부	상속인에게 상속세	세금없음
2	부	부	모	상속세	증여세
3	부	부	자	상속세	증여세
4	부	모	부	세금 없음	세금 없음
5	부	모	모	상속인에게 상속세	증여세
6	부	모	자	증여세	증여세
7	부	모	모	상속세	증여세

자료 : 금융감독원(2012년)

1. 보험계약을 유지하는 방법으로 감액제도, 감액완납제도, 연장정기보험제도, 보험계약대출제도, 보험료 자동대출납입제도, 보험료 납입 일시중지 및 중도인출 등이 있다.

2. 보험계약자는 보험가입 이후 경제사정 변화 등을 대비하여 계약내용 변경청구권을 행사할 수 있으며, 이에는 보험계약자와 보험수익자 변경, 보험가입금액 및 보험종목 변경 등이 있다.

3. 해약 대신 유지할 수 있는 방법으로 보험계약대출, 자동대출납입, 중도인출, 계약변경, 그리고 보험금 선지급서비스 등이 있다. 만약, 해약이 불가피하다면 해약순서는 1) 보장내용이 중복된 상품, 2) 저축성상품, 3) 이자율이 낮은 상품, 4) 세제지원이 없는 상품, 5) 최근 판매중인 상품 순으로 해약한다.

4. 통상 계약 초기에는 해약환급금이 없거나 있더라도 본인이 납입한 보험료 합계액보다 적다. 미상각 신계약비를 책임준비금에서 차감하고 지급하기 때문이다. 현행 규정상 상각기간은 7년이므로 7년 이상 유지된 계약을 해약하면 책임준비금이 고스란히 해약환급금으로 지급된다.

5. 보험료를 연체하였으나 해약환급금을 받지 않는 경우라면 동일한 조건으로 계약을 부활할 수 있다. 이에는 보험료납입 연체로 해지된 계약의 부활, 압류 등으로 해지된 계약의 부활, 보험모집자의 부당한 권유로 해지된 계약의 부활 등이 있는데, 각각 부활조건 및 부활청약기간이 조금씩 다르다.

6. 보험가입에 따른 세제혜택은 크게 보험료 소득공제와 보험차익에 대한 비과세 방식으로 나뉜다. 소득공제는 근로자가 납입한 보험료에 대하여 보험료의 전부 또는 일부를 근로소득에서 공제함으로써 세제혜택을 주는 방식으로 2014년 세법개정으로 세액공제로 변경되었다. 보험차익은 만기환급금이 납입한 보험료의 합계보다 큰 금액을 말하며, 이 차액은 10년 이상 유지하면 비과세된다.

6장

보험계약의 종료

일반적으로 보험계약은 계약에서 정한 보험기간이 만료되거나 또는 보험기간 중 약정한 보험사고가 발생하여 해당 보험금이 지급되면 종료된다. 그러나 다른 이유로 계약이 종료되는 경우도 있다.

본 장에서는 보험계약의 종료에 관하여 소개하고자 한다. 1절에서는 보험계약의 무효 또는 취소로 인한 계약종료를 살펴본다. 2절에서는 보험금 청구시 필요서류와 청구절차, 그리고 보험금지급 관련 분쟁조정에 대하여 살펴본다. 3절에서는 보험민원과 분쟁시 대처방안에 대하여 살펴본다.

보험계약의 종료

보험계약이 종료되는 경우는 크게 세 가지가 있다. 첫 번째는 가장 자연스러운 유형으로 계약에서 정한 보험기간이 만료되거나 또는 보험기간 중 정해진 보험사고가 발생하여 해당 보험금이 지급되고 계약이 종료되는 경우이다. 두 번째는 당사자 특히, 보험계약자의 보험료 미납이나 임의해약으로 인한 계약종료이다. 세 번째는 보험계약이 무효 또는 취소되면서 종료되는 경우이다. 이 중 세 번째가 중요하다. 무효는 무효사유에 의하여 계약의 법률상 효력이 처음부터 발생하지 않는 것을 말하며, 취소는 계약이 처음에는 유효하게 성립되었으나 계약 이후에 취소사유의 발생으로 계약의 법률상 효력이 계약시점으로 소급되어 없어지는 것을 말한다.

1. 보험계약의 취소

보험계약의 취소는 보험계약시점의 청약철회와 달리 일정요건에 해당되면 청약일로부터 3개월 이내에 취소할 수 있다. 일정요건으로 보험회사가 약관 및 청약서 부본을 주지 않거나, 약관의 설명의무를 위반한 때, 계약자가 계약체결시 청약서에 자필서명을 하지 아니한 경우이다. 이 세 가지 요건을 3대 기본지키기 또는 품질보증제도라고 하는데, 이는 계약자가 미리 약관의 내용을 알고 계약을 맺도록 함으로써 뜻밖의 불이익을 당하는 것을 방지하는 취지에서 보험회사에 부과된 의무이다. 따라서 보험소비자는 청약철회 가능기한이 경과하였더라도 일정 요건에 해당시 계약취소가 가능하므로 이 제도를 적극 활용할 필요가 있다. 계약이 취소되면 이미 납입한 보험료에 일정이자, 즉 보험계약대출 이율로 계산한 이자를 더한 금액을 받을 수 있다. 한편 보험회사는 보험설계사 등이 단순히 3대 기본지키기 불이행을 넘어 모집과정에서 계약자에게 손해를 가한 경우에는 그 손해를 배상할 책임이 있다. 손해의 주된 유형은 설계사가 모집과정에서 계약자로부터 수령한 보험료를 임의로 사용한 경우이다.

2. 보험계약의 무효

청약철회, 계약의 취소와 달리 법규에서 정한 일정사유에 해당되면 보험계약이 무효가 되는 데 우선적으로 사회질서에 반하는 계약이거나 또는 보험사고가 이미 발생했던 계약이 해당된다. 다음으로 손해보험계약에서 무효인 경우로 사기로 체결된 초과보험과 중복보험이 해당된다. 또한 계약체결시 피보험이익이 존재하지 않는 경우도 해당된다. 생명보험계약의 무효는 타인의 사망을 보험사고로 하는 계약에서 피보험자 서면동의를 받지 않은 경우, 만 15세 미만자, 심신상실자 또는 심신박약자를 보험대상자로 하여 사망을 보험금 지급사유로 한 계약의 경우, 암보험에서 암 보장개시일 이전에 암 진단이 확정되는 경우 등이다. 만일 무효인 계약에서 이미 보험금이나 보험료가 지급되었다면 이를 반환하여야 한다. 다만, 보험계약이 이미 무효라는 것을 알았거나 중대한 과실로 무효임을 알지 못한 경우에는 보험료나 보험금을 반환하지 않아도 된다.

2

보험금 청구

1. 개요

보험은 통상 장기상품이다 보니 시간이 지나면서 본인이 가입한 보험이 어떤 보험인지도 모르거나 아예 보험가입 사실조차 잊어버리는 경우가 있다. 이럴 때는 생명보험협회나 손해보험협회의 보험가입조회 서비스를 이용하면 된다. 본인이 가입한 보험내역을 확인하였다면 바로 보험약관 중 보험금지급사항에 대해서는 재차 확인해 두어야 한다. 보험약관은 복잡해서 이해하기 어렵지만 시간이 지나면서 관련 제도가 바뀌어 적용될 수 있기 때문이다. 일단 보험사고가 발생하면 우선 담당 보험설계사나 보험회사에 전화로 알려주면 된다. 이때 보험상품과 증권번호를 알려주면 앞으로 치료 등을 어떻게 진행해야 하는지와 보험금 청구방법에 관하여 자세히 안내해 준다. 병원에서 치료가 종료되면 증빙서류를 지참하고 즉시 해당 보험회사에 보험금을 청구하되 2년 이내에 수령해야 한다.

2. 보험금 청구서류

보험금 청구시 제출하는 서류는 회사 또는 보험상품마다 다를 수 있기 때문에 사전에 확인해야 한다. 일반적인 공통서류는 보험금청구서와 보험수익자 신분증과 통장사본이다. 만약질병이나 사고로 인한 보험금을 청구할 때에는 진단서, 입퇴원 확인서, 수술확인서, 사고확인서 등을 추가해야 한다. 그리고 실손의료 상품에 가입했다면 입퇴원 확인서, 진료비 계산서, 입원치료비 영수증, 외래진료 계산서, 초진기록부(통원), 약제비 계산서 등이 필요하다. 사망보험금은 상속인 확인서류도 첨부해야 한다. 보험금 청구서에는 타사 가입내역 및 병원확인 등을 위해 개인신용정보의 제공과 활용에 대한 동의서에 피보험자가 서명하도록 되어 있다. 한편 여러 개의 실손의료보험에 가입한 경우에는 주거래 보험회사에만 보험금 청구서류를 제출하면 그 회사가 다른 보험회사에 보험금 청구서류를 대신 제출해준다. 그리고 보험금이 20만 원 미만인 때에는 진단서 대신 병명이 기재된 입원, 통원, 수술확인서나 처방전, 입원이나 퇴원확인서 등으로 대체할 수 있다.

3. 보험금 지급 절차

보험금 청구서류가 회사에 접수되면 해당 보험회사는 서류심사에 이어 필요시 현장실사와 본사심사를 거쳐 최종 지급여부를 결정하는데, 특별한 문제가 없다면 신속히 보험금을 보험수익자에게 지급한다.

1) 서류심사
제출된 서류는 1차적으로 서류 진위와 누락 여부 등을 조사한다. 만약 서류상 이상이 없고, 금액이 소액이며 특별한 지급사유가 명확한 경우에는 당일 또는 이튿날 바로 지급되며, 특별한 사유가 없는 한 보통 3일 이내에 지급된다.

2) 피보험자 면담 및 현장실사

보험금액이 크거나 장해진단 등 추가적인 조사가 필요하다고 판단되면, 우선 해당 고객을 면담하고 이후 병원 방문 등을 통한 현장실사가 이루어진다. 이 경우 보험회사는 해당고객에게 현장실사의 정확한 이유와 근거를 사전에 설명해야 한다.

3) 보험금 지급결정

위의 단계를 거치면 보험사는 최종적으로 보험금지급여부를 결정한다. 간혹 질병이나 장해진단시 보험 진단의의 서류검토 의견을 기준으로 보험금 지급 여부를 결정하는데 이 경우 쌍방의 의견이 다를 수 있다. 만약, 장해진단인 경우 이견이 있으면 이의신청을 해야 한다. 이 경우 반대증거를 제시하고 필요하면 회사가 동의하는 종합병원의 제3의 의사로부터 의견을 들을 것을 제안할 수 있다. 최종적으로 보험회사는 보험금이 지급되면 고객에게 문자나 유선으로 이의 사실을 알려준다.

4) 보험금 수령방식 선택권

원래 일시금이나 분할 지급은 보험금을 수령하는 방식의 차이에 불과하나 그 수령방식에 따라 보험금 수령권자에게 주는 경제적, 금전적 효과는 크게 달라질 수 있다. 가령, 후유장해 진단을 받은 가입자가 일시금을 지급받는 경우 당면한 생활자금으로서는 과도한 금액일 수 있으며, 경우에 따라서는 다른 가족 등 경제적 이해관계가 있는 사람들의 이익을 위해 다른 용도로 쓰이는 등 불합리한 결과를 초래할 우려가 있다. 따라서 보험가입시점 또는 보험기간 중 보험금 수령방식에 대한 선택권이나 변경권을 부여함으로써 생존비용 마련 또는 자금관리에 어려움이 있는 가입자 편익을 제공하고 있다.

4. 보험금 지급 분쟁조정

보험금 지급은 실제 여러 가지 사항을 조사하고 파악해야 하기 때문에 보험계약자와 보험회사 사이에 분쟁의 소지가 매우 높다. 보험금 지급과 관련된 분쟁이 조정되는 단계는 1) 협의단계, 2) 평가단계, 3) 중재단계, 4) 소송단계 등이 있으며 분쟁의 내용과 정도에 따라 순차적으로 이용된다. 초기의 분쟁조정 방법은 협의다. 보험계약자와 보험회사의 보험금 지급 담당자 사이에 보험금 지급 여부 및 보험금 크기에 대하여 서로의 주장을 놓고 협의한다. 보험사고의 성격이 비교적 간단하고 보험금 규모가 작을 때 보험회사는 협의과정에서 보험금 지급 업무를 종결하고자 한다. 그러나 양 당사자의 주장에 큰 차이가 있으면 다음 단계인 평가절차를 밟게 된다. 평가방법은 주로 화재보험 분야에서 많이 이용되는데 손실의 규모와 보험금 크기에 합의를 이룰 수 없을 때, 보험계약자와 보험회사는 각각 자기를 대표하는 독립된 평가자를 선정하여 그들로 하여금 제3의 심판관을 선택하도록 하고 심판관의 결정에 따라 보험금이 결정된다. 평가와 중재의 개념은 비슷하여 같은 의미로 쓰일 수 있는데, 당사자가 제3자인 중재자에게 분쟁에 대한 해결을 맡겨 중재자의 판정에 복종하는 것을 원칙으로 한다. 중재단계에서는 보험금 지급과 관련된 분쟁을 종합적으로 처리한다. 보험계약자와 보험회사의 양 당사자 간에 협의, 평가, 중재 등의 방법에 의하여 원만한 합의점을 찾지 못할 때 최종적으로 소송으로 이어진다. 일반적으로 소송에 의한 분쟁해결은 양 당사자에게 모두 혜택을 주지 못하는 경우가 많다.

3

보험민원과
분쟁 대처방안

　　보험회사에서는 보험거래와 관련된 소비자의 불만이나 피해를 해결하기 위해 자체 소비자보호조직을 운영하고 있다. 따라서 보험금 지급거부나 과소지급 등과 같이 보험회사의 처리가 부당하다고 판단되면 해당 보험회사에 이의를 제기한다. 통상 회사에 민원이 접수되면 민원 담당자가 정해져서 해당 고객에게 전화로 상황을 설명하거나 또는 직접 만나서 해결한다. 그래도 처리가 안 되면 금융감독원에 분쟁조정을 신청한다. 금융감독원은 고객입장에서 금융민원과 관련해서 가장 강력한 영향력을 행사하는 기관이다. 금융감독원에 분쟁조정을 신청하기 위해서는 본인의 성명, 주민등록번호, 주소, 분쟁조정 신청의 취지 및 이유 등을 기재한 분쟁조정신청서를 제출하면 된다. 분쟁조정은 우편이나 방문접수는 물론 e-금융민원센터(www.fcsc.kr)에 있는 '민원신청 - 금융민원 신청하기'를 통해 인터넷으로도 신청할 수 있다. 이후 금감원 담당자는 해당 회사로 민원을 통보하고 이의 처리상황을 감독하고 그 결과를 민원인에게 통보해 준다. 금감원은 분쟁의 원만한 해결을 위하여 민원자율조정제도를 시행하고 있다. 이는 민원인이 금융회사에 민원을 제기하지 않고 금융감독원에 곧바로 민원을 제기한 경우 민원인과 금융회사가 자율적으로 해결토록 기회를 부여하되, 해결되지 않을 경우 금융감독원이 처리하는 제도를 말한다. 한편 소비자보호원도 보험분쟁에 따른 소비자의 피해구제를 위해 역할을 담당하고 있다.

해당회사 민원부서나 금감원을 통해서도 문제해결이 안될 경우에는 최종적으로 법원에 소송을 제기한다. 그러나 소송에는 상당한 비용과 시간이 소요된다. 또한 보험소송에 익숙하지 않은 계약자는 보험회사를 상대로 승소하기가 쉽지 않은 현실이다. 그러므로 보험사고 발생 전에 철저히 해당사항을 파악하고 충분한 증빙자료를 준비하여 소송 전에 분쟁을 해결하는 것이 바람직하다.

Tip 금융분쟁 조정위원회

우리나라에서 금융감독원의 출범(1999.1.1)과 함께 보험을 비롯한 은행, 증권, 기타 금융기관의 이용자가 금융관련기관을 상대로 제기하는 각종의 분쟁을 처리하기 위하여 금융감독원 안에 금융분쟁 조정위원회를 설치하였다. 이 금융조정위원회의 분쟁조정 대상은 광범위하고 조정방법도 화해, 조정, 중재 등 다양하다.

동 위원회의 분쟁조정 절차는 분쟁접수로 시작하여 사실조사 및 검토를 거쳐 분쟁의 처리방식을 결정하는데, 분쟁조정위원회에 회부하기 전에 합의 권고 등을 활용하여 직접 처리하는 것과 분쟁조정위원회에 회부하여 심의 및 의결하여 당사자에게 조정결정을 통보한다. 조정결정을 통보받은 당사자는 결정을 수락할 수도 있고, 수락하지 않을 수도 있다. 수락의 경우 조정서를 발급하여 조정업무가 종결되나, 수락하지 않을 경우 조정은 성립되지 않은 것으로 결론을 맺는다. 이 때 수락하지 않은 당사자는 법원에 소송을 제기할 수 있다. 이러한 조정제도는 이용의 간편성, 신속성, 그리고 비용이 저렴하다는 점과 조정과정에서 조정자의 적극성과 공정처리 보장성 등의 이점 때문에 많이 활용되고 있다.

1. 보험계약은 다음과 같은 일정요건, 1) 보험회사가 약관 및 청약서 부본을 전달하지 않거나, 2) 약관의 설명의무를 위반한 때, 3) 계약자가 계약체결시 청약서에 자필서명을 하지 아니한 경우에 해당되면 청약일로부터 3개월 이내에 취소할 수 있다. 이 세 가지 요건을 3대 기본 지키기 또는 품질보증제도라고 한다.

2. 대표적인 보험계약 무효 사유로 손해보험의 사기로 체결된 초과보험과 중복보험, 생명보험의 타인의 사망을 보험사고로 하는 계약에서 피보험자 서면동의를 받지 않은 경우와 만 15세 미만자, 심신상실자 또는 심신박약자를 보험대상자로 하여 사망을 보험금 지급사유로 한 계약이 해당된다.

3. 보험금청구시 제출할 공통서류는 보험금청구서와 보험수익자 신분증과 통장사본이다. 만약 질병이나 사고로 인한 보험금을 청구할 때에는 진단서, 입퇴원 확인서, 수술확인서, 사고확인서 등을 추가해야 한다. 그리고 실손의료 상품에 가입했다면 입퇴원확인서, 진료비 계산서, 입원치료비 영수증, 외래진료 계산서, 초진기록부(통원), 약제비 계산서 등이 필요하다. 기타 사망보험금은 상속인 확인서류도 첨부해야 한다.

4. 보험금 지급과 관련된 분쟁이 조정되는 단계로 1) 협의단계, 2) 평가단계, 3) 중재단계, 4) 소송단계 등이 있으며 분쟁의 내용과 정도에 따라 순차적으로 이용된다.

부록

주요 보험용어

공시이율

보험회사는 장래 해약환급금의 지급을 위해 계약자가 납입한 보험료 중 위험보험료와 사업비를 차감한 저축보험료를 적립하는데, 공시이율이란 보험회사의 운용자산이익률과 국고채 등 외부지표수익률을 반영하여 금리연동형 상품의 저축보험료를 부리하는 이율을 말한다. 공시이율은 생명보험 및 장기손해보험 상품에 적용되며 산출방법은 다음과 같다. 우선 해당 보험회사의 운용자산이익률과 국고채 수익률 등 객관적인 외부지표금리를 가중평균하여 공시기준이율을 산출한다. 외부지표금리는 국고채(3년, 5년), 회사채(무보증 3년 AA- 등급이상), 통화안정증권(364일), 양도성예금증서(91일물)의 유통수익률 중 회사가 조합하여 적용한다. 다음으로 공시기준이율에 조정률을 가감하여 공시이율을 결정한다. 조정율의 가감한도는 공시기준이율의 상하 20% 한도로 해당 회사가 결정한다. 운용자산이익률과 외부지표금리의 가중치,

---

표 1 공시이율 산출방법(예시)

공시기준이율 = 운용자산이익률 × 가중치 + 외부지표금리 × (1−가중치)

- 운용자산이익률 = (직전 1년간) 운용자산수익률 − 투자지출률
- 외부지표금리 = (A1 + A2) / 2
  A1 : 국고채 수익률의 직전 3개월 평균
  A2 : 회사채(AA−) 수익률의 직전 3개월 평균

공시이율 = 공시기준이율 × (조정률:80%~120%)

자료 : 금융감독원(2012년)

외부지표금리(A1, A2)의 선택 등은 미리 기초서류에 명시한다. 단, 조정률은 매월 결정한다.

한편 금리확정형 보험은 예정이율로 부리된다. 예정이율은 보험료를 납입하는 시점과 보험금 지급 사이에는 시차가 발생하는데 이를 해결하기 위해 일정한 비율로 보험료를 할인해 주는 이율을 말한다. 또한 자산연계형 보험은 주가지수, 채권금리 등 특정지표에 연계하여 부리되며, 변액보험은 특별계정 운용실적에 따라 부리된다.

표 2 보험상품 부리이율 비교

보험상품종류	부리이율	운용계정
금리연동형 보험	공시이율	일반계정
금리확정형 보험	예정이율	일반계정
자산연계형 보험	특정지표 등에 연계	특별계정
변액 보험	특별계정 운용실적	특별계정

자료 : 금융감독원(2012년)

경험위험률

이는 보험가입자들의 일정기간 동안 실제 사망률 등을 나타낸 경험생명표와 손해보험 등의 경험손해율 등을 의미하는 것이다. 경험생명표란 어느 집단이 시일의 경과에 따라 얼마나 생존 또는 사망하는가에 관한 사항을 생존자 수, 사망자 수, 생존율, 사망률, 평균여명 등 생존함수에 의해 계량적으로 표시한 것이다. 국민생명표가 일반적인 인구집단을 대상으로 작성되는 데 반해, 경험생명표는 생명보험회사나 공제조합 등의 가입자에 대한 실제 사망경험치를 근거로 작성된다. 이렇게 작성된 경험생명표는 일반 생명보험의 보험료, 책임준비금 산정의 기준이 된다.

계약유지율

보험계약의 완전판매도를 나타내는 지표로서 최초 체결된 보험계약이 일정시간이 경과한 후에도 유지되는 비율을 의미한다. 보험계약유지율은 보험상품 완전판매를 위한 감독당국의 관리지표로 주로 활용되며 다음과 같은 산식에 의해 계산된다.

$$\text{계약유지율} = \left[\frac{\{\text{전(전)년 동월 대상 신계약액 중 현재 유지계약액}\}}{\text{전(전)년 동월 대상 신계약액}} \right] \times 100$$

미경과보험료

미경과보험료는 보험자가 보험계약자로부터 받은 순보험료 중에서 아직 당해 보험료기간이 경과하지 않은 보험료를 말한다. 가령 보험자가 1년치 보험료를 받은 후 6개월이 경과했다면, 받은 보험료의 1/2은 나머지 6개월(미경과기간)에 대응하는 것으로 미경과보험료라 한다. 미경과보험료는 보험자가 향후 제공할 보장서비스에 대응하여 미리 수취한 금액에 해당되므로 보험회사의 입장에서는 부채로 계상된다. 즉 보험자는 연 1회의 결산시에 그 연도 중에 수입보험료의 전부를 이익으로 간주할 수 없으며 기 수취한 보험료 가운데 차기로 이월하는 미경과분을 미경과보험료준비금의 과목으로 계상하게 된다.

미보고발생손해액

미보고발생손해액(IBNR : Incurred But Not Reported)이란 보험회사가 보험사고가 이미 발생하였으나 아직 보험회사에 청구되지 아니한 사고에 대해 향후 지급될 보험금을 추정하여 부채인 책임준비금 중 지급준비금으로 계상한 금액을 말한다. 이는 보험회사에 보고되지 아니하였으나 이미 발생된 사고의 보험금 추정액과 지급청구 재개로 인해 추가로 지급될 보험금 추정액의 합계액 등으로 구성된다. 보험회사의 재무건전성 제고를 위하여 일반손해보험에만 적용하였던 미보고발생손해액의 적립제도를 생명보험과 장기손해보험에 대해서도 적립을 의무화하는 등 모든 보험종목으로 적립대상을 확대하였다.

부담보기간

부담보(특별조건부 인수특약)기간이란 보험사에서 표준미달체의 보험계약시 질병이나 장해 등으로 인하여 가입이 제한되는 피보험자의 계약을 조건부로 승낙하는 경우, 혹은 도덕적 해이 등에 의한 보험사기가 우려되는 경우 계약일로부터 일정기간 이내에 발생되는 보험사고에 대하여는 보상하지 않는 것을 말한다. 이는 일반적으로 보험계약 청약시 피보험자가 병력에 대해 보험회사에 고지하고, 보험회사에서는 해당 질병 및 부위에 대해 보장을 하지 않는 것으로 계약을 인수할 때 발생한다. 부담보기간은 피보험자의 과거 병력, 치료기간, 치료부위 등에 따라 상이하며, 경우에 따라서는 보험기간 전 기간에 걸쳐 부담보하는 조건으로 인수하기도 한다. 예컨대 암보험에서 계약체결 이후 90일간 암보장을 하지 않는 것은 대표적인 부담보 사례이다.

보험금액과 보험가액

보험금액이란 계약당사간의 합의에 의하여 약정한 보험급여의 최고한도액을 의미하며, 보험가액이란 보험자가 지급해야 할 발생손해의 법정 최고한도액을 말한다. 즉, 생명보험과 같은 정액보험의 경우 보험금액은 보험계약 체결 시에 약정한 금액으로 보험자가 지급해야 할 보험계약상의 최고한도액이며, 보험가액은 손해보험에서만 발생하는 개념으로 보험목적에 대한 피보험이익을 금전적으로 평가한 가액이다. 한편 보험금액과 보험가액은 일치하는 것이 보통이지만 양자의 개념이 다르고, 또한 보험가액은 그 결정이 곤란하고 항상 변동하는 것이기 때문에 계약체결의 신속성을 위하여 당사자 사이에 임의로 정하는 보험금액과 일치하지 않는 경우가 생긴다. 이때 양자의 차이를 비교하여 전부보험, 일부보험, 초과보험, 중복보험으로 구분한다.

보험료 구성 및 손익구조

흔히 보험계약자가 납입하는 보험료를 영업보험료라 하며 이는 순보험료와 부가보험료로 구성된다. 순보험료는 다시 위험보험료와 저축보험료로 구분한다. 위험보험료는 기본적으로 사망, 상해, 입원, 퇴직 등의 보험금 지급재원이 되는 보험료이다. 따라서 예정된 위험보험료보다 지급되는 보험금이 많이 발생하면 보험회사는 손실이 발생하게 되며 그 반대인 경우에는 이익이 발생하게 된다. 이것을 위험율차 손익이라 한다. 위험보험료를 결정하는 요소는 예정위험률이며, 이것을 인상하면 영업보험료는 상승하게 되며, 반대로 인하하면 영업보험료는 하락하게 된다. 저축보험료는 만기보험금, 생존급여금 등의 지급재원이 되는 보험료이다. 저축보험료는 보험계약 당시에 정해진 규칙[12]에 의해 매 기간마다 적립되며, 동 금액을 운용하여 자산운용수익이 발생한다. 따라서 매 기간에 발생한 저축보험료와 자산운용수익 합계액이 생존급여금과 지급이자보다 적게 되면 보험회사는 손실이 발생하게 되며, 그 반대인 경우에는 이익이 발생하게 된다. 이것을 이차손익이라 하며 예정이율이 보험가격 결정요소가 된다. 예정이율은 보험료의 장래 수입될 현재가치와 장래 지급될 보험금의 현재가치를 일치시키는 할인율을 말한다. 한편 예정이율을 인상하면 보험료는 하락하게 되며, 반대로 인하하면 보험료는 상승하게 된다. 부가보험료는 보험계약을 모집, 유지 및 관리하기 위한 경비로 예정신계약비, 예정유지비, 예정수금비로 구성되며, 예정사업비라고 한다. 보험회사는 실제 지출된 사업비, 즉 실제 사업비를 예정된 사업비보다 초과하여 집행한 경우 손실을 초래하게 되며, 그 반대인 경우에는 이익이 발생한다. 이것을 사업비차 손익이라 하며 보험회사는 주기적으로 사업비지출의 효율성을 검증하고 보완하여 적정이익을 실현하고자 끊임없이 노력한다. 한편 예정사업비율을 인상하게 되면 보험료도 자동적으로 올라가게 되며, 그 반대인 경우에는 하락하게 된다.

보험특약

보험상품은 그 구조상 주요 보장 내용을 담은 주계약(보통약관)과 이를 보충하는 특약(특별약관)으로 나눌 수 있으며, 특약은 통상 가입자의 선택에 의하여 주계약에 새로운 보장을 추가 또는 축소하거나 보장과 상관없이 별도의 서비스를 제공하거나

---

12 예정이율 또는 공시이율 또는 약관대출이율 등이 해당된다.

계약내용상 특별한 내용을 추가하는 형태로 구분된다. 일반적으로 특약의 적용시기는 보험의 청약시점부터 보험금 지급시점까지 전 보험기간에 걸쳐 적용되며 그 내용도 다양한데, 크게는 보험인수 관련 특약, 보험료 계산 및 납입방법 관련 특약, 보험금 지급 관련 특약 등으로 나뉜다.

보험차익과세

보험차익이란 저축성보험(만기시 보험지급금이 보험료납입 원금보다 많은 보험)에서 발생되는 것으로 만기 또는 해약 시 지급받는 보험금 또는 해약환급금에서 납입보험료합계액을 차감한 금액을 말한다. 소득세법상 보험차익은 이자소득으로 규정되므로 일반과세, 우대과세, 비과세 중 해당되는 과세가 적용된다. 일반과세가 되는 보험차익은 다른 금융소득(이자, 배당소득 등)의 합계에 따라 금융소득종합과세가 되는 조건부 종합과세대상, 즉 해당과세기간 중 총소득이 2,000만 원 미만인 경우에는 일반과세로 종료되나 초과시 종합과세 대상이 된다. 보험차익에 대해 우대과세를 받기 위해서는 가입당시 세금우대종합저축으로 가입할 것을 신청해야 하며 1년 이상 납입해야 한다. 보험차익이 비과세가 되기 위해서는 소득세법에 의해 계약유지기간이 10년 이상이어야 하며, 조세특례제한법에 의한 비과세 상품이어야 하는데 근로자 우대저축보험이나 생계형 저축보험이 해당된다.

비상위험준비금

손해보험의 경우 생명보험과 마찬가지로 다수의 보험계약에 의하여 대수의 법칙이 작용되므로 이론적으로 위험이 평준화된다. 하지만 손해보험회사가 담보하는 위험은 발생의 확률이 상대적으로 불규칙적일 뿐만 아니라 때로는 대화재, 태풍, 지진 등으로 인하여 예상치 못한 거대한 위험이 발생하기도 한다. 이런 경우 지급해야 하는 거액의 보험금은 책임준비금만으로는 충당할 수 없기 때문에 예상사고율을 초과하는 거대위험에 대비하여 일정금액을 책임준비금에 추가하여 비상위험준비금으로 적립한다.

손해율

손해율은 발생손해액(보험금지급액)이 경과보험료, 즉 차기 이후에 속하는 보험료를 제외한 수입보험료에서 차지하는 비중을 말하며, 생명보험회사의 수익성 지표인 위험보험료 대비 사망보험금 비율과 유사한 개념이다. 손해율은 손해보험회사의 핵심적인 수익성 지표로서 손익 변동원인 및 손해율 관리의 적정성을 판단하는데 유용할 뿐만 아니라, 경영실적 분석과 보험상품의 요율산출에 있어 기초자료로 사용된다. 한편 손해율과 사업비율(경과보험료에 대한 사업비지출액 비율)을 합하여 합산비율이라고 하며, 합산비율이 100% 이상인 경우 보험금지급액과 사업비지출액이 보험료수입을 초과하고 있어 보험영업에서 손실을 발생하고 있음을 의미한다.

승낙 전 사고 담보제도

보험자가 보험계약자로부터 보험계약의 청약과 더불어 보험료의 전부 또는 일부를 받고 동 계약에 대한 인수 여부를 결정하기 전에 보험사고가 발생하였을 경우, 그 청약을 거절할 사유가 없는 한 사고를 보상해 주는 제도이다. 이는 청약 후부터 보험자가 승낙 여부를 결정하기 전까지 일시적으로 발생할 수 있는 무보험상태로부터 계약자를 보호하기 위한 취지라 볼 수 있다. 동 제도의 적용을 받기 위해서는 보험계약에 대한 청약과 함께 보험료의 전부 또는 최초보험료 상당액의 납부가 있어야 하며, 진단계약의 경우에는 신체검사를 받은 계약에 한한다. 청약을 거절할 사유에 대해서는 통상 보험의 취지에 반하여 보험회사가 일률적으로 거절하고 있거나, 미풍양속에 반하는 등 사회통념상 거절할 수밖에 없는 사유 등이 해당된다.

승환계약

이는 동일설계사가 보험회사를 옮기며 기존계약을 해지시키고 새로 가입을 하게 하거나, 기존계약을 해지시키고 새로운 계약으로 가입시키는 행위를 말하며, 동일회사에서 행한 행위도 승환계약에 포함된다. 승환계약은 보험계약 중도해약에 따른 금전손실, 새로운 계약에 따른 면책기간 신규개시 등 보험계약자에게 부당한 손실을 발생할 우려가 있어 엄격히 제한하고 있다. 감독당국에서는 6개월 이내의 보험계약 전환, 중요한 사항에 대한 비교나 고지의무를 불이행한 경우를 승환계약으로 간주하도록 정하고 있으며, 보험계약자는 승환계약에 대하여 보험계약이 소멸한 날로부터 6개월 이내에 부활을 청구할 수 있으며 보험회사는 부활청구에 대하여 특별한 사유가 없으면 이를 승낙하여야 한다. 보험업법을 위반한 승환계약에 대하여는 해당 보험회사 및 모집종사자에 대하여 과징금 및 과태료를 부과하도록 정하고 있다.

역외보험거래

국내 거주자는 누구든지 보험회사가 아닌 자와 보험계약을 체결하거나 이를 중개 또는 대리하지 못하도록 하고 있으나 WTO 및 OECD가입 이후 보험업법에서 허용하는 종목에 한해서는 국경간 보험거래를 허용하였다. 허용종목은 생명, 수출입적하, 항공, 여행, 해상, 장기상해, 재보험과 3개 이상의 보험회사로부터 가입이 거절된 경우 등에 한한다. 국경간 보험거래의 경우 해외에 있는 보험회사 등은 인터넷, 전화, FAX 등 통신수단을 통해서만 보험 모집활동을 할 수 있고, 해외 보험회사가 임직원 등을 한국 내에 파견하여 소비자를 직접 대면하는 방법으로는 보험을 모집할 수 없다.

유사보험

유사보험은 위험을 담보로 한다는 점에서는 보험과 동일하지만, 특정지역 및 업종에 종사하는 조합원을 대상으로 소규모의 형태로 위험담보기능, 금융기능 등의 상호부조적 성격을 갖는 보험으로 흔히 공제보험을 말한다. 이에는 농협, 수협, 신협, 새마을금고가 대표적이다.

자기부담금

이는 교통사고가 발생했을 경우 사고처리를 위해 손해를 입은 금액의 일정비율을 피보험자가 부담해야하는 제도로 보통 손해액의 20%를 자기부담금으로 부담하게 된다. 최대금액은 50만 원이며, 최소금액은 물적 할증 기준(50만 원/100만 원/150만 원/200만 원)의 10%인 5만 원, 10만 원, 15만 원, 20만 원이다. 만약 물적 할증 기준으로 선택한 금액에서 사고처리비용이 발생할 경우는 할증되지 않는다. 한편 차량 전손사고나 도난사고시에는 자기부담금을 적용하지 않는다.

적합성 원칙

이는 보험계약자의 연령, 재산상황, 보험가입목적 등을 파악하고 변액보험의 위험성 등을 감안하여 변액보험이 보험계약자에게 적합하지 않다고 인정되는 경우에는 보험계약의 체결을 권유하지 말아야 하는 원칙을 말하며 2011년 1월 24일 보험업법에 반영하여 시행되었다. 적합성 원칙 위반으로 피해를 입은 보험계약자는 보험회사에 손해배상 청구가 가능하다.

제3분야보험

사람의 신체에 관한 보험이란 점에서 생명보험으로, 신체에 발생한 비용 손해를 보상한다는 측면에서 손해보험으로도 분류될 수 있는 손해보험과 생명보험의 두 가지 성격을 모두 갖추고 있어 어느 한 분야로 분류하기가 곤란하여 제3보험으로 분류하고 있다. 이에는 상해보험, 질병보험 및 장기간병보험이 있으며 손해보험사 및 생명보험사 모두 영업이 가능하다. 상해보험은 우연한 외래의 사고로 신체상해에 대한 치료비용 및 상해의 결과에 기인한 사망 등의 위험을 담보하는 보험이다. 질병보험은 질병에 걸리거나 질병으로 인한 입원, 수술 등의 위험(질병으로 인한 사망은 제외)을 담보하는 보험이다. 한편 장기간병보험은 활동불능 또는 인식불명 등 타인의 간병을 필요로 하는 위험을 담보하는 보험으로 흔히 치매보험이라고도 한다.

재보험

재보험은 주로 위험의 분산과 인수능력의 극대화를 위해 필요한데 어떤 특정한 위험의 크기가 큰 반면, 보험회사의 순자산이 충분하지 않아 보험금액의 전부를 보유하기가 불가능할 경우 일정금액만 보유하고 나머지 금액은 재보험으로 출재하여 위험을 분산함으로써 보험회사는 보험금액의 전부 인수가 가능하다. 그 외 원보험자가 정확한 손해율을 측정할 수 없는 신상품을 개발하여 판매하고자 할 경우, 자연재해 등 거대위험과 관계없이 안정적인 사업실적을 원하는 경우 재보험을 필요로 하게 된다.

조건부 인수

원래 보험에서의 인수(Underwriting)란 보험회사가 어떤 가입자의 청약을 받아들일 것인지, 그리고 어떤 기준에서 받아들일 것인지를 결정하는 과정을 말한다. 통상 보험회사는 보험계약 체결시 가입자가 처해 있는 사정이나 상태를 측정하여 보험인수 여부를 결정하고 인수할 경우 보험요율 및 담보조건 등을 결정한다. 일반적으로 치명적인 질병 치료 경력이 있는 등 통상적인 위험의 범주를 벗어난 가입자는 정상적인 계약으로는 인수할 수가 없다. 그러나 보험의 사회·공익적 기능이나 보험시장의 저변 확대 등의 측면에서 볼 경우 보험수요는 일반적인 경우보다 가입자의 건강상태 등이 취약한 영역에서 훨씬 큰 경향이 있으므로 일정 조건하에서 정상인보다 보험사고 발생확률이 높은 가입자도 인수할 필요성이 대두되었다. 따라서 보험회사는 일정한 기준에 적합하지 않는 계약을 인수할 때에는 특별보험료를 부가하거나 보험금 삭감 등의 특약을 부과하여 조건부로 인수하고 있다. 인수는 위험측정과 인수기법 등 기술적 측면에 의해 좌우되므로 보험회사별로 차이가 있을 수 있다.

책임보험

이는 피보험자가 보험기간중의 사고로 인하여 제3자에게 손해배상책임을 진 경우에 보험자가 이로 인한 손해를 보상할 것을 목적으로 하는 일종의 손해보험이다. 다만 피보험자가 보험사고로 인하여 직접 입은 재산상의 손해를 보상하는 것이 아니고, 제3자에 대한 손해배상책임을 짐으로써 입은 간접손해를 보상할 것을 목적으로 하는 점에서 일반 손해보험과 다르다. 책임보험은 보험자의 보상책임을 지는 객체에 따라 신체장해 배상책임보험과 재산손해배상책임보험으로, 피보험자의 대상에 따라 영업책임보험, 직업인책임보험 및 개인책임보험, 그리고 그 가입의 강제성 여부에 따라 임의책임보험, 강제책임보험으로 나눌 수 있다. 한국에서 시행되고 있는 강제책임보험으로서는 자동차손해배상책임보험, 신체손해배상특약부 화재보험, 산업재해보상보험 등이 있다.

책임준비금

책임준비금은 보험회사가 보험계약자에게 보험금이나 환급금 등 약정한 사항을 이행하기 위해 적립하는 부채로서 보험료 중 예정기초율에 따라 비용(예정사업비, 위험보험료)을 지출하고 계약자에 대한 채무(사망보험금, 중도급부금, 만기보험금 등)를 이행하기 위해 적립하는 금액을 말한다. 책임준비금은 보험계약자를 보호하기 위하여 감독당국이 법규에 의해 적립을 강제한 법정준비금이며 보험료적립금, 미경과보험료적립금, 지급준비금, 계약자배당준비금, 계약자이익배당준비금으로 구성된다. 이중 보험료적립금이 책임준비금의 대부분을 차지한다. 보험료적립금이란 대차대조표일 현재 유지되고 있는 보험계약에 대하여 장래의 보험금 등의 지급을 위해 보험업감독규정에 따라 적립한 금액을 말한다.

특별계정

특별계정이란 보험사업자가 특정보험계약의 손익을 구별하기 위하여 준비금에 상당하는 재산의 전부 또는 일부를 기타재산과 분리하여 별도의 계정을 설정하여 운용하는 것을 말한다. 이는 계정 간에 업무장벽을 설치하여 자산을 엄격히 구분하고 발생하는 손익을 명확하게 구분하므로 보험계약자간 형평성 및 보험 경영투명성을 제고시킬 수 있는 장점이 있다. 변액보험은 보험계약자가 납입한 보험료 중에서 순수 보장을 위한 위험보험료는 일반계정에서 관리하고 일정한 투자를 하게 되는 부분은 특별계정에서 관리하게 된다.

휴면보험금

이는 보험계약이 실효되거나 만기되어 보험금이나 환급금 등이 발생하였음에도 보험계약자가 이를 2년 동안 찾아가지 않아 소멸시효가 완성되어 보험회사에서 보관하고 있는 보험금이다. 휴면보험금은 청구권이 소멸된 금액으로서 상법상으로는 보험회사에 귀속되나, 당연히 보험계약자에게 돌아가야 할 돈이기 때문에 휴면보험금이 확인될 경우 보험회사는 계약자에게 환급하고 있다. 이를 위해 보험계약자 등이 자신의 휴면보험금을 확인할 수 있도록 휴면계좌통합조회시스템을 운영하고 있으며, 최근에는 보험계약자가 생·손보협회 홈페이지를 통해 휴면보험금을 포함한 모든 보험회사의 보험가입 내역을 조회할 수 있도록 제도를 개선하였다. 한편 보험회사는 2008년 2월 휴면보험금을 휴면예금관리재단(미소금융재단)에 출연하고 동 재단에서 휴면보험금 관리 및 환급업무를 담당하고 있다.

보험 관련 주요 법규

상법

제651조 (고지의무위반으로 인한 계약해지) 보험계약당시에 보험계약자 또는 피보험자가 고의 또는 중대한 과실로 인하여 중요한 사항을 고지하지 아니하거나 부실의 고지를 한 때에는 보험자는 그 사실을 안 날로부터 1월내에, 계약을 체결한 날로부터 3년 내에 한하여 계약을 해지할 수 있다. 그러나 보험자가 계약당시에 그 사실을 알았거나 중대한 과실로 인하여 알지 못한 때에는 그러하지 아니하다.〈개정 1991.12.31〉

제651조의2 (서면에 의한 질문의 효력) 보험자가 서면으로 질문한 사항은 중요한 사항으로 추정한다. [본조신설 1991.12.31]

제655조 (계약해지와 보험금액청구권) 보험사고가 발생한 후에도 보험자가 제650조, 제651조, 제652조와 제653조의 규정에 의하여 계약을 해지한 때에는 보험금액을 지급할 책임이 없고 이미 지급한 보험금액의 반환을 청구할 수 있다. 그러나 고지의무에 위반한 사실 또는 위험의 현저한 변경이나 증가된 사실이 보험사고의 발생에 영향을 미치지 아니하였음이 증명된 때에는 그러하지 아니하다.〈개정 1962.12.12, 1991.12.31〉

제731조 (타인의 생명의 보험) ① 타인의 사망을 보험사고로 하는 보험계약에는 보험계약 체결시에 그 타인의 서면에 의한 동의를 얻어야 한다. 〈개정 1991.12.31〉

② (생략)

보험업법 시행령

제43조(통신수단을 이용한 모집·철회 및 해지 등 관련 준수사항) ① (생략)

② 법 제96조제1항에 따른 통신수단 중 전화를 이용하여 모집하는 자는 보험계약의 청약이 있는 경우 보험계약자의 동의를 받아 청약 내용, 보험료의 납입, 보험기간, 고지의무, 약관의 주요 내용 등 보험계약 체결을 위하여 필요한 사항을 질문 또는 설명하고 그에 대한 보험계약자의 답변 및 확인 내용을 음성 녹음하는 등 증거자료를 확보·유지하여야 하며, 우편이나 팩스 등을 통하여 지체 없이 보험계약자로부터 청약서에 자필서명을 받아야 한다.

③ 제2항에도 불구하고 청약자의 신원을 확인할 수 있는 증명자료가 있는 등 금융위원회가 정하여 고시하는 경우에는 제2항에 따른 자필서명을 받지 아니할 수 있다.

④~⑩ (생략)

보험업 감독규정

제4-37조(전화를 이용한 모집시 자필서명 면제)영 제43조제3항에서 "금융위원회가 정하여 고시하는 경우"란 다음 각 호의 사항이 충족되는 경우를 말한다.

    1. 다음 각목의 1에 해당하는 보험계약

        가. 사망 또는 장해를 보장하지 아니하는 보험계약

        나. 사망 또는 장해를 보장하는 보험계약으로서 보험계약자, 피보험자 및 보험수익자가 동일하거나 보험계약자와 피보험자가 동일하고 보험수익자가 법정상속인인 보험계약

    다. 신용생명보험계약 또는 신용손해보험계약

    라. 보험계약자와 피보험자가 동일하고 보험금이 비영리법인에게 기부되는 보험계약

    2. 본인확인내용, 보험청약내용, 보험료납입, 보험기간, 고지의무, 보험약관의 주요내용 등 보험계약 체결을 위하여 필요한 사항을 질문 또는 설명하고

그에 대한 보험계약자의 답변, 확인내용을 음성 녹음하는 등 그 증거자료를 확보, 유지하는 시스템을 갖출 것

3. 제2호에 따른 음성녹음 내용을 다음 각 목의 방법에 의해 보험계약자 및 피보험자가 확인할 수 있을 것

가. 전화

나. 인터넷 홈페이지

다. 문서화된 확인서(보험계약자 및 피보험자가 요청한 경우에 한하며, 모집에 종사하는 자는 보험계약자 또는 피보험자에게 문서화된 확인서를 요청할 수 있음을 보험계약 체결전에 알려야 한다) [전문개정 2011. 1. 24]

생명보험 표준약관

제21조(계약전 알릴의무) 계약자 또는 피보험자(보험대상자)는 청약시(진단계약의 경우에는 건강진단시 포함) 청약서에서 질문한 사항에 대하여 알고 있는 사실을 반드시 사실대로 알려야(이하 "계약전 알릴의무"라 하며, 상법상 "고지의무"와 같습니다.)합니다. 다만, 진단계약에서 의료법 제3조(의료기관)의 규정에 의한 종합병원 및 병원에서 직장 또는 개인이 실시한 건강진단서 사본 등 건강상태를 판단할 수 있는 자료로 건강진단을 대신할 수 있습니다.

제22조(계약전 알릴의무 위반의 효과) ①회사는 계약자 또는 피보험자(보험대상자)가 제21조(계약전 알릴의무)에도 불구하고 고의 또는 중대한 과실로 중요한 사항에 대하여 사실과 다르게 알린 경우에는 회사가 별도로 정하는 방법에 따라 계약을 해지하거나 보장을 제한할 수 있습니다. 그러나 다음 중 한가지의 경우에 해당되는 때에는 그러하지 아니합니다.

1. 회사가 계약당시에 그 사실을 알았거나 과실로 인하여 알지 못하였을 때

2. 회사가 그 사실을 안 날부터 1개월 이상 지났거나 또는 보장개시일부터 보험금 지급사유가 발생하지 아니하고 2년(진단계약의 경우 질병에 대하여는 1년)이 지났을 때

3. 계약체결일부터 3년이 지났을 때

4. 회사가 이 계약의 청약시 피보험자(보험대상자)의 건강상태를 판단할 수 있는 기초자료(건강진단서 사본 등)에 의하여 승낙한 경우에 건강진단서 사본 등에 명기되어 있는 사항으로 보험금 지급사유가 발생하였을 때(계약자 또는 피보험자(보험대상자)가 회사에 제출한 기초자료의 내용 중 중요사항을 고의로 사실과 다르게 작성한 때에는 제외)

5. 보험설계사 등이 계약자 또는 피보험자(보험대상자)에게 고지할 기회를 부여하지 아니하였거나 계약자 또는 피보험자(보험대상자)가 사실대로 고지하는 것을 방해한 경우, 계약자 또는 피보험자(보험대상자)에 대해 사실대로 고지하지 않게 하였거나 부실한 고지를 권유했을 때   다 만 , 보험설계사 등의 행위가 없었다 하더라도 계약자 또는 피보험자(보험대상자)가 사실대로 고지하지 않거나 부실한 고지를 했다고 인정되는 경우에는 그러하지 아니합니다.

② 제1항의 중요한 사항이라 함은 회사가 그 사실을 알았더라면 계약의 청약을 거절하거나 보험가입금액 한도 제한, 일부 보장 제외, 보험금 삭감, 보험료 할증과 같이 조건부로 인수하는 등 계약 인수에 영향을 미칠 수 있는 사항을 말합니다.

③ 회사는 제1항에 따라 계약을 해지하거나 보장을 제한할 경우에는 계약전 알릴의무 위반사실 뿐만 아니라 계약전 알릴의무 사항이 중요한 사항에 해당되는 사유 및 계약의 처리결과를 "반대증거가 있는 경우 이의를 제기할 수 있습니다"라는 문구와 함께 계약자에게 서면으로 알려 드립니다.

④ 제1항에 의하여 계약을 해지하였을 때에는 제18조(해지환급금) 제1항에 의한 해지환급금을 드리며, 보장을 제한하였을 때에는 보험료, 보험가입금액 등이 조정될 수 있습니다.

⑤ 제21조(계약전 알릴의무)의 계약전 알릴의무를 위반한 사실이 보험금 지급사유 발생에 영향을 미쳤음을 회사가 증명하지 못한 경우에는 제1항에 불구하

고 계약의 해지 또는 보장을 제한하기 이전까지 발생한 해당보험금을 지급하여 드립니다.

⑥ 회사는 다른 보험가입내역에 대한 계약전 알릴의무 위반을 이유로 계약을 해지하거나 보험금 지급을 거절하지 아니합니다.

제24조(사기에 의한 계약) 계약자 또는 피보험자(보험대상자)가 대리진단, 약물복용을 수단으로 진단절차를 통과하거나 진단서 위·변조 또는 청약일 이전에 암 또는 에이즈의 진단 확정을 받은 후 이를 숨기고 가입하는 등의 뚜렷한 사기의사에 의하여 계약이 성립되었음을 회사가 증명하는 경우에는 보장개시일부터 5년 이내(사기사실을 안 날부터는 1개월 이내)에 계약을 취소할 수 있습니다.

보험 통신판매 업무프로세스 모범규준

제10조(계약 체결 이후 음성녹음 내용 제공 등) ① 보험회사 등은 보험계약 체결 이후 청약서 부본, 보험증권 또는 별도의 안내문을 통하여 당해 보험계약이 음성녹음에 의해 체결되었다는 사실과 전화 및 인터넷 홈페이지를 통해 음성녹음 내용에 대한 재확인이 가능하다는 사실을 안내하여야 한다.

② 보험회사 등은 통신수단 중 전화를 이용하여 보험을 모집하는 경우 보험계약 체결 이후 보험업감독규정 제4-37조 제3호에 따라 계약자 및 피보험자가 전화 및 인터넷 홈페이지를 이용하여 계약체결 모든 과정에 대한 음성녹음 내용을 확인할 수 있도록 하여야 한다.

③ 보험회사 등은 제2항에 대한 계약자 또는 피보험자의 신청이 있는 경우 신청일로부터 1주일 이내에 음성녹음 내용을 청취(2주일 이상)할 수 있도록 하여야 하며, 처리기간이 지연되는 경우 지연 사유 등을 개별 계약자 등에게 안내하여야 한다.

보험민원 주요 상담사례(2011년 금융감독원 접수기준)

고지의무 관련 민원 상담사례

Q 건강검진결과 위염증상이 경미하여 별다른 처방을 받지 않은 경우 보험가입시 고지의무 위반에 해당되는지요?

A 해당되지 않을 듯합니다. 건강검진결과 일시적인 이상소견으로 별다른 처방이 없었다면 고지의무에 해당되지 아니하며, 검진결과 이상소견으로 처방을 받았거나 초음파 검사상 이상소견으로 확인된 경우에는 고지의무에 해당됩니다. 상법은 보험계약자에게 불리한 규정으로 형평성을 상실하고 약관의 규제에 관한 법률에서도 고객에게 부당하게 불리한 "약관조항은 무효"라고 규정하고 있다.

Q 2년 전 직장에서 실시한 건강검진에서 B형간염 보균자로 판정받은 사실이 있었으나 그 후로 아무런 불편을 느끼지 못하여 별다른 정밀검사나 투약치료를 받지 않고 지내다가 모집인의 권유로 암을 담보하는 질병보험에 가입하였다. 가입 후 1년여 경과한 시점에서 갑자기 건강이 악화된 신청인이 병원에 입원해 정밀검사를 받은 결과 간암으로 진단되어 보험금을 청구하자 보험사는 보험가입 전에 직장건강검진에서 간염보균자로 판정받은 사실이 있다는 이유로 고지의무위반에 해당된다며 보험금 지급을 거절한 채 보험계약을 해지하였다.

Ⓐ 상법 및 보험약관에서는 계약자 또는 피보험자가 고의 또는 중대한 과실로 인하여 보험금 지급사유 발생에 영향을 미치는 고지의무를 위반한 때에는 보험금 지급사유 발생 여부에 관계없이 보험회사는 계약을 해지할 수 있도록 규정하고 있다. 그러나 청약서에서 질문하지 않은 병명으로써 일반인이 통상 겪게되는 일상적인 질환이나 7일 미만의 경미한 치료사실 등은 고지대상이 되지 않기 때문에 보험회사에서 이런 사실을 이유로 고지의무위반을 적용할 수는 없다. 본 건 사고는 고지의무위반과 관련하여 청약시 계약자가 고의 또는 중대한 과실로 B형간염 보균사실을 기재하지 않았는지 여부가 주요쟁점이라 할 것인데, 신청인은 평소 B형 간염균을 가지고 있었으나 정상적인 생활을 영위하는데 불편이 없었고, 청약서에 기재된 것처럼 계속 7일 이상 치료 받은 사실이 없고 별도의 정밀검사를 받은 사실도 없으므로 본인 스스로 중요한 질병으로 인식하지 못하고 생활하였던 자였음을 어렵지 않게 추단할 수 있으므로 신청인에게 고의 또는 중대한 과실로 인한 고지의무위반의 책임을 묻기 어려울 것이다.

Ⓠ 보험가입 전 종합검진결과 '고 콜레스테롤, 간 내 석회화, 만성경부염의 소견'을 가입시 고지하지 않았음을 이유로 보험사가 고지의무위반을 이유로 계약해지하는 것이 정당한지요?

Ⓐ 피보험자가 진단받은 종합검진결과인 '고 콜레스테롤, 간 내 석회화, 만성경부염의 소견'은 청약서 질문사항에서 정한 고지해야 할 병명에 해당되지 않고, 피보험자가 받은 종합검진은 단순히 건강검진을 위해서 받은 종합검진으로서 청약서상 질문사항에서 정한 고지해야 할 정밀검사에 해당하지 않습니다. 동 종합검진결과 종합판정 및 소견에서는 피보험자에게 별도의 정밀검사를 받으라는 소견이 없어 보험사에게 동 종합검진결과를 알리지 않은 피보험자의 행위에 고의 또는 중대한 과실이 있었다고 보기 어려운 점을 고려할 때 보험사의 보험계약 해지는 부당하다.

Ⓠ 병원에서 의증진단을 받고 정밀검사권유를 거부한 채 고지하지 않고 보험계약을 체결하였다면 고지의무 위반에 해당하여 보험금을 지급받을 수 없나요?

Ⓐ 고지의무 범위가 현증과 과거의 진단 및 치료사실을 기준으로 이루어져야 하나 확증이 아닌 의증진단을 받았다고 하여도 고의적으로 정밀검사를 거부하여 위험을 방치하고 향후 보험금을 수령할 목적의 역선택을 하였다면 고지의무 위반에 해당하여 보험금을 지급받지 못할 수도 있다.

Ⓠ 보험회사에서 고지의무 위반을 주장하고 있다. 고지의무 위반에 대한 입증책임은 누구에게 있으며 어떠한 내용을 입증해야 하는지?

Ⓐ 고지의무 위반에 대한 입증책임은 계약해지를 주장하는 보험회사 측에 있다. 고지의무 위반이 성립되기 위해서는 객관적 요건과 주관적 요건이 모두 성립되어야 한다. 객관적 요건은 중요한 사항을 알리지 않거나(불고지) 사실과 다르게 알려야(부실고지) 하는 것이고 주관적 요건은 고지의무자의 고의 또는 중과실에 의한 것이어야 한다. 객관적 요건에서 중요한 사항이란 객관적으로 회사가 그 사실을 안다면 그 계약을 체결하지 않든가 또는 적어도 동일한 조건으로는 계약을 체결하지 않으리라고 생각되는 사항을 말하여 단순히 청약서상의 질문표에 해당하는 내용이라고 해서 중요한 사항이라고 볼 수는 없다.

Ⓠ 1년 전 대장용종수술을 하였고 설계사에게 동 사실을 알렸으나 2년만 경과되면 정상적으로 보장을 받을 수 있다고 하여 청약서에 고지를 하지 않고 가입하였다. 최근 언론보도를 보니 보험금 지급이 거절될 수 있음을 확인하고 보장확인 또는 해지에 따른 보험료 반환을 요구하는 경우는?

Ⓐ 보험설계사는 법률상 고지수령권이 없으므로 계약자가 청약서에 직접 알릴 의무를 이해하여야 함이 원칙이나 보험설계사가 계약자의 고지의무를 방해하고 알릴 의무 위반을 종용한 사실이 확인될 경우 보험자는 표준약관 제37조(회사의 손해배상책임) 및 보험업법 제102조(모집을 위탁한 보험회사의 책임)에

따라 보험금지급사유 발생시 책임이 따른다. 따라서 보험자는 고지의무 위반 사실을 안 날로부터 1개월 이내 계약을 해지하고 기납입 보험료나 해약환급금중 많은 금액을 반환하여 준다. 단, 2010년 4월 1일 이후 체결된 계약은 해약환급금을 지급합니다.

🅠 2005. 7. 18.에 암보험을 체결하였고 2005. 11. 16.에 자궁암 및 자궁근종으로 진단받고 입원 치료한바 있으며 동 보험을 가입하기 전인 2005. 6. 5.경에 산부인과에서 자궁경관미란 및 자궁근종(의증)을 진단받은 적이 있었으나 확정 진단이 아니었으므로 고지하지 않았다. 보험사에 보험금을 청구하였으나 보험사에서는 고지의무 위반으로 해지하겠다고 한다.

🅐 신청인은 보험가입 불과 40여일 전에 치료받은 "자궁경관미란 및 자궁근종진단"사실을 알리지 아니하였고, 이외에도 간헐적으로 자궁경관염 등으로 치료받은 사실이 있음에도 이를 알리지 아니하고 결국 고지하지 않은 병력의 영향으로 자궁암이라는 병증이 발생하였다고 할 것이므로 본 건 계약에 대한 보험사의 고지의무위반을 이유로 한 계약의 해지는 정당한 것으로 볼 수 있다. 특히 신청인은 보험가입전의 진단이 확진이 아닌 의진이라고 항변하나, 보험가입시 보험회사에 고지하여야 하는 중요사항 속에는 정확한 병명은 물론 중요한 병증의 자각증세까지도 다 포함되는 것이니, 비록 의진이라 하더라도 자궁질환이나 자궁이상으로 의사에게 진단을 받은 사실 등의 정도는 고지하여야할 것이므로 신청인의 주장항변은 그 정당성을 인정하기 어려울 것이다. 따라서 이를 근거로 고지의무 위반으로 해지한 결정은 타당하다고 판단된다.

🅠 보험청약서상 계속하여 7일 이상 치료 또는 30일 이상 투약을 받은 적이 있는 적이 있느냐라는 질문이 있는데, '계속하여 7일 이상' 의 의미는 무엇인지요? 또한, 전체 치료기간이 7일이 초과되었지만, 실제 치료기간이 7일 미만이면 고지의무 위반이 아닌지요?

🅐 고지의무 위반은 아니다. 여기서 '계속해서' 라는 내용은 같은 원인으로 치료

시작 후 완료일까지 실제 치료, 투약을 받은 일수를 말한다. 따라서 치료기간이 7일이 경과가 되었다 하더라도 7일 미만 치료를 받고 종료가 되었다면 고지의무 위반으로 보지 않는다. 다만 청약서상 언급되어 있는 특정병명을 진단받은 경우에는 예외이다.

Q 질병고지를 안 하고 보험 가입 후 5년 뒤에 보장 여부는?

A 가능하다. 청약일 이전에 진단 확정된 질병이라 하더라도 청약일 이후 5년이 지나는 동안(계약이 자동 갱신되어 5년을 지나는 경우를 포함) 그 질병으로 인하여 추가적인 진단(단순 건강검진 제외) 또는 치료사실이 없을 경우, 청약일부터 5년이 지난 이후에는 이 약관에 따라 보장해 준다.

Q 골다공증 예방약을 복용하고 있는 것을 고지해야 하는지요?

A 의사진단소견으로 복용하는 것이 아니므로 고지의무사항은 아니다.

Q 계약자(보험대상자)의 고지의무 위반계약의 보장범위?

A 보험계약자 및 보험대상자 본인이 고지사항에 대하여 알리지 않았고 모집설계사의 고지 방해 행위가 없었다면 고지의무 위반으로 보험자가 보험을 해지할 수 있는 기간은 진단 계약의 경우 1년, 무진단계의 경우는 2년 이내에, 청약 당시 고지하였다면 신계약 심사에 영향을 끼칠 것으로 판단되는 건에 한하여 위반사실을 안 날로부터 1개월 이내에 해당계약을 해지하고 이미 납입한 보험료나 해약환급금 중 많은 금액을 지급하여 준다. 그러나 신계약 심사에 영향을 끼치는 사항이 아니면 그러하지 아니한다.

Q 가입 당시 의사결정을 미루고 있었던 계약자에게 1회 보험료를 대납하여 줄 것을 조건으로 보험가입을 권유하여 계약을 체결하였다면?

A 초회보험료 대납을 조건으로 보험을 모집을 하였다면 보험업법 제98조 특별이익제공금지 위반사항에 해당하는 위법행위이다. 특별이익제공 금품의 범위는 보험업법시행령 46조에 따른다.

Q 보험료 대납 등 특별이익을 제공할 경우 처벌기준?

A 특별이익을 제공한 자뿐만 아니라, 이를 요구하여 수수한 보험계약자 또는 피보험자도 3년 이하의 징역 또는 2천만 원 이하의 벌금에 처한다(보험업법 제202조).

Q 청약철회 가능한 시기는 언제까지인가?

A 계약자는 청약을 한 날부터 15일 이내에 그 청약을 철회할 수 있다. 다만, 진단계약, 단체계약 또는 보험기간이 1년 미만인 계약의 경우에는 그러하지 아니하며, 전화·우편·컴퓨터 등의 통신 매체를 통한 보험계약의 경우에는 청약을 한 날부터 30일 이내에 그 청약을 철회할 수 있다. 한편 2014년 8월부터 청약철회기간이 15일에서 30일로 변경되었다.

Q 가입시 모집인의 상품설명 상이 및 중요한 내용을 설명 받지 못해 불만이라면?

A 민원처리는 객관적 근거나 관련자의 과실 확인에 의해서만 처리가 가능하며 계약체결 및 관리과정에서 입증할 수 있는 과실을 발견할 수 없거나 인정되지 않을 경우에는 처리가 곤란하다.

Q 강제집행 등으로 인한 해지계약도 특별부활(효력회복) 처리 가능한가요?

Ⓐ 회사는 계약자의 해지환급금 청구권에 대한 강제집행, 담보권실행, 국세 및 지방세 체납처분절차에 의해 계약이 해지된 경우, 해지 당시의 보험수익자가 계약자의 동의를 얻어 계약해지로 회사가 채권자에게 지급한 금액을 회사에게 지급하고 계약자의 명의를 보험수익자로 변경하여 계약의 특별부활(효력회복)을 청약할 수 있음을 보험수익자에게 통지하여야 합니다. 회사는 계약이 해지된 날부터 7일 이내 통지를 하며, 통지를 받은 15일 이내에 특별부활 절차를 이행할 수 있다.

Ⓠ 사업비 공제로 인한 해약환급금 과소 정당성 여부는?

Ⓐ 해약환급금이 납입한 보험료에 비하여 현저하게 적고, 특히 해약환급금을 계산함에 있어 미상각신계약비 명목으로 거액을 상각하는 규정은 고객에게 부당하게 불리하여 공정을 잃은 조항이고 모집인이 원고에게 해약환급금에 대하여 제대로 설명하지 아니하였으므로 '약관의 규제에 관한 법률' 위반 및 설명의무 위반으로 이미 납입한 보험료 보전요구를 하였으나 기각된 사례가 있다.

Ⓠ 여동생의 자격증으로 대신 보험영업을 하던 중 무자격자 보험영업에 해당된다고 하여 손해보험협회로부터 제재금이 나왔다고 합니다. 사용하지 않는 동생의 자격증을 사용하여 영업을 정상적으로 했는데도 문제가 되는지요?

Ⓐ 가족을 포함하여 타인의 이름을 도용하여 영업을 하는 것은 무자격자 보험영업에 해당한다. 또한, 제재금은 손해보험협회 상호협정에 의거 무자격모집기간에 발생한 총 소득의 전액이며 한도는 3,000만 원이다.

Ⓠ 계약자 동의 없이 체결된 계약이다. 무효처리가 가능한가요?

Ⓐ 실제 계약자 동의 없이 체결된 계약으로 확인 될 경우 계약은 무효 처리됨이 원칙이나 계약자와 피보험자가 동일한 계약에서 추인의 근거가 확인될 경우 무효처리가 될 수는 없다. 통상 추인으로 인정될 사항으로 본인통장으로 자

동이체, 해당보험사의 상담이력, 보험계약대출 여부 등이다.

Ⓠ 변액보험 가입시 2년만 납입하면 언제든 원금(원금 이상)은 반환받을 수 있다고 하여 가입했는데 2년 경과 후 해약하려고 하니 원금손실이 발생되는데 원금요청이 가능한가요?

Ⓐ 납입한 보험료의 원금을 보장하는 권유행위는 보험업법 및 보험업감독규정(변액보험계약의 모집에 관한 준수사항)을 위반한 행위이므로 모집한 자에게 원금보장의 행위가 있었음이 입증될 경우에 보험회사는 보험업법에 따라 1,000만원 이하의 과태료 처분을 받을 수 있으며, 보험계약자가 입은 손해에 대해 배상할 책임이 있다.

Ⓠ 보험계약 체결시 불완전 판매를 사유로 보험계약해지를 요청하여 기납입 보험료를 반환받았다. 보험료 반환일까지의 기간에 대해 이자를 지급 받을 수 있나?

Ⓐ 계약일로부터 3개월 이내에 불완전 판매 사유로 보험계약이 취소될 경우에 이자를 지급받을 수 있다. 그러나 3개월이 경과 되었더라도 보험회사가 악의, 즉 보험계약 체결시부터 보험계약이 취소 사유임을 알면서도 보험회사가 보험료를 수납해 왔음을 계약자가 입증할 경우에도 이자를 지급 받을 수 있다.

Ⓠ 매일 일정한 보험료를 설계사가 수납하는 조건으로 보험을 가입하여 2년간 유지하였다. 설계사가 탈락하여 매일 방문수금이 되지 않아 계약해지 후 이미 납입한 보험료를 반환요청한다면?

Ⓐ 일일수금방식은 보험료 유용의 가능성 때문에 감독기관에서 금지하는 수금방법이며 생명보험 표준 사업방법서에서도 명시되지 않은 보험료 영수방법이다. 이 사건은 사업방법서 위반행위로 볼 수 있다.

Ⓠ 가입 당시 흡연을 하지 않았으나 건강체할인특약에 대한 설명을 받지 못하여 보험료 할인혜택을 받지 못하였으므로 할인혜택을 소급하여 적용하여 주거나 이미 납입한 보험료

를 환급하여 줄 것을 요청한 경우?

A 가입 당시 건강체할인특약에 대한 약관내용을 설명하지 않았고 피보험자가 청약서에 비흡연자로 고지하였다면 회사가 가입당시 흡연체임을 입증하지 못할 경우 보험료 소급할인책임을 면하기 어렵다.

Q 소득에 비해 납입 보험료가 많을 경우 가입을 거절할 수 있습니까?

A 역선택의 여지가 있을 경우 보험가입이 거절될 수 있다.

Q 신청인은 밤에 일하는 직업을 가진 사람으로 낮에 잠을 자고 있는데 어느 날 보험을 권유하는 전화를 받았다. 전화를 걸어 보험을 권유하는 영업행위가 합법적인 영업행위인지?

A 전화로 보험을 모집하는 행위는 보험업법상 가능한 영업행위인 바, 전화, 우편, 컴퓨터 통신 등 통신수단을 이용하여 보험을 모집하는 보험회사는 다른 사람의 평온한 생활을 침해하는 방법으로 모집하여서는 안 된다고 규정하고 있다. 또한, 보험회사는 통신수단을 이용한 모집에 대하여 동의를 한 자, 통신수단을 이용하여 모집하는 자가 소속되거나 통신수단을 이용하여 모집하는 자에게 모집을 위탁한 보험회사와 보험계약을 체결한 실적이 있는 보험계약자 또는 피보험자, 통신수단을 이용하여 모집하는 보험중개사가 보험계약을 중개한 실적이 있는 보험계약자 또는 피보험자 등을 대상으로만 통신수단을 이용한 보험 모집을 할 수 있다.

Q 몇 년 전 천식으로 1개월간 치료를 받았고 지금은 완치된 상태입니다. 질병보험을 가입하려고 하니 기관지에 관련한 보장은 불가하다고 합니다. 현재 완치된 상태인데 과거 병력으로만 불이익을 주는 것은 보험회사의 폭리이며 불평등한 계약 아닌가요?

A 보험대상자의 기본 보험가입 상황 및 나이 청약서의 계약전 알릴의무사항에 따라 건강진단을 시행할 수 있으며 그 결과에 따라 보험가입 가능여부를 판정할 수 있다. 그러나 보험대상자가 과거 일정기간 이내 특정 질병을 앓았거나

계약당시 특정질병으로 진단 확정되어 있는 상태 또는 일부 위험직업에 종사하고 있는 경우 가입금액, 보장기간 제한 및 보험료 할증 등의 조건부 계약체결을 하거나 청약이 거절될 수도 있다. 이렇게 가입자격을 제한하는 이유는 보험계약은 사회보장제도와 달리 상법상 보험계약자의 청약과 보험사업자의 승낙에 의해 성립되며 다수의 동질적인 위험을 가진 보험대상자들의 경험통계를 기초로 보험료 등이 산출되기 때문이며 이런 가입자격 제한이 오히려 위험의 동질성 확보와 가입자간의 형평성을 담보할 수 있다.

Q 보험대상자가 미성년자로 부모일방이 자필서명하고 계약을 체결하였다. 이 경우 보험계약이 유효하게 성립되었다고 볼 수 있는가?

A 타인의 생명보험이나 상해보험의 경우에는 보험계약을 체결할 때까지 보험대상자의 서면에 의한 동의를 얻어야 한다. 그러나 보험대상자의 서면동의도 하나의 법률행위이므로 타인에게 위임하여 대리케 할 수 있다. 따라서 보험대상자가 미성년자인 경우에는 법정대리인인 부모나 후견인이 대리하여 서면동의를 해야 하는데, 법정대리인이 직접 서면동의하지 않고 제3자에게 위임할 수 있다. 본 계약에 있어서 보험대상자의 부모 공동명의로 자필서명하고 체결한 계약은 비록 부모 일방이 서명을 하였다 하더라도 공동친권자의 일방이 공동명의로 한 행위는 효력이 있다. 따라서 보험계약은 유효하게 성립되었다고 할 수 있다.

Q 건강관리자금 등 중도지급보험금 수령 안내통지서를 받고 방문하여 보험금을 수령하려고 하니 보험회사에서 보험계약대출금의 일부를 상환해야 한다고 한다. 대출금 일부 상환에 대한 안내를 받지 못한 사유로 중도지급보험금 전액을 수령받을 수 있습니까?

A 약정서 및 보험약관에 따라 중도지급보험금에서 일부 상환해야 할 보험계약대출금을 공제한 잔액만을 수령받을 수 있다. 건강관리자금 등 중도지급보험금을 수령할 경우 해약환급금이 감소하고, 보험계약대출은 해약환급금 범위에

서 이루어짐에 따라 보험계약대출 가능 범위를 초과하는 금액이 발생할 경우가 있는데, 이 때 보험회사는 그 초과된 보험계약 대출원리금을 지급할 보험금과 상계처리 할 수 있습니다. 또한 보험계약대출이자가 연체될 경우에도 보험회사는 보험금, 해약환급금 등의 지급사유가 발생한 날에 제지급금과 상계할 수 있다.

Q 부부계약의 경우 법률상 부부관계가 상실될 경우 종피보험자의 자격이 상실된다는 약관의 중요내용을 설명받지 못했다고 주장하며 종피보험자의 사고보험금 지급을 요구한다면?

A 이 사건 보험은 그 명칭이 "OK밀레니엄 부부형 보험"으로 법률상 부부임을 요건으로 하여 가입이 가능한 보험이므로 보험계약 체결 이후 이혼 등의 사유로 부부관계가 해소되는 경우 그 사유가 보험계약에 영향을 미친다는 것은 사회통념상 보험계약자가 별도의 설명 없이도 충분히 예상할 수 있는 사항이고 약관 자체에도 기재되어 있어 특히 보험자 또는 모집인이 명시 설명의무의 대상이 되는 내용이라 할 수 없다.

Q 가입한 지 2년이 경과한 건으로 가입 당시 위에 대한 부담보 5년으로 설명받고 조건부승낙서에 서명하였으나 최근 증권 재발급시 확인 결과 부담보기간이 종신으로 되어 있고 추가로 기관지 부분에 대한 부담보까지 적용되어 있음을 주장하는 경우?

A 부담보조건승낙서가 고객의 동의 없이 임의 변경된 사실이 입증되면 계약체결시 조건(위부담보 5년)으로 계약을 성립되게 하거나 고객의 동의가 있는 경우 계약을 취소하여 이미 납입한 보험료를 돌려받을 수 있다.

Q 부부계약의 경우 법률상 부부관계가 상실되고, 재혼으로 새로운 배우자에 대한 보장은 언제부터 가능한가요?

A 호적상의 배우자로 약관에 명시되어 있으므로 가입거절사유가 없는 한 호적에 배우자로 등재된 시점부터 회사에 통보 여부와 상관없이 보장을 받을 수 있다.

자동차보험 대인배상 관련 민원사례

Q 음주운전상태에서 사고를 내어 상대차량 운전자 및 본인도 부상한 경우 자동차보험으로 보상받을 수 있습니까?

A 음주운전 중 교통사고가 나면 자동차보험에서 대인, 대물, 무보험차 상해 및 자기신체사고 담보는 음주운전에 관계없이 보상을 받을 수 있다. 그러나 대인/대물배상에서 대인배상 200만 원까지, 대물배상 50만 원까지는 가해운전자가 부담해야 한다. 그리고 가해자의 자기차량손해 담보로는 보상받을 수 없다. 대인·대물사고에서 자기부담금을 부과하는 것은 음주운전은 범법행위이며 그 경각심을 높여 음주사고를 줄이기 위함이다. 예전에는 우선 음주면책금을 납입해야 보상이 되었으나 2001년 4월부터는 음주면책금을 납입하지 않더라도 피해자에 대해 우선 보상이 가능하다.

Q 교통사고가 발생 후 가해자도 보험을 접수해 주지 않고, 가해자 보험회사에서도 보험처리를 해줄 수 없다고 한다. 이 경우 피해보상을 어떻게 해야 되나요?

A 피해자직접청구권 제도를 이용하여 가해자 보험회사에 연락하여 필요한 서류를 확인한 후 청구한다. 피해자의 직접청구가 있으면 보험회사는 지체 없이 피보험자에게 통지하여 항변할 사항이 있는지를 확인하고 거부할 이유가 없다면 보험금액을 정하고 그 정하여진 날로부터 7일 이내에 지급해야 한다. 이 때 제출서류는 1) 교통사고 발생사실 확인원, 2) 손해보상청구서 또는 보험금청구서, 3) 손해액을 증명하는 서류, 4) 기타 보험회사가 필요하여 요청하는 서류 또는 증거이다.

Q 타인(친구)의 차를 운전하다 사고를 낸 경우에도 내가 가입한 자동차보험으로 보상을 받을 수 있습니까?

A 본인 명의의 자동차 종합보험 중 무보험차 상해 담보에 가입하고 있다면 비록

친구의 차를 운전하다 사고를 낸 경우라 하더라도 보상청구는 가능하다. 통상 무보험차 상해를 가입한 경우 다른 자동차운전 담보특약이 자동적으로 가입되나 회사마다 다를 수 있으므로 반드시 확인해 두어야 한다. 가입자 본인과 그의 배우자가 다른 자동차를 운전하다가 사고를 낸 경우에도 피해자에 대한 손해배상과 자신들의 신체상해에 대해 본인이 가입한 종합보험에서 보상받을 수 있다. 다만, 여기서 말하는 다른 자동차는 자신의 자동차와 동일한 차종을 의미하기 때문에 종류가 다른 자동차를 운전하다가 일으킨 사고에 대해서는 보험보상을 받을 수 없다는 것을 각별히 유의해야 한다. 대부분 종합보험 가입자들이 보험료를 절약하기 위해 본인과 직계가족만 운전할 수 있는 가족한정특약에 가입하고 있어 형제, 친지 또는 친구 등이 차를 몰다가 사고를 내는 경우에는 전혀 보상을 받지 못하는 낭패를 보게 되는 경우가 발생한다.

Q 교통사고 발생 후 가해자가 형사합의를 하자고 하는데 터무니없는 높은 가격을 제시한다. 형사합의를 하지 않아도 되는지, 또한 한다면 어느 정도의 금액이 타당한지?

A 교통사고 가해자는 민사상의 책임인 손해배상책임, 형사상의 책임, 행정상의 책임인 운전면허의 취소, 정지처분 및 자동차의 사용정지처분을 지게 된다. 민사상의 책임은 가해자가 자동차 종합보험에 가입되어 있다면 보험회사에서 교통사고로 인한 통상적인 모든 손해를 약관기준에 따라 보상하므로 가해자가 별도로 손해를 배상하지 않아도 된다. 종합보험 가입자는 단순 부상사고에 대해서는 형사 처분이 면제되지만 횡단보도사고 등 10대 중대법규 위반사고는 피해자와의 합의 여부와 관계없이 형사 처분을 받게 된다. 형사합의는 가해자의 의무사항은 아니지만 가해자가 형사 처분을 가볍게 받기 위한 목적으로 이루어진다. 형사합의 과정에서 피해자가 너무 많은 금액을 요구할 경우에는 법원에 공탁금을 예치하면 합의한 효력에는 미치지 못하지만 정상참작이 되며, 합의할 경우 금액은 가해자와 피해자간 경제상황 등을 고려하여 적정하게 합의해야 한다.

Ⓠ 교통사고를 당하여 동네 병원으로 치료를 받으러 갔는데 병원사정상 직접 결제를 하고 나중에 보험회사에서 보험금을 받으라고 한다. 시골 동네에 사는 사람이 카드도 없고 현금도 없는데 당장 돈을 내라고 하니 걱정이 된다. 보험회사에서 직접 병원으로 치료비를 지불 보증할 수 없을까요?

Ⓐ 병원과 보험회사에서는 상호 지불보증을 하는 것이 원칙이다. 자동차손해배상보장법에 따라서 보험회사는 피해자가 발생할 경우 지체 없이 피해자가 치료받는 곳에 지불보증을 하여야 하며, 만일 이를 거부하는 병원에는 과태료가 부과된다.

자동차보험 대물배상 관련 민원사례

Ⓠ 자동차를 운행 중 갑자기 온도미터가 상승하면서 차량이 정지되어 견인차량을 불러 공장에 입고하였다. 그런데 운행 중에 일어난 사고인데 보험회사에서는 보상처리가 되지 않는다고 합니다. 보험처리를 받을 수 없는지요?

Ⓐ 자동차 보험에서 자기차량손해의 보상책임 발생의 조건은 보험가입자가 피보험자동차를 소유, 사용, 관리 중 1) 타차 또는 타 물체와의 충돌, 접촉, 추락, 전복 또는 차량의 침수로 생긴 손해, 2) 화재, 폭발, 벼락, 날아온 물체나 떨어지는 물체에 의한 손해, 3) 피보험자동차의 전부 도난으로 인한 손해로 피보험자동차에 직접적으로 생긴 손해를 보상한다. 따라서 운전자의 차량관리 부주의에 의한 고장 손해는 보상처리가 되지 않는다.

Ⓠ 자동차 사고시 도주의 의미는? 사고 후 잠시 현장을 떠났다가 되돌아온 경우나 피해자가 괜찮다고 그냥 가버린 경우도 도주에 해당이 되는지?

Ⓐ 도주란 교통사고를 야기한 운전자가 그 사고로 인하여 사상자가 있는 것을 인식하고도 피해자 구호의무를 이행치 않고 이탈한 경우를 말한다. 잠시현장을

떠나거나 피해자가 괜찮다고 그냥 가버린 경우도 뺑소니에 해당되므로 응급조치를 취하거나 해당 파출소에 임시 접수가 필요하다. 뺑소니 여부는 최종적으로 경찰조사에 의해 종합적인 판단을 받아야 한다.

Q 차량의 일부가 파손되었는데 수리를 하지 않고 폐차를 하려고 하는데 가능한지요?

A 차량의 일부분이 파손되어 수리가 가능함에도 불구하고 수리를 하지 않고 폐차를 하는 경우에는 중고차 시세한도 내에서 추정수리비를 지급하게 된다. 일반적으로 차량이 전손되어 수리가 불가능한 경우 또는 수리비가 중고차량 시세보다 많이 소요되는 경우 폐차를 하게 되는데, 이때는 사고일 현재의 동일 차종의 중고차량 시세를 한도로 보상을 한다.

Q 자동차사고로 탑승자가 소지하고 있던 고액의 카메라가 망가진 경우 보상 여부는?

A 자동차보험의 〈대물배상〉 약관 규정에 따르면 탑승자의 소지품에 생긴 손해는 피해자 1인당 200만 원을 한도로 보상이 가능하다. 하지만 피보험자동차에 싣고 있거나 운송중인 물품에 생긴 손해는 면책사항으로 보상을 받을 수 없다.

Q 야간에 주차장에 주차 중 타이어를 도난당하였는데 자기차량손해로 보험처리가 가능한지요?

A 자동차보험 약관상 피보험차량의 일부 부품, 부속품, 부속기계장치만의 도난으로 인한 손해는 보상하지 않는다고 규정하고 있는 바, 야간에 주차 중 타이어를 도난당한 경우에는 보상하지 않는 경우에 해당되어 보상을 받을 수 없다.

Q 차량을 주차시키고 다음날 확인한 결과 차량 유리문을 파손하고 차량내부 카오디오, 계기판, 핸들 등 일부분을 도난당했다. 이런 경우 자차로 보험적용을 받을 수 있는지요?

A 차량 내부의 카오디오, 계기판, 핸들 등 일부분을 도난당한 경우 자기차량손해에 있어 보상하지 않는 손해에 해당되어 보상처리가 되지 않으며, 다만 도난당

할시 차량의 유리문이 파손되었거나 부속품을 뜯으면서 발생한 차량수리비에 대해서는 보상이 가능하다.

Q 신청인 A는 B가 운전하던 자동차에 충격을 당하여 뇌진탕, 경추염좌, 요추염좌 등으로 입원치료 받은 후 가해차량이 가입된 자동차보험회사와 동 사고로 인한 법률상 손해배상금 일체에 대하여 합의하고 합의금을 수령하였으나, 합의 후에도 예상과 달리 통증이 지속되어 계속적인 치료를 받게 되어 추가 치료비에 대한 보상을 요구하였는데 가능한지?

A 통상 보험회사의 보상담당 직원은 교통사고로 인한 손해배상책임을 조기에 확정하고 종결시키기 위해 피해자에 대한 합의를 서두르는 경향이 있다. 그러나 치료가 종결되지 않은 상태에서 합의를 서두르다 보면 합의 이후 예상보다 치료기간이 길어짐으로써 발생하는 추가 치료비 등을 보상받지 못하는 상황이 발생할 수 있다. 따라서 보험회사와 합의시에는 먼저 피해자의 상태에 대한 담당의사의 향후 치료소견 및 후유증 발생 여부 등에 대한 의적 소견을 청취한 후 이에 근거하여 합의를 해야 한다.

계약 전 알릴 의무 서식

피보험자(보험대상자)에 관한 다음 사항은 회사가 보험계약의 청약을 인수하는데 필요한 자료이므로 보험계약자 및 피보험자(보험대상자)는 사실대로 알려야 합니다.

■ 아래사항(질문 1~11번)에 대하여 만약 사실대로 알리지 않거나 사실과 다르게 알린 경우에는 보험가입이 거절될 수 있으며, 특히 그 내용이 「중요한 사항」에 해당하는 경우에는 보험계약자 또는 피보험자(보험대상자)의 의사와 관계없이 보험약관상 「계약 전 알릴 의무 위반의 효과」 조항에 의해 계약이 해지되거나 보장이 제한될 수 있습니다. 「중요한 사항」이란 회사가 그 사실을 알았더라면 보험계약의 청약을 거절하거나 보험가입금액 한도 제한, 일부 보장 제외, 보험금 삭감, 보험료 할증과 같이 조건부로 인수하는 등 계약인수에 영향을 미치는 사항을 말합니다.

현재 및 과거의 질병

1. 최근 3개월 이내에 의사로부터 진찰 또는 검사를 통하여 다음과 같은 의료행위를 받은 사실이 있습니까? ☐ 예 ☐ 아니오

    1) 질병확정진단   2) 질병의심소견   3) 치료

    4) 입원   5) 수술(제왕절개포함)   6) 투약

※ 진찰 또는 검사란 건강검진을 포함하며, 질병의심소견이란 의사로부터 진단서 또는 소견서를 발급받은 경우를 말합니다.

2. 최근 3개월 이내에 마약을 사용하거나 혈압강하제, 신경안정제, 수면제, 각성제 (흥분제), 진통제 등 약물을 상시 복용한 사실이 있습니까? ☐ 예 ☐ 아니오

3. 최근 1년 이내에 의사로부터 진찰 또는 검사를 통하여 추가검사(재검사)를 받은 사실이 있습니까? ☐ 예 ☐ 아니오

4. 최근 5년 이내에 의사로부터 진찰 또는 검사를 통하여 다음과 같은 의료행위를 받은 사실이 있습니까? ☐ 예 ☐ 아니오

   1) 입원
   2) 수술(제왕절개포함)
   3) 계속하여 7일 이상 치료
   4) 계속하여 30일 이상 투약

   ※ 여기서 "계속하여"란 같은 원인으로 치료 시작후 완료일까지 실제 치료, 투약 받은 일수를 말합니다.

5. 최근 5년 이내에 아래 10대 질병으로 의사로부터 진찰 또는 검사를 통하여 다음과 같은 의료행위를 받은 사실이 있습니까? ☐ 예 ☐ 아니오

10대 질병
① 암 ② 백혈병 ③ 고혈압 ④ 협심증 ⑤ 심근경색 ⑥ 심장판막증
⑦ 간경화증 ⑧ 뇌졸중증(뇌출혈, 뇌경색) ⑨ 당뇨병 ⑩ 에이즈(AIDS) 및 HIV 보균

   1) 질병확정진단   2) 치료   3) 입원
   4) 수술   5) 투약

   ※ 단, 실손의료보험은 "⑪직장 또는 항문 관련 질환(치질, 치루(누공), 치열(찢어짐), 항문 농양(고름집), 직장 또는 항문탈출, 항문출혈, 항문궤양)" 추가

   ● 1~5번까지 "예"인 경우 병명, 치료기간, 치료내용, 치료병원, 재발경험, 완치여부를 기재하여 주십시오.

6. [여성의 경우] 현재 임신 중입니까? ☐ 예 ☐ 아니오

   ("예"인 경우 _____ 개월)

현재의 장애상태

7. [기능적 장애] 현재 눈, 코, 귀, 언어, 씹는 기능, 정신 또는 신경기능에 장애가 있습니까? ☐ **예** ☐ **아니오**

8. [신체적 장애] 현재 팔, 다리, 손(손가락포함), 발(발가락 포함), 척추에 손실 또는 변형으로 인한 외관상 신체의 장애가 있습니까? ☐ **예** ☐ **아니오**

● 7, 8번 질문까지 "예"인 경우 장애원인 및 내용을 구체적으로 기재하여 주십시오.

외부 환경

9. 귀하의 직업은 무엇입니까?

　　1) 근무처　　　　　　　2) 근무지역　　　　　　　3) 업종
　　4) 취급하는 업무(구체적으로 기재하여 주십시오)

10-1. 현재 운전을 하고 있습니까? ☐ **예** ☐ **아니오**

10-2. "예"인 경우 운전 차종 (　　　　　,　　　　　)

　　1) 승용차(영업용)　　　　2) 승용차(자가용)　　　　3) 승합차(영업용)
　　4) 승합차(자가용)　　　　5) 화물차(영업용)　　　　6) 화물차(자가용)
　　7) 오토바이(50CC 미만 포함)(영업용)
　　8) 오토바이(50CC 미만 포함)(자가용)
　　9) 건설기계　　　　　　10) 농기계
　　11) 기타(　　　　　　　　　　)

● 기타에 해당하는 경우 차종을 구체적으로 기재하고, 둘 이상의 차량을 운전하거나 하나의 차량을 둘 이상의 목적으로 사용하는 경우 해당되는 사항을 모두 기재 하십시오.

11. 최근 1년 이내에 다음과 같은 취미를 자주 반복적으로 하고 있거나 관련 자격증을 가지고 있습니까?　　☐ 예　☐ 아니오

   (빈도 : 연간/월간　　　회)

   (자격증 명칭:　　　　　)

   1) 스쿠버다이빙　　　2) 행글라이딩, 패러글라이딩
   3) 스카이다이빙　　　4) 수상스키
   5) 자동차, 오토바이 경주
   6) 번지점프　　　　　7) 빙벽, 암벽등반
   8) 제트스키　　　　　9) 래프팅

   ● 아래사항(질문 12~18번)은 사실과 다르게 알릴 경우 보험가입이 거절될 수 있습니다.

12. 부업 또는 겸업, 계절적으로 종사하는 업무가 있습니까?　　☐ 예　☐ 아니오
   ("예"인 경우 자세히 기술하여 주십시오.)

13. 향후 3개월 이내에 다음과 같은 해외위험지역으로 출국할 예정이 있습니까?　　☐ 예　☐ 아니오

전쟁지역, 미개척지(열대·한대), 등반산악지대

   ("예"인 경우 기간 :　　　지역 :　　　목적 :　　　)

14. 월 소득(계약자 기준)

   월 소득 – 월 평균(　　　)만 원

15. 음주 : 음주횟수(주　　회), 음주량(소주 기준 1회　　병)

16. 흡연 : 현재 흡연 여부(예, 아니오), 흡연량(1일   개피)

흡연기간(현재부터   과거   연간)

17. 체격 : 키(   )cm, 몸무게(   )kg

18. 다른 보험회사(우체국보험 및 각종 공제계약 판매사 포함)에 생명보험, 손해보험, 제3보험 또는 각종 공제계약을 가입하고 있습니까? (단, 단체보험 제외)

회사명	건수	보험료(월)

위의 각 계약 전 알릴 의무 사항에 대한 답변내용은 사실과 일치하며, 보험계약자 및 피보험자(보험대상자) 본인이 직접 작성하였음을 확인합니다. 또한 귀사가 위 사항과 관련하여 필요시에는 별도의 확인을 할 수 있으며, 의사가 본인의 질병 등의 건강상태를 조회하거나 열람토록 하는 것에 동의합니다.

년   월   일   ○○○○ 보험주식회사 귀중

보험계약자 성명   (인)

피보험자(보험대상자) 성명   (인)

법정대리인(친권자)관계( )성명   (인)

법정대리인(친권자)관계( )성명   (인)

(이하 생략)

보험계약자 서비스제도

풍수해지역 특별지원

1) 개요

대부분의 보험회사는 태풍, 홍수 등 풍수해의 직접적인 영향으로 피해를 입은 보험가입자들의 고통경감과 신속한 피해복구 지원을 위해 수해차량 견인, 보험금 신속지급, 보험대출 원리금 상환유예, 보험료 납입유예, 수해복구 구호물품지원 등의 활동을 펼치고 있다.

2) 피해지원 세부 내용

우선 보험금을 신속히 지급하는 조치로 다음과 같은 것이 있다.

- 보험금 청구서류 간소화로 사망, 사고 증빙서류를 행정기관 확인 및 이웃사람의 증명으로 대체함
- 추정보험금의 50%이상을 우선 지급함
- 타사물건에 대해서도 우선 보험금 지급 후 구상 처리함
- 피해일로부터 일정기간동안 대출 원리금 상환 유예 및 연체이자를 면제해줌
- 일정기간동안 납입 유예된 대출 원리금의 분할 납부를 가능하게 해줌

한편 약관대출 신청시는 24시간 이내에 지급조치하거나 보험료 납입은 호우피해일로부터 일정 기간까지 보험료납입을 유예하고 있다.

3) 보상 가능한 주요 피해사례

보통 건물, 가재도구 등이 피해를 당한 경우 손해보험회사에서 판매하는 화재보험의 「풍수재 특약」을 가입한 경우 보상이 가능하다. 또한 태풍으로 인해 보험에 가입한 건물, 가재도구, 상품, 기계 등이 입은 손해는 보상하며 태풍피해를 줄이기 위해 긴급피난에 소요된 손해방지용도 보상한다. 그러나 보험에 가입한 물건의 분실 또는 도난 손해 및 태풍과 관계없는 손해 등은 보상치 않으며 또한 골동품, 다이아반지 등 100만 원 이상의 귀중품은 보험증권에 기재되어 있는 경우만 보상한다. 그리고 차량이 침수되어 파손된 경우 자동차보험의 「자기차량손해」 담보에 가입되어 있다면, 침수, 차량파손 등으로 인한 차량피해 보상이 가능하며 태풍, 홍수, 해일 등 자연재해의 직접적인 영향으로 차량손해에 대해 보상을 받을 경우 향후 1년간 보험료 할인이 유예된다.

휴면계좌 통합조회

1) 개요

현재 은행연합회, 생명보험협회, 손해보험협회 공동으로 일반 국민들이 은행, 우체국, 보험회사에 개설한 뒤 잊고 있던 휴면계좌를 한 번에 조회할 수 있는 휴면계좌 통합조회 시스템을 구축·시행하고 있다.

2) 조회방법

각 은행 및 우정사업본부는 은행연합회에, 보험회사는 해당협회(생보협회, 손보협회)에 휴면계좌 정보를 매월 제공하고 있으며 각 협회는 회원 금융기관으로부터 제공

받은 휴면계좌정보 중 성명, 주민등록번호는 상호 교환한다. 그 외 정보는 각 협회에서 각각 보유하고 온라인 방식으로 처리한다. 이의 조회방법 및 지급절차는 다음과 같다.

- 1단계 : 존재 여부 확인

우선 은행, 보험회사, 우체국 점포를 방문하여 휴면계좌 조회를 요청하고 금융거래정보제공의뢰(동의)서를 작성·제출한다. 해당 점포는 바로 휴면계좌조회 결과를 현장에서 즉시 서면으로 교부해준다. 두 번째 생명보험협회, 손해보험협회, 전국은행연합회 홈페이지에 접속한 후,『휴면계좌통합조회』를 클릭하고 본인 성명과 주민등록번호 입력 후 조회한다. 이후 휴면계좌통합조회 결과가 표시된다.

- 2단계 : 지급신청 및 보험금 수령

휴면계좌가 확인된 보험회사, 은행, 우체국 등 해당기관에 연락하여 보험금 지급을 요청하고 본인의 주민등록번호와 본인명의의 은행 계좌번호를 통보한다. 별다른 이의가 없다면 신청 후 즉시 또는 3일 이내에 은행계좌로 입금된다.

보험가입 조회

1) 개요

이는 보험계약자가 보험가입 사실을 알지 못해 보험사고가 발생하였음에도 보험금을 청구하지 못하는 사례를 방지하고자 본인의 보험계약사항을 한 번에 확인할 수 있도록 하는 제도로 현재 생명보험협회와 손보협회에서 보험가입 조회시스템을 구축·운영하고 있다.

2) 보험가입 조회방법

생존자의 보험가입조회는 보험가입내역을 확인하고자 하는 본인 또는 그 대리인이 생명보험협회 또는 손해보험협회를 직접 방문하여 가능하다. 다만 대리인은 본인의 부모, 배우자, 자녀에 한한다. 마찬가지로 사망자의 보험가입조회는 보험가입 내역을 확인하고자 하는 사망자의 유가족 또는 그 대리인이 생명보험협회 또는 손해보험협회를 직접 방문하여야 한다.

참고문헌

국내 전문서적

김성재·김용덕 외, 《보험과 리스크관리》, 문영사, 2006.

김두철·서병남, 《생명보험 이론과 실무》, 보험연수원, 2003.

구종순·여희정, 《보험학》, 충남대학교출판부, 2011.

내남정·신이영 외, 《현대사회와 보험》, 보험연수원, 2008.

도중권, 《현대생활과 보험》, 도서출판 청람, 2014.

서영수, 《핵심 보험이론과 실무》, 한국학술정보, 2009.

　　　　《최신 금융보험의 이해》, 교문사, 2010.

안용운·이준승 외, 《위험관리와 보험설계》, FPSB Korea, 2006.

이경룡, 《현대인을 위한 리스크관리와 보험》, 영지문화사, 2009.

이봉주, 《핵심 보험경영론》, 경희대학교 출판국, 2005.

이원근 외 3인, 《최신보험의 이해》, 두남 도서출판, 2010.

이재복, 《보험학 원론》, 두남(서울), 2008.

황희대, 《보험이론과 실무》, 보험연수원, 2005.

허경옥 외 4인, 《보험과 은퇴설계》, 교문사, 2012.

허연, 《생활과 보험》, 문영사, 2003.

국내 일반서적

고동호, 《고동호의 보험과 세금》, 삼화회계법인, 2014.

권인원, 《실생활 맞춤식 저축·보험 길라잡이》, 어드북스, 2011.

김종명, 《의료보험 절대로 들지 마라》, 이아소, 2011.

류근옥, 《세상을 바꾼 보험》, 교보문고, 2013.

박유연·전정홍, 《보험지식의 힘》, 청림출판, 2011.

양정훈 외 2인, 《보험과 세금 Q&A 100선》, 빅머니, 2014.

정성모, 《왜요? 보험이 뭐 어때서요!》, 도서출판 사람과 나무, 2013.

정홍주, 《한국의 위험과 보험이야기》, 문영사, 2005.

조재길, 《보험 들기 전에 알았더라면 좋았을 것들》, 참돌, 2013.

조재빈, 《소비자도 알아야 할 보험상식》, 예감출판, 2012.

한국 FPSB협회, Financial Planning, MAY/JUNE 2014 Vol.74, MAR/APR 2013 Vol 63, JUL/AUG Vol 65.

홍수용, 《보험전문기자가 밝히는 보험의 진실》, 한스미디어, 2007.

유관기관 및 웹사이트

금융감독원, 《보험업 감독규정》, 《알아두면 유익한 보험상식》, 《금융용어 해설》

보험개발원, 《생명보험 상품개발 모범규준》, 2006.

보험연구원, 《금융보험 해설》, 《Weekly 모음집》

보험연수원, 《보험기초이론》, 2005, 위험관리와 보험설계(상, 하)》, 2005.

손해보험협회, 《교사와 학생이 함께 "풀어 쓴 손해보험"》, 2012.

한국리스크관리학회, 《저금리시대의 생명보험업 발전방안》, 2006.

금융감독원 http://www.fss.or.kr/

보험개발원 http://www.kidi.or.kr/

보험연구원 http://www.kiri.or.kr/

생명보험협회 http://www.klia.or.kr

손해보험협회 http://www.knia.or.kr

한국은행 http://www.bok.or.kr

기타 AIA생명 등 보험업계 내 다수 분석자료 참조

찾아보기

저자소개

서영수

고려대학교 이과대학 수학과 졸업
성균관대학교 보험경영학 석사·박사(보험재무 전공)
한국 보험계리사 및 보험중개사
AIA생명 리스크관리 담당임원 역임

현재

아시아·유럽미래학회 상임이사
한국취업진로학회 상임이사
우정사업본부 리스크관리 분과위원
서울사이버대학교 금융보험학과 교수 겸 부설 평생교육원 원장

저서 및 논문

투자리스크관리 길잡이, 이담북스, 2013.
금융과 리스크관리, 교문사, 2012.
최신 금융보험의 이해, 교문사, 2010.
핵심 보험이론과 실무, 한국학술정보, 2009.
스웨덴 사망자 수의 변환점 분석: 사망시점과 연금지급 시점과의 연관성을 중심으로, 아시아유럽
    미래학회, 2013.
이러닝 기반의 투자심리교육이 학업만족도에 미치는 영향에 관한 실증연구, 한국자료분석학회,
    2012.
한국투자자의 투자심리 학습을 위한 e-Learning 콘텐츠 개발에 관한 연구, 아시아유럽미래학
    회, 2011.
미국 서브프라임 금융위기에 따른 EU 대응방안 및 시사점, 아시아유럽미래학회, 2009.

생활에 필요한

보험의 이해

2014년 9월 2일 초판 인쇄 | 2014년 9월 12일 초판 발행

지은이 서영수
펴낸이 류제동 | **펴낸곳** (주)교 문 사

전무이사 양계성 | **편집부장** 모은영 | **책임편집** 모은영 | **디자인** 김재은
제작 김선형 | **홍보** 김미선 | **영업** 이진석·정용섭·송기윤
출력 현대미디어 | **인쇄** 삼신인쇄 | **제본** 한진제본

주소 경기도 파주시 문발로 116
전화 031-955-6111(代) | **팩스** 031-955-0955
등록 1960. 10. 28. 제406-2006-000035호 | **홈페이지** www.kyomunsa.co.kr
E-mail webmaster@kyomunsa.co.kr | **ISBN** 978-89-363-1425-5(93330) | **값** 18,000원